RUSO

VOCABULARIO

PALABRAS MÁS USADAS

ESPAÑOL-
RUSO

Las palabras más útiles
Para expandir su vocabulario y refinar
sus habilidades lingüísticas

9000 palabras

Vocabulario Español-Ruso - 9000 palabras más usadas

por Andrey Taranov

Los vocabularios de T&P Books buscan ayudar en el aprendizaje, la memorización y la revisión de palabras de idiomas extranjeros. El diccionario se divide por temas, cubriendo toda la esfera de las actividades cotidianas, de negocios, ciencias, cultura, etc.

El proceso de aprendizaje de palabras utilizando los diccionarios temáticos de T&P Books le proporcionará a usted las siguientes ventajas:

- La información del idioma secundario está organizada claramente y predetermina el éxito para las etapas subsiguientes en la memorización de palabras.
- Las palabras derivadas de la misma raíz se agrupan, lo cual permite la memorización de grupos de palabras en vez de palabras aisladas.
- Las unidades pequeñas de palabras facilitan el proceso de reconocimiento de enlaces de asociación que se necesitan para la cohesión del vocabulario.
- De este modo, se puede estimar el número de palabras aprendidas y así también el nivel de conocimiento del idioma.

T&P Books Publishing
www.tpbooks.com

ISBN: 978-1-78071-402-8

Este libro está disponible en formato electrónico o de E-Book también.
Visite www.tpbooks.com o las librerías electrónicas más destacadas en la Red.

VOCABULARIO RUSO
palabras más usadas

Los vocabularios de T&P Books buscan ayudar al aprendiz a aprender, memorizar y repasar palabras de idiomas extranjeros. Los vocabularios contienen más de 9000 palabras comúnmente usadas y organizadas de manera temática.

- El vocabulario contiene las palabras corrientes más usadas.
- Se recomienda como ayuda adicional a cualquier curso de idiomas.
- Capta las necesidades de aprendices de nivel principiante y avanzado.
- Es conveniente para uso cotidiano, prácticas de revisión y actividades de autoevaluación.
- Facilita la evaluación del vocabulario.

Aspectos claves del vocabulario

- Las palabras se organizan según el significado, no según el orden alfabético.
- Las palabras se presentan en tres columnas para facilitar los procesos de repaso y auto-evaluación.
- Los grupos de palabras se dividen en pequeñas secciones para facilitar el proceso de aprendizaje.
- El vocabulario ofrece una transcripción sencilla y conveniente de cada palabra extranjera.

El vocabulario contiene 256 temas que incluyen lo siguiente:

Conceptos básicos, números, colores, meses, estaciones, unidades de medidas, ropa y accesorios, comida y nutrición, restaurantes, familia nuclear, familia extendida, características de personalidad, sentimientos, emociones, enfermedades, la ciudad y el pueblo, exploración del paisaje, compras, finanzas, la casa, el hogar, la oficina, el trabajo en oficina, importación y exportación, promociones, búsqueda de trabajo, deportes, educación, computación, la red, herramientas, la naturaleza, los países, las nacionalidades y más ...

TABLA DE CONTENIDO

9

GUÍA DE PRONUNCIACIÓN

T&P alfabeto fonético	Ejemplo ruso	Ejemplo español

Las consonantes

[b]	абрикос [abrikós]	en barco
[d]	квадрат [kvadrát]	desierto
[f]	реформа [refórma]	golf
[g]	глина [glína]	jugada
[ʒ]	массажист [masaʒíst]	adyacente
[j]	пресный [présnij]	asiento
[h], [x]	мех, Пасха [méh], [pásxa]	registro
[k]	кратер [krátɛr]	charco
[l]	лиловый [lilóvij]	lira
[m]	молоко [molɔkó]	nombre
[n]	нут, пони [nút], [póni]	número
[p]	пират [pirát]	precio
[r]	ручей [rutʃéj]	era, alfombra
[s]	суслик [súslik]	salva
[t]	тоннель [tɔnélʲ]	torre
[ʃ]	лишайник [liʃájnik]	shopping
[tʃ]	врач, речь [vrátʃ], [rétʃʲ]	mapache
[ts]	кузнец [kuznéts]	tsunami
[ʃ]	мощность [móʃnostʲ]	China
[v]	молитва [molítva]	travieso
[z]	дизайнер [dizájner]	desde

Símbolos adicionales

[ʲ]	дикарь [dikárʲ]	signo de palatalización
[·]	автопилот [aftɔ·pilót]	punto medio
[ˈ]	заплата [zapláta]	acento primario

Vocales estresadas

[á]	платье [plátje]	radio
[é]	лебедь [lébetʲ]	verano
[ǿ]	шахтёр [ʃahtǿr]	yogur
[i]	организм [ɔrganízm]	ilegal
[ó]	роспись [róspisʲ]	bordado
[ú]	инсульт [insúlʲt]	mundo

T&P alfabeto fonético   **Ejemplo ruso**   **Ejemplo español**

[i]	добыча [dɔbĩʧa]	abismo
[æ]	полиэстер [pɔliǽstɛr]	vencer
[ˈú], [jú]	салют, юг [salˈút], [júg]	lluvia
[ˈá], [já]	связь, я [svˈásˈ], [já]	ensayar

Vocales desestresadas

[a]	гравюра [gravˈúra]	vocal neutra, similar a la schwa [ə]
[e]	кенгуру [kengurú]	vocal neutra, similar a la schwa [ə]
[ə]	пожалуйста [pɔʒáləsta]	llave
[i]	рисунок [risúnɔk]	ilegal
[ɔ]	железо [ʒelézɔ]	vocal neutra, similar a la schwa [ə]
[u]	вирус [vírus]	mundo
[i]	первый [pérvij]	abismo
[ɛ]	аэропорт [aɛrɔpórt]	mes
[ˈu], [ju]	брюнет [brˈunét]	lluvia
[ɪ], [jɪ]	заяц, язык [záɪʦ], [jɪzĩk]	vocal neutra, similar a la schwa [ə]
[ˈa], [ja]	няня, копия [nˈánˈa], [kópija]	ensayar

ABREVIATURAS
usadas en el vocabulario

Abreviatura en español

adj	-	adjetivo
adv	-	adverbio
anim.	-	animado
conj	-	conjunción
etc.	-	etcétera
f	-	sustantivo femenino
f pl	-	femenino plural
fam.	-	uso familiar
fem.	-	femenino
form.	-	uso formal
inanim.	-	inanimado
innum.	-	innumerable
m	-	sustantivo masculino
m pl	-	masculino plural
m, f	-	masculino, femenino
masc.	-	masculino
mat	-	matemáticas
mil.	-	militar
num.	-	numerable
p.ej.	-	por ejemplo
pl	-	plural
pron	-	pronombre
sg	-	singular
v aux	-	verbo auxiliar
vi	-	verbo intransitivo
vi, vt	-	verbo intransitivo, verbo transitivo
vr	-	verbo reflexivo
vt	-	verbo transitivo

Abreviatura en ruso

возв	-	verbo reflexivo
ж	-	sustantivo femenino
ж мн	-	femenino plural
м	-	sustantivo masculino
м мн	-	masculino plural
м, ж	-	masculino, femenino
мн	-	plural

н/пх	-	verbo intransitivo, verbo transitivo
н/св	-	aspecto perfectivo/imperfectivo
нпх	-	verbo intransitivo
нсв	-	aspecto imperfectivo
пх	-	verbo transitivo
с	-	neutro
с мн	-	género neutro plural
св	-	aspecto perfectivo

CONCEPTOS BÁSICOS

Conceptos básicos. Unidad 1

1. Los pronombres

yo	я	[já]
tú	ты	[tī]
él	он	[ón]
ella	она	[ɔná]
ello	оно	[ɔnó]
nosotros, -as	мы	[mī]
vosotros, -as	вы	[vī]
ellos, ellas	они	[ɔní]

2. Saludos. Salutaciones. Despedidas

¡Hola! (fam.)	Здравствуй!	[zdrástvuj]
¡Hola! (form.)	Здравствуйте!	[zdrástvujte]
¡Buenos días!	Доброе утро!	[dóbrɔe útrɔ]
¡Buenas tardes!	Добрый день!	[dóbrij déní]
¡Buenas noches!	Добрый вечер!	[dóbrij vetʃer]
decir hola	здороваться (нсв, возв)	[zdɔróvatsa]
¡Hola! (a un amigo)	Привет!	[privét]
saludo (m)	привет (м)	[privét]
saludar (vt)	приветствовать (нсв, пх)	[privétstvɔvatí]
¿Cómo estáis?	Как у вас дела?	[kák u vás delá?]
¿Cómo estás?	Как дела?	[kák delá?]
¿Qué hay de nuevo?	Что нового?	[ʃtó nóvɔvɔ?]
¡Chau! ¡Adiós!	До свидания!	[dɔ svidánija]
¡Hasta pronto!	До скорой встречи!	[dɔ skórɔj fstrétʃi]
¡Adiós! (fam.)	Прощай!	[proʃáj]
¡Adiós! (form.)	Прощайте!	[proʃájte]
despedirse (vr)	прощаться (нсв, возв)	[proʃátsa]
¡Hasta luego!	Пока!	[pɔká]
¡Gracias!	Спасибо!	[spasíbɔ]
¡Muchas gracias!	Большое спасибо!	[bɔlʲʃóe spasíbɔ]
De nada	Пожалуйста	[pɔʒáləsta]
No hay de qué	Не стоит благодарности	[ne stóit blagɔdárnɔsti]
De nada	Не за что	[né za ʃtɔ]
¡Disculpa!	Извини!	[izviní]
¡Disculpe!	Извините!	[izviníte]

disculpar (vt)	извинять (нсв, пх)	[izvin¹át¹]
disculparse (vr)	извиняться (нсв, возв)	[izvin¹átsa]
Mis disculpas	Мои извинения	[mɔí izvinénija]
¡Perdóneme!	Простите!	[prɔstíte]
perdonar (vt)	прощать (нсв, пх)	[prɔʃát¹]
¡No pasa nada!	Ничего страшного	[nitʃevó stráʃnɔvɔ]
por favor	пожалуйста	[pɔʒáləsta]

¡No se le olvide!	Не забудьте!	[ne zabút¹te]
¡Ciertamente!	Конечно!	[kɔnéʃnɔ]
¡Claro que no!	Конечно нет!	[kɔnéʃnɔ nét]
¡De acuerdo!	Согласен!	[sɔglásen]
¡Basta!	Хватит!	[hvátit]

3. Modos del trato: Como dirigirse a otras personas

¡Perdóneme!	Извините	[izviníte]
señor	господин	[gɔspɔdín]
señora	госпожа	[gɔspɔʒá]
señorita	девушка	[dévuʃka]
joven	молодой человек	[mɔlɔdój tʃelɔvék]
niño	мальчик	[mál¹tʃik]
niña	девочка	[dévɔtʃka]

4. Números cardinales. Unidad 1

cero	ноль	[nól¹]
uno	один	[ɔdín]
dos	два	[dvá]
tres	три	[trí]
cuatro	четыре	[tʃetīre]

cinco	пять	[p¹át¹]
seis	шесть	[ʃǽst¹]
siete	семь	[sém¹]
ocho	восемь	[vósem¹]
nueve	девять	[dévɪt¹]

diez	десять	[désɪt¹]
once	одиннадцать	[ɔdínatsat¹]
doce	двенадцать	[dvenátsat¹]
trece	тринадцать	[trinátsat¹]
catorce	четырнадцать	[tʃetīrnatsat¹]

quince	пятнадцать	[pitnátsat¹]
dieciséis	шестнадцать	[ʃɛsnátsat¹]
diecisiete	семнадцать	[semnátsat¹]
dieciocho	восемнадцать	[vɔsemnátsat¹]
diecinueve	девятнадцать	[devitnátsat¹]

| veinte | двадцать | [dvátsat¹] |
| veintiuno | двадцать один | [dvátsat¹ ɔdín] |

| veintidós | двадцать два | [dvátsatʲ dvá] |
| veintitrés | двадцать три | [dvátsatʲ trí] |

treinta	тридцать	[trítsatʲ]
treinta y uno	тридцать один	[trítsatʲ ɔdín]
treinta y dos	тридцать два	[trítsatʲ dvá]
treinta y tres	тридцать три	[trítsatʲ trí]

cuarenta	сорок	[sórɔk]
cuarenta y uno	сорок один	[sórɔk ɔdín]
cuarenta y dos	сорок два	[sórɔk dvá]
cuarenta y tres	сорок три	[sórɔk trí]

cincuenta	пятьдесят	[pɪtʲdesʲát]
cincuenta y uno	пятьдесят один	[pɪtʲdesʲát ɔdín]
cincuenta y dos	пятьдесят два	[pɪtʲdesʲát dvá]
cincuenta y tres	пятьдесят три	[pɪtʲdesʲát trí]

sesenta	шестьдесят	[ʃɛstʲdesʲát]
sesenta y uno	шестьдесят один	[ʃɛstʲdesʲát ɔdín]
sesenta y dos	шестьдесят два	[ʃɛstʲdesʲát dvá]
sesenta y tres	шестьдесят три	[ʃɛstʲdesʲát trí]

setenta	семьдесят	[sémʲdesɪt]
setenta y uno	семьдесят один	[sémʲdesɪt ɔdín]
setenta y dos	семьдесят два	[sémʲdesɪt dvá]
setenta y tres	семьдесят три	[sémʲdesɪt trí]

ochenta	восемьдесят	[vósemʲdesɪt]
ochenta y uno	восемьдесят один	[vósemʲdesɪt ɔdín]
ochenta y dos	восемьдесят два	[vósemʲdesɪt dvá]
ochenta y tres	восемьдесят три	[vósemʲdesɪt trí]

noventa	девяносто	[devɪnóstɔ]
noventa y uno	девяносто один	[devɪnóstɔ ɔdín]
noventa y dos	девяносто два	[devɪnóstɔ dvá]
noventa y tres	девяносто три	[devɪnóstɔ trí]

5. Números cardinales. Unidad 2

cien	сто	[stó]
doscientos	двести	[dvésti]
trescientos	триста	[trísta]
cuatrocientos	четыреста	[tʃetīresta]
quinientos	пятьсот	[pɪtʲsót]

seiscientos	шестьсот	[ʃɛstʲsót]
setecientos	семьсот	[semʲsót]
ochocientos	восемьсот	[vɔsemʲsót]
novecientos	девятьсот	[devɪtʲsót]

mil	тысяча	[tīsɪtʃa]
dos mil	две тысячи	[dve tīsɪtʃi]
tres mil	три тысячи	[trí tīsɪtʃi]

17

diez mil	десять тысяч	[désɪtʲ tɨ́sʲatʃ]
cien mil	сто тысяч	[stó tɨ́sɪtʃ]
millón (m)	миллион (м)	[milión]
mil millones	миллиард (м)	[miliárd]

6. Números ordinales

primero (adj)	первый	[pérvij]
segundo (adj)	второй	[ftɔrój]
tercero (adj)	третий	[trétij]
cuarto (adj)	четвёртый	[tʃetvɵ́rtij]
quinto (adj)	пятый	[pʲátij]

sexto (adj)	шестой	[ʃɛstój]
séptimo (adj)	седьмой	[sedʲmój]
octavo (adj)	восьмой	[vɔsʲmój]
noveno (adj)	девятый	[devʲátij]
décimo (adj)	десятый	[desʲátij]

7. Números. Fracciones

fracción (f)	дробь (ж)	[drópʲ]
un medio	одна вторая	[ɔdná ftɔrája]
un tercio	одна третья	[ɔdná trétja]
un cuarto	одна четвёртая	[ɔdná tʃetvɵ́rtaja]

un octavo	одна восьмая	[ɔdná vɔsʲmája]
un décimo	одна десятая	[ɔdná desʲátaja]
dos tercios	две третьих	[dve trétjih]
tres cuartos	три четвёртых	[trí tʃetvɵ́rtih]

8. Números. Operaciones básicas

sustracción (f)	вычитание (с)	[vitʃitánie]
sustraer (vt)	вычитать (нсв, пх)	[vitʃitátʲ]
división (f)	деление (с)	[delénie]
dividir (vt)	делить (нсв, пх)	[delítʲ]

adición (f)	сложение (с)	[slɔʒǽnie]
sumar (totalizar)	сложить (св, пх)	[slɔʒɨ́tʲ]
adicionar (vt)	прибавлять (нсв, пх)	[pribavlʲátʲ]
multiplicación (f)	умножение (с)	[umnɔʒǽnie]
multiplicar (vt)	умножать (нсв, пх)	[umnɔʒátʲ]

9. Números. Miscelánea

| cifra (f) | цифра (ж) | [tsɨ́fra] |
| número (m) (~ cardinal) | число (с) | [tʃisló] |

numeral (m)	числительное (c)	[t͡ʃislítelʲnɔe]
menos (m)	минус (м)	[mínus]
más (m)	плюс (м)	[plʲús]
fórmula (f)	формула (ж)	[fórmula]

cálculo (m)	вычисление (c)	[vit͡ʃislénie]
contar (vt)	считать (нсв, пх)	[ʃitátʲ]
calcular (vt)	подсчитывать (нсв, пх)	[pɔt͡ʃítivatʲ]
comparar (vt)	сравнивать (нсв, пх)	[srávnivatʲ]

¿Cuánto?	Сколько?	[skólʲkɔ?]
suma (f)	сумма (ж)	[súmma]
resultado (m)	результат (м)	[rezulʲtát]
resto (m)	остаток (м)	[ɔstátɔk]

algunos, algunas ...	несколько	[néskɔlʲkɔ]
poco (adv)	мало	[málɔ]
resto (m)	остальное (c)	[ɔstalʲnóe]
uno y medio	полтора	[pɔltɔrá]
docena (f)	дюжина (ж)	[dʲúʒina]

en dos	пополам	[pɔpɔlám]
en partes iguales	поровну	[pórɔvnu]
mitad (f)	половина (ж)	[pɔlɔvína]
vez (f)	раз (м)	[rás]

10. Los verbos más importantes. Unidad 1

abrir (vt)	открывать (нсв, пх)	[ɔtkrivátʲ]
acabar, terminar (vt)	заканчивать (нсв, пх)	[zakánt͡ʃivatʲ]
aconsejar (vt)	советовать (нсв, пх)	[sɔvétɔvatʲ]
adivinar (vt)	отгадать (св, пх)	[ɔdgadátʲ]
advertir (vt)	предупреждать (нсв, пх)	[predupreʒdátʲ]
alabarse, jactarse (vr)	хвастаться (нсв, возв)	[hvástat͡sa]

almorzar (vi)	обедать (нсв, нпх)	[ɔbédatʲ]
alquilar (~ una casa)	снимать (нсв, пх)	[snimátʲ]
amenazar (vt)	угрожать (нсв, пх)	[ugrɔʒátʲ]
arrepentirse (vr)	сожалеть (нсв, нпх)	[sɔʒilétʲ]
ayudar (vt)	помогать (нсв, пх)	[pɔmɔgátʲ]
bañarse (vr)	купаться (нсв, возв)	[kupát͡sa]

bromear (vi)	шутить (нсв, нпх)	[ʃutítʲ]
buscar (vt)	искать ... (нсв, пх)	[iskátʲ ...]
caer (vi)	падать (нсв, нпх)	[pádatʲ]
callarse (vr)	молчать (нсв, нпх)	[mɔlt͡ʃátʲ]
cambiar (vt)	изменить (св, пх)	[izmenítʲ]
castigar, punir (vt)	наказывать (нсв, пх)	[nakázivatʲ]

cavar (vt)	рыть (нсв, пх)	[rĩtʲ]
cazar (vi, vt)	охотиться (нсв, возв)	[ɔhótit͡sa]
cenar (vi)	ужинать (нсв, нпх)	[úʒinatʲ]
cesar (vt)	прекращать (нсв, пх)	[prekraʃátʲ]
coger (vt)	ловить (нсв, пх)	[lɔvítʲ]

comenzar (vt)	начинать (нсв, пх)	[natʃinátʲ]
comparar (vt)	сравнивать (нсв, пх)	[srávnivatʲ]
comprender (vt)	понимать (нсв, пх)	[ponimátʲ]
confiar (vt)	доверять (нсв, пх)	[doverʲátʲ]
confundir (vt)	путать (нсв, пх)	[pútatʲ]
conocer (~ a alguien)	знать (нсв, пх)	[znátʲ]
contar (vt) (enumerar)	считать (нсв, пх)	[ʃʲitátʲ]

contar con …	рассчитывать на … (нсв)	[raʃʲítivatʲ na …]
continuar (vt)	продолжать (нсв, пх)	[prodolʒátʲ]
controlar (vt)	контролировать (нсв, пх)	[kontrolírovatʲ]
correr (vi)	бежать (н/св, нпх)	[beʒátʲ]
costar (vt)	стоить (нсв, пх)	[stóitʲ]
crear (vt)	создать (св, пх)	[sozdátʲ]

11. Los verbos más importantes. Unidad 2

dar (vt)	давать (нсв, пх)	[davátʲ]
dar una pista	подсказать (св, пх)	[potskazátʲ]
decir (vt)	сказать (нсв, пх)	[skazátʲ]
decorar (para la fiesta)	украшать (нсв, пх)	[ukraʃátʲ]

defender (vt)	защищать (нсв, пх)	[zaʃʲiʃátʲ]
dejar caer	ронять (нсв, пх)	[ronʲátʲ]
desayunar (vi)	завтракать (нсв, нпх)	[záftrakatʲ]
descender (vi)	спускаться (нсв, возв)	[spuskátsa]

dirigir (administrar)	руководить (нсв, пх)	[rukovodítʲ]
disculpar (vt)	извинять (нсв, пх)	[izvinʲátʲ]
disculparse (vr)	извиняться (нсв, возв)	[izvinʲátsa]
discutir (vt)	обсуждать (нсв, пх)	[opsuʒdátʲ]
dudar (vt)	сомневаться (нсв, возв)	[somnevátsa]

encontrar (hallar)	находить (нсв, пх)	[nahodítʲ]
engañar (vi, vt)	обманывать (нсв, пх)	[obmánivatʲ]
entrar (vi)	входить (нсв, нпх)	[fhodítʲ]
enviar (vt)	отправлять (нсв, пх)	[otpravlʲátʲ]

equivocarse (vr)	ошибаться (нсв, возв)	[oʃibátsa]
escoger (vt)	выбирать (нсв, пх)	[vibirátʲ]
esconder (vt)	прятать (нсв, пх)	[prʲátatʲ]
escribir (vt)	писать (нсв, пх)	[pisátʲ]
esperar (aguardar)	ждать (нсв, пх)	[ʒdátʲ]

esperar (tener esperanza)	надеяться (нсв, возв)	[nadéɪtsa]
estar de acuerdo	соглашаться (нсв, возв)	[soglaʃátsa]
estudiar (vt)	изучать (нсв, пх)	[izuʧátʲ]

exigir (vt)	требовать (нсв, пх)	[trébovatʲ]
existir (vi)	существовать (нсв, нпх)	[suʃestvovátʲ]
explicar (vt)	объяснять (нсв, пх)	[objɪsnʲátʲ]
faltar (a las clases)	пропускать (нсв, пх)	[propuskátʲ]
firmar (~ el contrato)	подписывать (нсв, пх)	[potpísivatʲ]
girar (~ a la izquierda)	поворачивать (нсв, нпх)	[povoráʧivatʲ]

gritar (vi)	кричать (нсв, нпх)	[kritʃátʲ]
guardar (conservar)	сохранять (нсв, пх)	[sɔhranʲátʲ]
gustar (vi)	нравиться (нсв, возв)	[nrávitsa]
hablar (vi, vt)	говорить (нсв, н/пх)	[gɔvɔrítʲ]

hacer (vt)	делать (нсв, пх)	[délatʲ]
informar (vt)	информировать (н/св, пх)	[infɔrmírɔvatʲ]
insistir (vi)	настаивать (нсв, нпх)	[nastáivatʲ]
insultar (vt)	оскорблять (нсв, пх)	[ɔskɔrblʲátʲ]

interesarse (vr)	интересоваться (нсв, возв)	[interesɔvátsa]
invitar (vt)	приглашать (нсв, пх)	[priglaʃátʲ]
ir (a pie)	идти (нсв, нпх)	[itʲtʲí]
jugar (divertirse)	играть (нсв, нпх)	[igrátʲ]

12. Los verbos más importantes. Unidad 3

leer (vi, vt)	читать (нсв, н/пх)	[tʃitátʲ]
liberar (ciudad, etc.)	освобождать (нсв, пх)	[ɔsvɔbɔʒdátʲ]
llamar (por ayuda)	звать (нсв, пх)	[zvátʲ]
llegar (vi)	приезжать (нсв, нпх)	[prieʒʒátʲ]
llorar (vi)	плакать (нсв, нпх)	[plákatʲ]

matar (vt)	убивать (нсв, пх)	[ubivátʲ]
mencionar (vt)	упоминать (нсв, пх)	[upɔminátʲ]
mostrar (vt)	показывать (нсв, пх)	[pɔkázivatʲ]
nadar (vi)	плавать (нсв, нпх)	[plávatʲ]

negarse (vr)	отказываться (нсв, возв)	[ɔtkázivatsa]
objetar (vt)	возражать (нсв, н/пх)	[vɔzraʒátʲ]
observar (vt)	наблюдать (нсв, н/пх)	[nablʲudátʲ]
oír (vt)	слышать (нсв, пх)	[slíʃatʲ]

olvidar (vt)	забывать (нсв, пх)	[zabivátʲ]
orar (vi)	молиться (нсв, возв)	[mɔlítsa]
ordenar (mil.)	приказывать (нсв, пх)	[prikázivatʲ]
pagar (vi, vt)	платить (нсв, н/пх)	[platítʲ]
pararse (vr)	останавливаться (нсв, возв)	[ɔstanávlivatsa]

participar (vi)	участвовать (нсв, нпх)	[utʃástvɔvatʲ]
pedir (ayuda, etc.)	просить (нсв, пх)	[prɔsítʲ]
pedir (en restaurante)	заказывать (нсв, пх)	[zakázivatʲ]
pensar (vi, vt)	думать (нсв, н/пх)	[dúmatʲ]

percibir (ver)	замечать (нсв, пх)	[zametʃátʲ]
perdonar (vt)	прощать (нсв, пх)	[prɔʃátʲ]
permitir (vt)	разрешать (нсв, пх)	[razreʃátʲ]
pertenecer a ...	принадлежать ... (нсв, нпх)	[prinadleʒátʲ ...]

planear (vt)	планировать (нсв, пх)	[planírɔvatʲ]
poder (v aux)	мочь (нсв, нпх)	[mótʃʲ]
poseer (vt)	владеть (нсв, пх)	[vladétʲ]
preferir (vt)	предпочитать (нсв, пх)	[pretpɔtʃitátʲ]
preguntar (vt)	спрашивать (нсв, пх)	[spráʃivatʲ]

preparar (la cena)	готовить (нсв, пх)	[gɔtóvitʲ]
prever (vt)	предвидеть (нсв, пх)	[predvídetʲ]
probar, tentar (vt)	пробовать (нсв, пх)	[próbɔvatʲ]
prometer (vt)	обещать (н/св, пх)	[ɔbeʃátʲ]
pronunciar (vt)	произносить (нсв, пх)	[prɔiznɔsítʲ]

proponer (vt)	предлагать (нсв, пх)	[predlagátʲ]
quebrar (vt)	ломать (нсв, пх)	[lɔmátʲ]
quejarse (vr)	жаловаться (нсв, возв)	[ʒálɔvatsa]
querer (amar)	любить (нсв, пх)	[lʲubítʲ]
querer (desear)	хотеть (нсв, пх)	[hɔtétʲ]

13. Los verbos más importantes. Unidad 4

recomendar (vt)	рекомендовать (нсв, пх)	[rekɔmendɔvátʲ]
regañar, reprender (vt)	ругать (нсв, пх)	[rugátʲ]
reírse (vr)	смеяться (нсв, возв)	[smejátsa]
repetir (vt)	повторять (нсв, пх)	[pɔftɔrʲátʲ]
reservar (~ una mesa)	резервировать (н/св, пх)	[rezervírɔvatʲ]
responder (vi, vt)	отвечать (нсв, пх)	[ɔtvetʃátʲ]

robar (vt)	красть (нсв, н/пх)	[krástʲ]
salir (vi)	выходить (нсв, нпх)	[vihɔdítʲ]
salvar (vt)	спасать (нсв, пх)	[spasátʲ]
seguir ...	следовать за ... (нсв)	[slédɔvatʲ za ...]
sentarse (vr)	садиться (нсв, возв)	[sadítsa]

ser necesario	требоваться (нсв, возв)	[trébɔvatsa]
ser, estar (vi)	быть (нсв, нпх)	[bîtʲ]
significar (vt)	означать (нсв, пх)	[ɔznatʃátʲ]

| sonreír (vi) | улыбаться (нсв, возв) | [ulibátsa] |
| sorprenderse (vr) | удивляться (нсв, возв) | [udivlʲátsa] |

| subestimar (vt) | недооценивать (нсв, пх) | [nedɔɔtsǽnivatʲ] |
| tener (vt) | иметь (нсв, пх) | [imétʲ] |

| tener hambre | хотеть есть (нсв) | [hɔtétʲ éstʲ] |
| tener miedo | бояться (нсв, возв) | [bɔjátsa] |

tener prisa	торопиться (нсв, возв)	[tɔrɔpítsa]
tener sed	хотеть пить	[hɔtétʲ pítʲ]
tirar, disparar (vi)	стрелять (нсв, нпх)	[strelʲátʲ]
tocar (con las manos)	трогать (нсв, пх)	[trógatʲ]

| tomar (vt) | брать (нсв), взять (св) | [brátʲ], [vzʲátʲ] |
| tomar nota | записывать (нсв, пх) | [zapísivatʲ] |

trabajar (vi)	работать (нсв, нпх)	[rabótatʲ]
traducir (vt)	переводить (нсв, пх)	[perevɔdítʲ]
unir (vt)	объединять (нсв, пх)	[ɔbjedinʲátʲ]
vender (vt)	продавать (нсв, пх)	[prɔdavátʲ]
ver (vt)	видеть (нсв, пх)	[vídetʲ]
volar (pájaro, avión)	лететь (нсв, нпх)	[letétʲ]

14. Los colores

color (m)	цвет (м)	[ʦvét]
matiz (m)	оттенок (м)	[ɔtténɔk]
tono (m)	тон (м)	[tón]
arco (m) iris	радуга (ж)	[ráduga]
blanco (adj)	белый	[bélij]
negro (adj)	чёрный	[ʧórnij]
gris (adj)	серый	[sérij]
verde (adj)	зелёный	[zelǿnij]
amarillo (adj)	жёлтый	[ʒóltij]
rojo (adj)	красный	[krásnij]
azul (adj)	синий	[sínij]
azul claro (adj)	голубой	[gɔlubój]
rosa (adj)	розовый	[rózɔvij]
naranja (adj)	оранжевый	[ɔránʒevij]
violeta (adj)	фиолетовый	[fiɔlétɔvij]
marrón (adj)	коричневый	[kɔríʧnevij]
dorado (adj)	золотой	[zɔlɔtój]
argentado (adj)	серебристый	[serebrístij]
beige (adj)	бежевый	[béʒevij]
crema (adj)	кремовый	[krémɔvij]
turquesa (adj)	бирюзовый	[birʲuzóvij]
rojo cereza (adj)	вишнёвый	[viʃnǿvij]
lila (adj)	лиловый	[lilóvij]
carmesí (adj)	малиновый	[malínɔvij]
claro (adj)	светлый	[svétlij]
oscuro (adj)	тёмный	[tǿmnij]
vivo (adj)	яркий	[járkij]
de color (lápiz ~)	цветной	[ʦvetnój]
en colores (película ~)	цветной	[ʦvetnój]
blanco y negro (adj)	чёрно-белый	[ʧórnɔ-bélij]
unicolor (adj)	одноцветный	[ɔdnɔʦvétnij]
multicolor (adj)	разноцветный	[raznɔʦvétnij]

15. Las preguntas

¿Quién?	Кто?	[któ?]
¿Qué?	Что?	[ʃtó?]
¿Dónde?	Где?	[gdé?]
¿Adónde?	Куда?	[kudá?]
¿De dónde?	Откуда?	[ɔtkúda?]
¿Cuándo?	Когда?	[kɔgdá?]
¿Para qué?	Зачем?	[zatʃém?]
¿Por qué?	Почему?	[pɔʧemú?]
¿Por qué razón?	Для чего?	[dlʲa ʧevó?]

¿Cómo?	Как?	[kák?]
¿Qué ...? (~ color)	Какой?	[kakój?]
¿Cuál?	Который?	[kɔtórij?]

¿A quién?	Кому?	[kɔmú?]
¿De quién? (~ hablan ...)	О ком?	[ɔ kóm?]
¿De qué?	О чём?	[ɔ ʧóm?]
¿Con quién?	С кем?	[s kém?]

¿Cuánto?	Сколько?	[skólʲkɔ?]
¿Cuánto? (innum.)	Сколько?	[skólʲkɔ?]
¿De quién? (~ es este ...)	Чей?	[ʧéj?]
¿De quién? (fem.)	Чья?	[ʧjá?]
¿De quién? (pl)	Чьи?	[ʧjí?]

16. Las preposiciones

con ... (~ algn)	с	[s]
sin ... (~ azúcar)	без	[bez], [bes]
a ... (p.ej. voy a México)	в	[f], [v]
de ... (hablar ~)	о	[ɔ]
antes de ...	перед	[péred]
delante de ...	перед	[péred]

debajo de ...	под	[pɔd]
sobre ..., encima de ...	над	[nád]
en, sobre (~ la mesa)	на	[na]
de (origen)	из	[iz], [is]
de (fabricado de)	из	[iz], [is]

dentro de ...	через	[ʧérez]
encima de ...	через	[ʧérez]

17. Las palabras útiles. Los adverbios. Unidad 1

¿Dónde?	Где?	[gdé?]
aquí (adv)	здесь	[zdésʲ]
allí (adv)	там	[tám]

en alguna parte	где-то	[gdé-tɔ]
en ninguna parte	нигде	[nigdé]

junto a ...	у, около	[u], [ókɔlɔ]
junto a la ventana	у окна	[u ɔkná]

¿A dónde?	Куда?	[kudá?]
aquí (venga ~)	сюда	[sʲudá]
allí (vendré ~)	туда	[tudá]
de aquí (adv)	отсюда	[ɔtsʲúda]
de allí (adv)	оттуда	[ɔttúda]
cerca (no lejos)	близко	[blískɔ]
lejos (adv)	далеко	[dalekó]

cerca de ...	около	[ókɔlɔ]
al lado (de ...)	рядом	[rʲádɔm]
no lejos (adv)	недалеко	[nedalekó]
izquierdo (adj)	левый	[lévij]
a la izquierda (situado ~)	слева	[sléva]
a la izquierda (girar ~)	налево	[nalévɔ]
derecho (adj)	правый	[právij]
a la derecha (situado ~)	справа	[správa]
a la derecha (girar)	направо	[naprávɔ]
delante (yo voy ~)	спереди	[spéredi]
delantero (adj)	передний	[perédnij]
adelante (movimiento)	вперёд	[fperǿd]
detrás de ...	сзади	[szádi]
desde atrás	сзади	[szádi]
atrás (da un paso ~)	назад	[nazád]
centro (m), medio (m)	середина (ж)	[seredína]
en medio (adv)	посередине	[pɔseredíne]
de lado (adv)	сбоку	[zbóku]
en todas partes	везде	[vezdé]
alrededor (adv)	вокруг	[vɔkrúg]
de dentro (adv)	изнутри	[iznutrí]
a alguna parte	куда-то	[kudá-tɔ]
todo derecho (adv)	напрямик	[naprımík]
atrás (muévelo para ~)	обратно	[ɔbrátnɔ]
de alguna parte (adv)	откуда-нибудь	[ɔtkúda-nibutʲ]
no se sabe de dónde	откуда-то	[ɔtkúda-tɔ]
primero (adv)	во-первых	[vɔ-pérvih]
segundo (adv)	во-вторых	[vɔ-ftɔrīh]
tercero (adv)	в-третьих	[f trétjih]
de súbito (adv)	вдруг	[vdrúg]
al principio (adv)	вначале	[vnatʃále]
por primera vez	впервые	[fpervīje]
mucho tiempo antes ...	задолго до ...	[zadólgɔ dɔ ...]
de nuevo (adv)	заново	[zánɔvɔ]
para siempre (adv)	насовсем	[nasɔfsém]
jamás, nunca (adv)	никогда	[nikɔgdá]
de nuevo (adv)	опять	[ɔpʲátʲ]
ahora (adv)	теперь	[tepérʲ]
frecuentemente (adv)	часто	[tʃástɔ]
entonces (adv)	тогда	[tɔgdá]
urgentemente (adv)	срочно	[srótʃnɔ]
usualmente (adv)	обычно	[ɔbītʃnɔ]
a propósito, ...	кстати, ...	[kstáti, ...]
es probable	возможно	[vɔzmóʒnɔ]

probablemente (adv)	вероятно	[verɔjátnɔ]
tal vez	может быть	[móʒet bītʲ]
además ...	кроме того, ...	[króme tɔvó, ...]
por eso ...	поэтому ...	[pɔǽtɔmu ...]
a pesar de ...	несмотря на ...	[nesmɔtrʲá na ...]
gracias a ...	благодаря ...	[blagɔdarʲá ...]

qué (pron)	что	[ʃtó]
que (conj)	что	[ʃtó]
algo (~ le ha pasado)	что-то	[ʃtó-tɔ]
algo (~ así)	что-нибудь	[ʃtó-nibutʲ]
nada (f)	ничего	[nitʃevó]

quien	кто	[któ]
alguien (viene ~)	кто-то	[któ-tɔ]
alguien (¿ha llamado ~?)	кто-нибудь	[któ-nibutʲ]

nadie	никто	[niktó]
a ninguna parte	никуда	[nikudá]
de nadie	ничей	[nitʃéj]
de alguien	чей-нибудь	[tʃej-nibútʲ]

tan, tanto (adv)	так	[ták]
también (~ habla francés)	также	[tágʒe]
también (p.ej. Yo ~)	тоже	[tóʒe]

18. Las palabras útiles. Los adverbios. Unidad 2

¿Por qué?	Почему?	[pɔtʃemú?]
no se sabe porqué	почему-то	[pɔtʃemú-tɔ]
porque ...	потому, что ...	[pɔtɔmú, ʃtó ...]
por cualquier razón (adv)	зачем-то	[zatʃém-tɔ]

y (p.ej. uno y medio)	и	[i]
o (p.ej. té o café)	или	[íli]
pero (p.ej. me gusta, ~)	но	[nó]
para (p.ej. es para ti)	для	[dlʲá]

demasiado (adv)	слишком	[slíʃkɔm]
sólo, solamente (adv)	только	[tólʲkɔ]
exactamente (adv)	точно	[tótʃnɔ]
unos ...,	около	[ókɔlɔ]
cerca de ... (~ 10 kg)		

aproximadamente	приблизительно	[priblizítelʲnɔ]
aproximado (adj)	приблизительный	[priblizítelʲnij]
casi (adv)	почти	[pɔtʃtí]
resto (m)	остальное (c)	[ɔstalʲnóe]

cada (adj)	каждый	[káʒdij]
cualquier (adj)	любой	[lʲubój]
mucho (adv)	много	[mnógɔ]
muchos (mucha gente)	многие	[mnógie]
todos	все	[fsé]

a cambio de …	в обмен на …	[v ɔbmén na …]
en cambio (adv)	взамен	[vzamén]
a mano (hecho ~)	вручную	[vrutʃnúju]
poco probable	вряд ли	[vrʲát lí]

probablemente	наверное	[navérnɔe]
a propósito (adv)	нарочно	[narójnɔ]
por accidente (adv)	случайно	[slutʃájnɔ]

muy (adv)	очень	[ótʃenʲ]
por ejemplo (adv)	например	[naprimér]
entre (~ nosotros)	между	[méʒdu]
entre (~ otras cosas)	среди	[sredí]
tanto (~ gente)	столько	[stólʲkɔ]
especialmente (adv)	особенно	[ɔsóbennɔ]

Conceptos básicos. Unidad 2

rico (adj)	богатый	[bɔgátij]
pobre (adj)	бедный	[bédnij]
enfermo (adj)	больной	[bɔlʲnój]
sano (adj)	здоровый	[zdɔróvij]
grande (adj)	большой	[bɔlʲʃój]
pequeño (adj)	маленький	[málenʲkij]
rápidamente (adv)	быстро	[bĭstrɔ]
lentamente (adv)	медленно	[médlenɔ]
rápido (adj)	быстрый	[bĭstrij]
lento (adj)	медленный	[médlenij]
alegre (adj)	весёлый	[vesǿlij]
triste (adj)	грустный	[grúsnij]
juntos (adv)	вместе	[vméste]
separadamente	отдельно	[ɔtdélʲnɔ]
en voz alta	вслух	[fslúh]
en silencio	про себя	[prɔ sebʲá]
alto (adj)	высокий	[visókij]
bajo (adj)	низкий	[nískij]
profundo (adj)	глубокий	[glubókij]
poco profundo (adj)	мелкий	[mélkij]
sí	да	[dá]
no	нет	[nét]
lejano (adj)	далёкий	[dalǿkij]
cercano (adj)	близкий	[blískij]
lejos (adv)	далеко	[dalekó]
cerco (adv)	рядом	[rʲádɔm]
largo (adj)	длинный	[dlínnij]
corto (adj)	короткий	[kɔrótkij]
bueno (de buen corazón)	добрый	[dóbrij]
malvado (adj)	злой	[zlój]

casado (adj)	женатый	[ʒenátij]
soltero (adj)	холостой	[holostój]
prohibir (vt)	запретить (св, пх)	[zapretítʲ]
permitir (vt)	разрешить (св, пх)	[razreʃítʲ]
fin (m)	конец (м)	[konéts]
principio (m)	начало (с)	[natʃálo]
izquierdo (adj)	левый	[lévij]
derecho (adj)	правый	[právij]
primero (adj)	первый	[pérvij]
último (adj)	последний	[poslédnij]
crimen (m)	преступление (с)	[prestuplénie]
castigo (m)	наказание (с)	[nakazánie]
ordenar (vt)	приказать (св, пх)	[prikazátʲ]
obedecer (vi, vt)	подчиниться (св, возв)	[pottʃinítsa]
recto (adj)	прямой	[prɪmój]
curvo (adj)	кривой	[krivój]
paraíso (m)	рай (м)	[ráj]
infierno (m)	ад (м)	[ád]
nacer (vi)	родиться (св, возв)	[rodítsa]
morir (vi)	умереть (св, нпх)	[umerétʲ]
fuerte (adj)	сильный	[sílʲnij]
débil (adj)	слабый	[slábij]
viejo (adj)	старый	[stárij]
joven (adj)	молодой	[molodój]
viejo (adj)	старый	[stárij]
nuevo (adj)	новый	[nóvij]
duro (adj)	твёрдый	[tvǿrdij]
blando (adj)	мягкий	[mʲáhkij]
tibio (adj)	тёплый	[tǿplij]
frío (adj)	холодный	[holódnij]
gordo (adj)	толстый	[tólstij]
delgado (adj)	худой	[hudój]
estrecho (adj)	узкий	[úskij]
ancho (adj)	широкий	[ʃirókij]
bueno (adj)	хороший	[horóʃij]
malo (adj)	плохой	[plohój]
valiente (adj)	храбрый	[hrábrij]
cobarde (adj)	трусливый	[truslívij]

20. Los días de la semana

lunes (m)	понедельник (м)	[pɔnedélʲnik]
martes (m)	вторник (м)	[ftórnik]
miércoles (m)	среда (ж)	[sredá]
jueves (m)	четверг (м)	[ʧetvérg]
viernes (m)	пятница (ж)	[pʲátnitsa]
sábado (m)	суббота (ж)	[subóta]
domingo (m)	воскресенье (с)	[vɔskresénje]

hoy (adv)	сегодня	[sevódnʲa]
mañana (adv)	завтра	[záftra]
pasado mañana	послезавтра	[pɔslezáftra]
ayer (adv)	вчера	[fʧerá]
anteayer (adv)	позавчера	[pɔzafʧerá]

día (m)	день (м)	[dénʲ]
día (m) de trabajo	рабочий день (м)	[rabóʧij dénʲ]
día (m) de fiesta	празник (м)	[práznik]
día (m) de descanso	выходной день (м)	[vihɔdnój dénʲ]
fin (m) de semana	выходные (мн)	[vihɔdnɨje]

todo el día	весь день	[vesʲ dénʲ]
al día siguiente	на следующий день	[na sléduʃij dénʲ]
dos días atrás	2 дня назад	[dvá dnʲá nazád]
en vísperas (adv)	накануне	[nakanúne]
diario (adj)	ежедневный	[eʒednévnij]
cada día (adv)	ежедневно	[eʒednévnɔ]

semana (f)	неделя (ж)	[nedélʲa]
semana (f) pasada	на прошлой неделе	[na próʃlɔj nedéle]
semana (f) que viene	на следующей неделе	[na sléduʃej nedéle]
semanal (adj)	еженедельный	[eʒenedélʲnij]
cada semana (adv)	еженедельно	[eʒenedélʲnɔ]
2 veces por semana	2 раза в неделю	[dvá ráza v nedélʲu]
todos los martes	каждый вторник	[káʒdij ftórnik]

21. Las horas. El día y la noche

mañana (f)	утро (с)	[útrɔ]
por la mañana	утром	[útrɔm]
mediodía (m)	полдень (м)	[póldenʲ]
por la tarde	после обеда	[pósle ɔbéda]

noche (f)	вечер (м)	[véʧer]
por la noche	вечером	[véʧerɔm]
noche (f) (p.ej. 2:00 a.m.)	ночь (ж)	[nóʧʲ]
por la noche	ночью	[nóʧju]
medianoche (f)	полночь (ж)	[pólnɔʧʲ]

segundo (m)	секунда (ж)	[sekúnda]
minuto (m)	минута (ж)	[minúta]
hora (f)	час (м)	[ʧás]

media hora (f)	полчаса (мн)	[pɔlʧasá]
cuarto (m) de hora	четверть (ж) часа	[ʧétvertʲ ʧása]
quince minutos	15 минут	[pitnátsatʲ minút]
veinticuatro horas	сутки (мн)	[sútki]

salida (f) del sol	восход (м) солнца	[vɔsxód sóntsa]
amanecer (m)	рассвет (м)	[rasvét]
madrugada (f)	раннее утро (с)	[ránnee útrɔ]
puesta (f) del sol	закат (м)	[zakát]

de madrugada	рано утром	[ránɔ útrɔm]
esta mañana	сегодня утром	[sevódnʲa útrɔm]
mañana por la mañana	завтра утром	[záftra útrɔm]

esta tarde	сегодня днём	[sevódnʲa dnǿm]
por la tarde	после обеда	[pósle ɔbéda]
mañana por la tarde	завтра после обеда	[záftra pósle ɔbéda]

| esta noche (p.ej. 8:00 p.m.) | сегодня вечером | [sevódnʲa véʧerɔm] |
| mañana por la noche | завтра вечером | [záftra veʧerɔm] |

a las tres en punto	ровно в 3 часа	[róvnɔ f trí ʧasá]
a eso de las cuatro	около 4-х часов	[ókɔlɔ ʧetīróh ʧasóf]
para las doce	к 12-ти часам	[k dvenátsatí ʧasám]

dentro de veinte minutos	через 20 минут	[ʧéres dvátsatʲ minút]
dentro de una hora	через час	[ʧéres ʧás]
a tiempo (adv)	вовремя	[vóvremʲa]

... menos cuarto	без четверти ...	[bes ʧétverti ...]
durante una hora	в течение часа	[f teʧénie ʧása]
cada quince minutos	каждые 15 минут	[káʒdie pitnátsatʲ minút]
día y noche	круглые сутки	[krúglie sútki]

22. Los meses. Las estaciones

enero (m)	январь (м)	[jɪnvárʲ]
febrero (m)	февраль (м)	[fevrálʲ]
marzo (m)	март (м)	[márt]
abril (m)	апрель (м)	[aprélʲ]
mayo (m)	май (м)	[máj]
junio (m)	июнь (м)	[ijúnʲ]

julio (m)	июль (м)	[ijúlʲ]
agosto (m)	август (м)	[ávgust]
septiembre (m)	сентябрь (м)	[sentʲábrʲ]
octubre (m)	октябрь (м)	[ɔktʲábrʲ]
noviembre (m)	ноябрь (м)	[nɔjábrʲ]
diciembre (m)	декабрь (м)	[dekábrʲ]

primavera (f)	весна (ж)	[vesná]
en primavera	весной	[vesnój]
de primavera (adj)	весенний	[vesénnij]
verano (m)	лето (с)	[létɔ]

| en verano | летом | [létɔm] |
| de verano (adj) | летний | [létnij] |

otoño (m)	осень (ж)	[ósenʲ]
en otoño	осенью	[ósenju]
de otoño (adj)	осенний	[ɔsénnij]

invierno (m)	зима (ж)	[zimá]
en invierno	зимой	[zimój]
de invierno (adj)	зимний	[zímnij]
mes (m)	месяц (м)	[mésɪts]
este mes	в этом месяце	[v ǽtɔm mésɪtse]
al mes siguiente	в следующем месяце	[f sléduʃem mésɪtse]
el mes pasado	в прошлом месяце	[f próʃlɔm mésɪtse]

hace un mes	месяц назад	[mésɪts nazád]
dentro de un mes	через месяц	[tʃéres mésɪts]
dentro de dos meses	через 2 месяца	[tʃéres dvá mésɪtsa]
todo el mes	весь месяц	[vesʲ mésɪts]
todo un mes	целый месяц	[tsǽlij mésɪts]

mensual (adj)	ежемесячный	[eʒemésɪtʃnij]
mensualmente (adv)	ежемесячно	[eʒemésɪtʃnɔ]
cada mes	каждый месяц	[káʒdij mésɪts]
dos veces por mes	2 раза в месяц	[dvá ráza v mésɪts]

año (m)	год (м)	[gód]
este año	в этом году	[v ǽtɔm gɔdú]
el próximo año	в следующем году	[f sléduʃem gɔdú]
el año pasado	в прошлом году	[f próʃlɔm gɔdú]
hace un año	год назад	[gót nazád]
dentro de un año	через год	[tʃéres gód]
dentro de dos años	через 2 года	[tʃéres dvá góda]
todo el año	весь год	[vesʲ gód]
todo un año	целый год	[tsǽlij gód]

cada año	каждый год	[káʒdij gód]
anual (adj)	ежегодный	[eʒegódnij]
anualmente (adv)	ежегодно	[eʒegódnɔ]
cuatro veces por año	4 раза в год	[tʃetĭre ráza v gód]

fecha (f) (la ~ de hoy es ...)	число (c)	[tʃisló]
fecha (f) (~ de entrega)	дата (ж)	[dáta]
calendario (m)	календарь (м)	[kalendárʲ]

medio año (m)	полгода	[pɔlgóda]
seis meses	полугодие (c)	[pɔlugódie]
estación (f)	сезон (м)	[sezón]
siglo (m)	век (м)	[vék]

23. La hora. Miscelánea

| tiempo (m) | время (c) | [vrémʲa] |
| momento (m) | миг (м) | [míg] |

instante (m)	мгновение (c)	[mgnɔvénie]
instantáneo (adj)	мгновенный	[mgnɔvénnij]
lapso (m) de tiempo	отрезок (м)	[ɔtrézɔk]
vida (f)	жизнь (ж)	[ʒīznʲ]
eternidad (f)	вечность (ж)	[vétʃnɔstʲ]

época (f)	эпоха (ж)	[ɛpóha]
era (f)	эра (ж)	[ǽra]
ciclo (m)	цикл (м)	[tsīkl]
período (m)	период (м)	[períud]
plazo (m) (~ de tres meses)	срок (м)	[srók]

futuro (m)	будущее (c)	[búduʃee]
futuro (adj)	будущий	[búduʃij]
la próxima vez	в следующий раз	[f sléduʃij rás]
pasado (m)	прошлое (c)	[próʃɔe]
pasado (adj)	прошлый	[próʃij]
la última vez	в прошлый раз	[f próʃij rás]
más tarde (adv)	позже	[póʒʒe]
después	после	[pósle]
actualmente (adv)	теперь	[tepérʲ]
ahora (adv)	сейчас	[sejtʃás]
inmediatamente	немедленно	[nemédlenɔ]
pronto (adv)	скоро	[skórɔ]
de antemano (adv)	заранее	[zaránee]

hace mucho tiempo	давно	[davnó]
hace poco (adv)	недавно	[nedávnɔ]
destino (m)	судьба (ж)	[sutʲbá]
recuerdos (m pl)	память (ж)	[pámɪtʲ]
archivo (m)	архив (м)	[arhíf]
durante ...	во время ...	[vɔ vrémʲa ...]
mucho tiempo (adv)	долго	[dólgɔ]
poco tiempo (adv)	недолго	[nedólgɔ]
temprano (adv)	рано	[ránɔ]
tarde (adv)	поздно	[póznɔ]

para siempre (adv)	навсегда	[nafsegdá]
comenzar (vt)	начинать (нсв, пх)	[natʃinátʲ]
aplazar (vt)	перенести (св, пх)	[perenestí]

simultáneamente	одновременно	[ɔdnɔvreménnɔ]
permanentemente	постоянно	[pɔstɔjánnɔ]
constante (ruido, etc.)	постоянный	[pɔstɔjánnij]
temporal (adj)	временный	[vrémennij]

a veces (adv)	иногда	[inɔgdá]
raramente (adv)	редко	[rétkɔ]
frecuentemente	часто	[tʃástɔ]

24. Las líneas y las formas

cuadrado (m)	квадрат (м)	[kvadrát]
cuadrado (adj)	квадратный	[kvadrátnij]

círculo (m)	круг (м)	[krúg]
redondo (adj)	круглый	[krúglij]
triángulo (m)	треугольник (м)	[treugólʲnik]
triangular (adj)	треугольный	[treugólʲnij]

óvalo (m)	овал (м)	[ɔvál]
oval (adj)	овальный	[ɔválʲnij]
rectángulo (m)	прямоугольник (м)	[prɪmɔugólʲnik]
rectangular (adj)	прямоугольный	[prɪmɔugólʲnij]

pirámide (f)	пирамида (ж)	[piramída]
rombo (m)	ромб (м)	[rómp]
trapecio (m)	трапеция (ж)	[trapétsija]
cubo (m)	куб (м)	[kúb]
prisma (m)	призма (ж)	[prízma]

circunferencia (f)	окружность (ж)	[ɔkrúʒnɔstʲ]
esfera (f)	сфера (ж)	[sféra]
globo (m)	шар (м)	[ʃár]
diámetro (m)	диаметр (м)	[diámetr]
radio (f)	радиус (м)	[rádius]
perímetro (m)	периметр (м)	[perímetr]
centro (m)	центр (м)	[tsǽntr]

horizontal (adj)	горизонтальный	[gɔrizɔntálʲnij]
vertical (adj)	вертикальный	[vertikálʲnij]
paralela (f)	параллель (ж)	[paralélʲ]
paralelo (adj)	параллельный	[paralélʲnij]

línea (f)	линия (ж)	[línija]
trazo (m)	черта (ж)	[tʃertá]
recta (f)	прямая (ж)	[prɪmája]
curva (f)	кривая (ж)	[krivája]
fino (la ~a línea)	тонкий	[tónkij]
contorno (m)	контур (м)	[kóntur]

intersección (f)	пересечение (с)	[peresetʃénie]
ángulo (m) recto	прямой угол (м)	[prɪmój úgɔl]
segmento (m)	сегмент (м)	[segmént]
sector (m)	сектор (м)	[séktɔr]
lado (m)	сторона (ж)	[stɔrɔná]
ángulo (m)	угол (м)	[úgɔl]

25. Las unidades de medida

peso (m)	вес (м)	[vés]
longitud (f)	длина (ж)	[dliná]
anchura (f)	ширина (ж)	[ʃiriná]
altura (f)	высота (ж)	[visɔtá]
profundidad (f)	глубина (ж)	[glubiná]
volumen (m)	объём (м)	[ɔbjóm]
área (f)	площадь (ж)	[plóʃatʲ]
gramo (m)	грамм (м)	[grám]
miligramo (m)	миллиграмм (м)	[miligrám]

kilogramo (m)	килограмм (м)	[kilográm]
tonelada (f)	тонна (ж)	[tónna]
libra (f)	фунт (м)	[fúnt]
onza (f)	унция (ж)	[úntsija]

metro (m)	метр (м)	[métr]
milímetro (m)	миллиметр (м)	[milimétr]
centímetro (m)	сантиметр (м)	[santimétr]
kilómetro (m)	километр (м)	[kilométr]
milla (f)	миля (ж)	[mílʲa]

pulgada (f)	дюйм (м)	[dʲújm]
pie (m)	фут (м)	[fút]
yarda (f)	ярд (м)	[járd]

| metro (m) cuadrado | квадратный метр (м) | [kvadrátnij métr] |
| hectárea (f) | гектар (м) | [gektár] |

litro (m)	литр (м)	[lítr]
grado (m)	градус (м)	[grádus]
voltio (m)	вольт (м)	[vólʲt]
amperio (m)	ампер (м)	[ampér]
caballo (m) de fuerza	лошадиная сила (ж)	[loʃidínaja síla]

cantidad (f)	количество (c)	[kolíʧestvo]
un poco de ...	немного ...	[nemnógo ...]
mitad (f)	половина (ж)	[polovína]
docena (f)	дюжина (ж)	[dʲúʒina]
pieza (f)	штука (ж)	[ʃtúka]

| dimensión (f) | размер (м) | [razmér] |
| escala (f) (del mapa) | масштаб (м) | [maʃtáb] |

mínimo (adj)	минимальный	[minimálʲnij]
el más pequeño (adj)	наименьший	[naiménʲʃij]
medio (adj)	средний	[srédnij]
máximo (adj)	максимальный	[maksimálʲnij]
el más grande (adj)	наибольший	[naibólʲʃij]

26. Contenedores

tarro (m) de vidrio	банка (ж)	[bánka]
lata (f) de hojalata	банка (ж)	[bánka]
cubo (m)	ведро (c)	[vedró]
barril (m)	бочка (ж)	[bóʧka]

palangana (f)	таз (м)	[tás]
tanque (m)	бак (м)	[bák]
petaca (f) (de alcohol)	фляжка (ж)	[flʲáʃka]
bidón (m) de gasolina	канистра (ж)	[kanístra]
cisterna (f)	цистерна (ж)	[tsistǽrna]

| taza (f) (mug de cerámica) | кружка (ж) | [krúʃka] |
| taza (f) (~ de café) | чашка (ж) | [ʧáʃka] |

platillo (m)	блюдце (c)	[blʲútse]
vaso (m) (~ de agua)	стакан (м)	[stakán]
copa (f) (~ de vino)	бокал (м)	[bɔkál]
olla (f)	кастрюля (ж)	[kastrʲúlʲa]

| botella (f) | бутылка (ж) | [butílka] |
| cuello (m) de botella | горлышко (c) | [górliʃkɔ] |

garrafa (f)	графин (м)	[grafín]
jarro (m) (~ de agua)	кувшин (м)	[kuffín]
recipiente (m)	сосуд (м)	[sɔsúd]
tarro (m)	горшок (м)	[gɔrʃók]
florero (m)	ваза (ж)	[váza]

frasco (m) (~ de perfume)	флакон (м)	[flakón]
frasquito (m)	пузырёк (м)	[puzirǿk]
tubo (m)	тюбик (м)	[tʲúbik]

saco (m) (~ de azúcar)	мешок (м)	[meʃók]
bolsa (f) (~ plástica)	пакет (м)	[pakét]
paquete (m) (~ de cigarrillos)	пачка (ж)	[pátʃka]

caja (f)	коробка (ж)	[kɔrópka]
cajón (m) (~ de madera)	ящик (м)	[jáʃʲik]
cesta (f)	корзина (ж)	[kɔrzína]

27. Materiales

material (f)	материал (м)	[materjál]
madera (f)	дерево (c)	[dérevɔ]
de madera (adj)	деревянный	[derevʲánnij]

| vidrio (m) | стекло (c) | [steklɔ́] |
| de vidrio (adj) | стеклянный | [steklʲánnij] |

| piedra (f) | камень (м) | [kámenʲ] |
| de piedra (adj) | каменный | [kámennij] |

| plástico (m) | пластик (м) | [plástik] |
| de plástico (adj) | пластмассовый | [plastmásɔvij] |

| goma (f) | резина (ж) | [rezína] |
| de goma (adj) | резиновый | [rezínɔvij] |

| tela (m) | ткань (ж) | [tkánʲ] |
| de tela (adj) | из ткани | [is tkáni] |

| papel (m) | бумага (ж) | [bumága] |
| de papel (adj) | бумажный | [bumáʒnij] |

cartón (m)	картон (м)	[kartón]
de cartón (adj)	картонный	[kartónnij]
polietileno (m)	полиэтилен (м)	[pɔliɛtilén]
celofán (m)	целлофан (м)	[tsɛlɔfán]

| linóleo (m) | линолеум (м) | [linóleum] |
| contrachapado (m) | фанера (ж) | [fanéra] |

porcelana (f)	фарфор (м)	[farfór]
de porcelana (adj)	фарфоровый	[farfórɔvij]
arcilla (f), barro (m)	глина (ж)	[glína]
de barro (adj)	глиняный	[glínınij]
cerámica (f)	керамика (ж)	[kerámika]
de cerámica (adj)	керамический	[keramítʃeskij]

28. Los metales

metal (m)	металл (м)	[metál]
metálico (adj)	металлический	[metalítʃeskij]
aleación (f)	сплав (м)	[spláf]

oro (m)	золото (с)	[zólɔtɔ]
de oro (adj)	золотой	[zɔlɔtój]
plata (f)	серебро (с)	[serebró]
de plata (adj)	серебряный	[serébrınij]

hierro (m)	железо (с)	[ʒelézɔ]
de hierro (adj)	железный	[ʒeléznij]
acero (m)	сталь (ж)	[stálʲ]
de acero (adj)	стальной	[stalʲnój]
cobre (m)	медь (ж)	[métʲ]
de cobre (adj)	медный	[médnij]

aluminio (m)	алюминий (м)	[alʲumínij]
de aluminio (adj)	алюминиевый	[alʲumínievij]
bronce (m)	бронза (ж)	[brónza]
de bronce (adj)	бронзовый	[brónzɔvij]

latón (m)	латунь (ж)	[latúnʲ]
níquel (m)	никель (м)	[níkelʲ]
platino (m)	платина (ж)	[plátina]
mercurio (m)	ртуть (ж)	[rtútʲ]
estaño (m)	олово (с)	[ólɔvɔ]
plomo (m)	свинец (м)	[svinéts]
zinc (m)	цинк (м)	[tsĩnk]

EL SER HUMANO

El ser humano. El cuerpo

29. El ser humano. Conceptos básicos

ser (m) humano	человек (м)	[tʃelɔvék]
hombre (m) (varón)	мужчина (м)	[muʃína]
mujer (f)	женщина (ж)	[ʒǽnʃina]
niño -a (m, f)	ребёнок (м)	[rebǿnɔk]
niña (f)	девочка (ж)	[dévɔtʃka]
niño (m)	мальчик (м)	[málʲtʃik]
adolescente (m)	подросток (м)	[pɔdróstɔk]
viejo, anciano (m)	старик (м)	[starík]
vieja, anciana (f)	старая женщина (ж)	[stáraja ʒǽnʃina]

30. La anatomía humana

organismo (m)	организм (м)	[ɔrganízm]
corazón (m)	сердце (с)	[sértse]
sangre (f)	кровь (ж)	[krófʲ]
arteria (f)	артерия (ж)	[artǽrija]
vena (f)	вена (ж)	[véna]
cerebro (m)	мозг (м)	[mósg]
nervio (m)	нерв (м)	[nérf]
nervios (m pl)	нервы (мн)	[nérvi]
vértebra (f)	позвонок (м)	[pɔzvɔnók]
columna (f) vertebral	позвоночник (м)	[pɔzvɔnótʃnik]
estómago (m)	желудок (м)	[ʒelúdɔk]
intestinos (m pl)	кишечник (м)	[kiʃǽtʃnik]
intestino (m)	кишка (ж)	[kiʃká]
hígado (m)	печень (ж)	[pétʃenʲ]
riñón (m)	почка (ж)	[pótʃka]
hueso (m)	кость (ж)	[kóstʲ]
esqueleto (m)	скелет (м)	[skelét]
costilla (f)	ребро (с)	[rebró]
cráneo (m)	череп (м)	[tʃérep]
músculo (m)	мышца (ж)	[mɨ́ʃtsa]
bíceps (m)	бицепс (м)	[bítsɛps]
tríceps (m)	трицепс (м)	[trítsɛps]
tendón (m)	сухожилие (с)	[suhɔʒĩlie]
articulación (f)	сустав (м)	[sustáf]

pulmones (m pl)	лёгкие (мн)	[lǿhkie]
genitales (m pl)	половые органы (мн)	[polovīe órgani]
piel (f)	кожа (ж)	[kóʒa]

31. La cabeza

cabeza (f)	голова (ж)	[golavá]
cara (f)	лицо (c)	[litsó]
nariz (f)	нос (м)	[nós]
boca (f)	рот (м)	[rót]

ojo (m)	глаз (м)	[glás]
ojos (m pl)	глаза (мн)	[glazá]
pupila (f)	зрачок (м)	[zratʃók]
ceja (f)	бровь (ж)	[brófʲ]
pestaña (f)	ресница (ж)	[resnítsa]
párpado (m)	веко (c)	[véko]

lengua (f)	язык (м)	[jɪzīk]
diente (m)	зуб (м)	[zúb]
labios (m pl)	губы (мн)	[gúbi]
pómulos (m pl)	скулы (мн)	[skúli]
encía (f)	десна (ж)	[desná]
paladar (m)	нёбо (c)	[nǿbo]

ventanas (f pl)	ноздри (мн)	[nózdri]
mentón (m)	подбородок (м)	[podboródok]
mandíbula (f)	челюсть (ж)	[tʃélʲustʲ]
mejilla (f)	щека (ж)	[ʃʲeká]

frente (f)	лоб (м)	[lób]
sien (f)	висок (м)	[visók]
oreja (f)	ухо (c)	[úho]
nuca (f)	затылок (м)	[zatīlok]
cuello (m)	шея (ж)	[ʃǽja]
garganta (f)	горло (c)	[górlo]

pelo, cabello (m)	волосы (мн)	[vólosi]
peinado (m)	причёска (ж)	[pritʃóska]
corte (m) de pelo	стрижка (ж)	[stríʃka]
peluca (f)	парик (м)	[parík]

bigote (m)	усы (м мн)	[usī]
barba (f)	борода (ж)	[borodá]
tener (~ la barba)	носить (нсв, пх)	[nosítʲ]
trenza (f)	коса (ж)	[kosá]
patillas (f pl)	бакенбарды (мн)	[bakenbárdi]

pelirrojo (adj)	рыжий	[rīʒij]
gris, canoso (adj)	седой	[sedój]
calvo (adj)	лысый	[līsij]
calva (f)	лысина (ж)	[līsina]
cola (f) de caballo	хвост (м)	[hvóst]
flequillo (m)	чёлка (ж)	[tʃólka]

32. El cuerpo

| mano (f) | кисть (ж) | [kístʲ] |
| brazo (m) | рука (ж) | [ruká] |

dedo (m)	палец (м)	[páleʦ]
dedo (m) pulgar	большой палец (м)	[bɔlʲʃój páleʦ]
dedo (m) meñique	мизинец (м)	[mizíneʦ]
uña (f)	ноготь (м)	[nógɔtʲ]

puño (m)	кулак (м)	[kulák]
palma (f)	ладонь (ж)	[ladónʲ]
muñeca (f)	запястье (с)	[zapʲástje]
antebrazo (m)	предплечье (с)	[pretplétʃje]
codo (m)	локоть (м)	[lókɔtʲ]
hombro (m)	плечо (с)	[pletʃó]

pierna (f)	нога (ж)	[nɔgá]
planta (f)	ступня (ж)	[stupnʲá]
rodilla (f)	колено (с)	[kɔlénɔ]
pantorrilla (f)	икра (ж)	[ikrá]
cadera (f)	бедро (с)	[bedró]
talón (m)	пятка (ж)	[pʲátka]

cuerpo (m)	тело (с)	[télɔ]
vientre (m)	живот (м)	[ʒivót]
pecho (m)	грудь (ж)	[grútʲ]
seno (m)	грудь (ж)	[grútʲ]
lado (m), costado (m)	бок (м)	[bók]
espalda (f)	спина (ж)	[spiná]
zona (f) lumbar	поясница (ж)	[pɔjisníʦa]
cintura (f), talle (m)	талия (ж)	[tálija]

ombligo (m)	пупок (м)	[pupók]
nalgas (f pl)	ягодицы (мн)	[jágɔdiʦi]
trasero (m)	зад (м)	[zád]

lunar (m)	родинка (ж)	[ródinka]
marca (f) de nacimiento	родимое пятно (с)	[rɔdímɔe pɪtnó]
tatuaje (m)	татуировка (ж)	[tatuirófka]
cicatriz (f)	шрам (м)	[ʃrám]

La ropa y los accesorios

33. La ropa exterior. Los abrigos

ropa (f), vestido (m)	одежда (ж)	[ɔdéʒda]
ropa (f) de calle	верхняя одежда (ж)	[vérhnʲaja ɔdéʒda]
ropa (f) de invierno	зимняя одежда (ж)	[zímnʲaja ɔdéʒda]
abrigo (m)	пальто (c)	[palʲtó]
abrigo (m) de piel	шуба (ж)	[ʃúba]
abrigo (m) corto de piel	полушубок (м)	[pɔluʃúbɔk]
plumón (m)	пуховик (м)	[puhɔvík]
cazadora (f)	куртка (ж)	[kúrtka]
impermeable (m)	плащ (м)	[pláʃʲ]
impermeable (adj)	непромокаемый	[neprɔmɔkáemij]

34. Ropa de hombre y mujer

camisa (f)	рубашка (ж)	[rubáʃka]
pantalones (m pl)	брюки (мн)	[brʲúki]
jeans, vaqueros (m pl)	джинсы (мн)	[dʒīnsi]
chaqueta (f), saco (m)	пиджак (м)	[pidʒák]
traje (m)	костюм (м)	[kɔstʲúm]
vestido (m)	платье (c)	[plátje]
falda (f)	юбка (ж)	[júpka]
blusa (f)	блузка (ж)	[blúska]
rebeca (f),	кофта (ж)	[kófta]
chaqueta (f) de punto		
chaqueta (f)	жакет (м)	[ʒakét]
camiseta (f) (T-shirt)	футболка (ж)	[futbólka]
shorts (m pl)	шорты (мн)	[ʃórti]
traje (m) deportivo	спортивный костюм (м)	[spɔrtívnij kɔstʲúm]
bata (f) de baño	халат (м)	[halát]
pijama (f)	пижама (ж)	[piʒáma]
jersey (m), suéter (m)	свитер (м)	[svítɛr]
pulóver (m)	пуловер (м)	[pulóver]
chaleco (m)	жилет (м)	[ʒilét]
frac (m)	фрак (м)	[frák]
esmoquin (m)	смокинг (м)	[smóking]
uniforme (m)	форма (ж)	[fórma]
ropa (f) de trabajo	рабочая одежда (ж)	[rabótʃaja ɔdéʒda]
mono (m)	комбинезон (м)	[kɔmbinezón]
bata (f) (p. ej. ~ blanca)	халат (м)	[halát]

35. La ropa. La ropa interior

ropa (f) interior	бельё (c)	[beljǿ]
bóxer (m)	трусы (м)	[trusɨ̄]
bragas (f pl)	бельё (c)	[beljǿ]
camiseta (f) interior	майка (ж)	[májka]
calcetines (m pl)	носки (мн)	[nɔskí]
camisón (m)	ночная рубашка (ж)	[nɔtʃnája rubáʃka]
sostén (m)	бюстгальтер (м)	[bʲusgálʲter]
calcetines (m pl) altos	гольфы (мн)	[gólʲfi]
pantimedias (f pl)	колготки (мн)	[kɔlgótki]
medias (f pl)	чулки (мн)	[tʃʲulkí]
traje (m) de baño	купальник (м)	[kupálʲnik]

36. Gorras

gorro (m)	шапка (ж)	[ʃápka]
sombrero (m) de fieltro	шляпа (ж)	[ʃlʲápa]
gorra (f) de béisbol	бейсболка (ж)	[bejzbólka]
gorra (f) plana	кепка (ж)	[képka]
boina (f)	берет (м)	[berét]
capuchón (m)	капюшон (м)	[kapʲuʃón]
panamá (m)	панамка (ж)	[panámka]
gorro (m) de punto	вязаная шапочка (ж)	[vʲázanaja ʃápɔtʃka]
pañuelo (m)	платок (м)	[platók]
sombrero (m) de mujer	шляпка (ж)	[ʃlʲápka]
casco (m) (~ protector)	каска (ж)	[káska]
gorro (m) de campaña	пилотка (ж)	[pilótka]
casco (m) (~ de moto)	шлем (м)	[ʃlém]
bombín (m)	котелок (м)	[kɔtelók]
sombrero (m) de copa	цилиндр (м)	[tsɨlíndr]

37. El calzado

calzado (m)	обувь (ж)	[óbufʲ]
botas (f pl)	ботинки (мн)	[bɔtínki]
zapatos (m pl) (~ de tacón bajo)	туфли (мн)	[túfli]
botas (f pl) altas	сапоги (мн)	[sapɔgí]
zapatillas (f pl)	тапочки (мн)	[tápɔtʃki]
tenis (m pl)	кроссовки (мн)	[krɔsófki]
zapatillas (f pl) de lona	кеды (мн)	[kédi]
sandalias (f pl)	сандалии (мн)	[sandálii]
zapatero (m)	сапожник (м)	[sapóʒnik]
tacón (m)	каблук (м)	[kablúk]

par (m)	пара (ж)	[pára]
cordón (m)	шнурок (м)	[ʃnurók]
encordonar (vt)	шнуровать (нсв, пх)	[ʃnurɔvátʲ]
calzador (m)	рожок (м)	[rɔʒók]
betún (m)	крем (м) для обуви	[krém dlʲa óbuvi]

38. Los textiles. Las telas

algodón (m)	хлопок (м)	[hlópɔk]
de algodón (adj)	из хлопка	[is hlópka]
lino (m)	лён (м)	[lʲǿn]
de lino (adj)	из льна	[iz lʲná]

seda (f)	шёлк (м)	[ʃólk]
de seda (adj)	шёлковый	[ʃólkɔvij]
lana (f)	шерсть (ж)	[ʃǽrstʲ]
de lana (adj)	шерстяной	[ʃɛrstɪnój]

terciopelo (m)	бархат (м)	[bárhat]
gamuza (f)	замша (ж)	[zámʃa]
pana (f)	вельвет (м)	[velʲvét]

nilón (m)	нейлон (м)	[nejlón]
de nilón (adj)	из нейлона	[iz nejlóna]
poliéster (m)	полиэстер (м)	[pɔliǽstɛr]
de poliéster (adj)	полиэстровый	[pɔliǽstrɔvij]

piel (f) (cuero)	кожа (ж)	[kóʒa]
de piel (de cuero)	из кожи	[is kóʒi]
piel (f) (~ de zorro, etc.)	мех (м)	[méh]
de piel (abrigo ~)	меховой	[mehɔvój]

39. Accesorios personales

guantes (m pl)	перчатки (ж мн)	[pertʃátki]
manoplas (f pl)	варежки (ж мн)	[váreʃki]
bufanda (f)	шарф (м)	[ʃárf]

gafas (f pl)	очки (мн)	[ɔtʃkí]
montura (f)	оправа (ж)	[ɔpráva]
paraguas (m)	зонт (м)	[zónt]
bastón (m)	трость (ж)	[tróstʲ]
cepillo (m) de pelo	щётка (ж) для волос	[ʃótka dlʲa vɔlós]
abanico (m)	веер (м)	[véer]

corbata (f)	галстук (м)	[gálstuk]
pajarita (f)	галстук-бабочка (м)	[gálstuk-bábɔtʃka]
tirantes (m pl)	подтяжки (мн)	[pɔttʲáʃki]
moquero (m)	носовой платок (м)	[nɔsɔvój platók]

| peine (m) | расчёска (ж) | [raʃóska] |
| pasador (m) de pelo | заколка (ж) | [zakólka] |

| horquilla (f) | шпилька (ж) | [ʃpílʲka] |
| hebilla (f) | пряжка (ж) | [prʲáʃka] |

| cinturón (m) | пояс (м) | [pójas] |
| correa (f) (de bolso) | ремень (м) | [reménʲ] |

bolsa (f)	сумка (ж)	[súmka]
bolso (m)	сумочка (ж)	[súmotʃka]
mochila (f)	рюкзак (м)	[rʲukzák]

40. La ropa. Miscelánea

moda (f)	мода (ж)	[móda]
de moda (adj)	модный	[módnij]
diseñador (m) de moda	модельер (м)	[mɔdɛljér]

cuello (m)	воротник (м)	[vɔrɔtník]
bolsillo (m)	карман (м)	[karmán]
de bolsillo (adj)	карманный	[karmánnij]
manga (f)	рукав (м)	[rukáf]
presilla (f)	вешалка (ж)	[véʃəlka]
bragueta (f)	ширинка (ж)	[ʃirínka]

cremallera (f)	молния (ж)	[mólnija]
cierre (m)	застёжка (ж)	[zastǿʃka]
botón (m)	пуговица (ж)	[púgɔvitsa]
ojal (m)	петля (ж)	[petlʲá]
saltar (un botón)	оторваться (св, возв)	[ɔtɔrvátsa]

coser (vi, vt)	шить (нсв, н/пх)	[ʃítʲ]
bordar (vt)	вышивать (нсв, н/пх)	[viʃivátʲ]
bordado (m)	вышивка (ж)	[vīʃifka]
aguja (f)	иголка (ж)	[igólka]
hilo (m)	нитка (ж)	[nítka]
costura (f)	шов (м)	[ʃóf]

ensuciarse (vr)	испачкаться (св, возв)	[ispátʃkatsa]
mancha (f)	пятно (с)	[pɪtnó]
arrugarse (vr)	помяться (нсв, возв)	[pɔmʲátsa]
rasgar (vt)	порвать (св, пх)	[pɔrvátʲ]
polilla (f)	моль (м)	[mólʲ]

41. Productos personales. Cosméticos

pasta (f) de dientes	зубная паста (ж)	[zubnája pásta]
cepillo (m) de dientes	зубная щётка (ж)	[zubnája ʃǿtka]
limpiarse los dientes	чистить зубы	[tʃístitʲ zúbi]

maquinilla (f) de afeitar	бритва (ж)	[brítva]
crema (f) de afeitar	крем (м) для бритья	[krém dlʲa britjá]
afeitarse (vr)	бриться (нсв, возв)	[brítsa]
jabón (m)	мыло (с)	[mīlɔ]

champú (m)	шампунь (м)	[ʃampún']
tijeras (f pl)	ножницы (мн)	[nóʒnitsi]
lima (f) de uñas	пилочка (ж) для ногтей	[pílotʃka dl'a nɔktéj]
cortaúñas (m pl)	щипчики (мн)	[ʃíptʃiki]
pinzas (f pl)	пинцет (м)	[pintsǽt]

cosméticos (m pl)	косметика (ж)	[kɔsmétika]
mascarilla (f)	маска (ж)	[máska]
manicura (f)	маникюр (м)	[manik'úr]
hacer la manicura	делать маникюр	[délat' manik'úr]
pedicura (f)	педикюр (м)	[pedik'úr]

neceser (m) de maquillaje	косметичка (ж)	[kɔsmetítʃka]
polvos (m pl)	пудра (ж)	[púdra]
polvera (f)	пудреница (ж)	[púdrenitsa]
colorete (m), rubor (m)	румяна (ж)	[rum'ána]

perfume (m)	духи (мн)	[duhí]
agua (f) perfumada	туалетная вода (ж)	[tualétnaja vɔdá]
loción (f)	лосьон (м)	[lɔsjón]
agua (f) de colonia	одеколон (м)	[ɔdekɔlón]

sombra (f) de ojos	тени (мн) для век	[téni dl'a vék]
lápiz (m) de ojos	карандаш (м) для глаз	[karandáʃ dl'a glás]
rímel (m)	тушь (ж)	[túʃ]

pintalabios (m)	губная помада (ж)	[gubnája pɔmáda]
esmalte (m) de uñas	лак (м) для ногтей	[lák dl'a nɔktéj]
fijador (m) (para el pelo)	лак (м) для волос	[lák dl'a vɔlós]
desodorante (m)	дезодорант (м)	[dezɔdɔránt]

crema (f)	крем (м)	[krém]
crema (f) de belleza	крем (м) для лица	[krém dl'a litsá]
crema (f) de manos	крем (м) для рук	[krém dl'a rúk]
crema (f) antiarrugas	крем (м) против морщин	[krém prótif mɔrʃín]
crema (f) de día	дневной крем (м)	[dnevnój krém]
crema (f) de noche	ночной крем (м)	[nɔtʃnój krém]
de día (adj)	дневной	[dnevnój]
de noche (adj)	ночной	[nɔtʃnój]

tampón (m)	тампон (м)	[tampón]
papel (m) higiénico	туалетная бумага (ж)	[tualétnaja bumága]
secador (m) de pelo	фен (м)	[fén]

42. Las joyas

joyas (f pl)	драгоценности (мн)	[dragɔtsǽnnɔsti]
precioso (adj)	драгоценный	[dragɔtsǽnnij]
contraste (m)	проба (ж)	[próba]

anillo (m)	кольцо (с)	[kɔl'tsó]
anillo (m) de boda	обручальное кольцо (с)	[ɔbrutʃál'nɔe kɔl'tsó]
pulsera (f)	браслет (м)	[braslét]
pendientes (m pl)	серьги (мн)	[sér'gi]

collar (m) (~ de perlas)	ожерелье (c)	[ɔʒerélje]
corona (f)	корона (ж)	[kɔróna]
collar (m) de abalorios	бусы (мн)	[búsi]

diamante (m)	бриллиант (м)	[briljánt]
esmeralda (f)	изумруд (м)	[izumrúd]
rubí (m)	рубин (м)	[rubín]
zafiro (m)	сапфир (м)	[sapfír]
perla (f)	жемчуг (м)	[ʒǽmtʃʲug]
ámbar (m)	янтарь (м)	[jɪntárʲ]

43. Los relojes

reloj (m)	часы (мн)	[tʃasī]
esfera (f)	циферблат (м)	[tsiferblát]
aguja (f)	стрелка (ж)	[strélka]
pulsera (f)	браслет (м)	[braslét]
correa (f) (del reloj)	ремешок (м)	[remeʃók]

pila (f)	батарейка (ж)	[bataréjka]
descargarse (vr)	сесть (св, нпх)	[séstʲ]
cambiar la pila	поменять батарейку	[pɔmenʲátʲ bataréjku]
adelantarse (vr)	спешить (нсв, нпх)	[speʃítʲ]
retrasarse (vr)	отставать (нсв, нпх)	[ɔtstavátʲ]

reloj (m) de pared	настенные часы (мн)	[nasténnie tʃasī]
reloj (m) de arena	песочные часы (мн)	[pesótʃnie tʃasī]
reloj (m) de sol	солнечные часы (мн)	[sólnetʃnie tʃasī]
despertador (m)	будильник (м)	[budílʲnik]
relojero (m)	часовщик (м)	[tʃasofʃʲík]
reparar (vt)	ремонтировать (нсв, пх)	[remɔntírɔvatʲ]

La comida y la nutrición

carne (f)	мясо (c)	[mʲásɔ]
gallina (f)	курица (ж)	[kúritsa]
pollo (m)	цыплёнок (м)	[tsiplǿnɔk]
pato (m)	утка (ж)	[útka]
ganso (m)	гусь (м)	[gúsʲ]
caza (f) menor	дичь (ж)	[dítʃʲ]
pava (f)	индейка (ж)	[indéjka]
carne (f) de cerdo	свинина (ж)	[svinína]
carne (f) de ternera	телятина (ж)	[telʲátina]
carne (f) de carnero	баранина (ж)	[baránina]
carne (f) de vaca	говядина (ж)	[gɔvʲádina]
conejo (m)	кролик (м)	[królik]
salchichón (m)	колбаса (ж)	[kɔlbasá]
salchicha (f)	сосиска (ж)	[sɔsíska]
beicon (m)	бекон (м)	[bekón]
jamón (m)	ветчина (ж)	[vettʃiná]
jamón (m) fresco	окорок (м)	[ókɔrɔk]
paté (m)	паштет (м)	[paʃtét]
hígado (m)	печень (ж)	[pétʃenʲ]
carne (f) picada	фарш (м)	[fárʃ]
lengua (f)	язык (м)	[jɪzīk]
huevo (m)	яйцо (c)	[jijtsó]
huevos (m pl)	яйца (мн)	[jájtsa]
clara (f)	белок (м)	[belók]
yema (f)	желток (м)	[ʒeltók]
pescado (m)	рыба (ж)	[rība]
mariscos (m pl)	морепродукты (мн)	[mɔre·prɔdúkti]
crustáceos (m pl)	ракообразные (мн)	[rakɔɔbráznie]
caviar (m)	икра (ж)	[ikrá]
cangrejo (m) de mar	краб (м)	[kráb]
camarón (m)	креветка (ж)	[krevétka]
ostra (f)	устрица (ж)	[ústritsa]
langosta (f)	лангуст (м)	[langúst]
pulpo (m)	осьминог (м)	[ɔsʲminóg]
calamar (m)	кальмар (м)	[kalʲmár]
esturión (m)	осетрина (ж)	[ɔsetrína]
salmón (m)	лосось (м)	[lɔsósʲ]
fletán (m)	палтус (м)	[páltus]
bacalao (m)	треска (ж)	[treská]

caballa (f)	скумбрия (ж)	[skúmbrija]
atún (m)	тунец (м)	[tunéʦ]
anguila (f)	угорь (м)	[úgorʲ]
trucha (f)	форель (ж)	[forǽlʲ]
sardina (f)	сардина (ж)	[sardína]
lucio (m)	щука (ж)	[ʃúka]
arenque (m)	сельдь (ж)	[sélʲtʲ]
pan (m)	хлеб (м)	[hléb]
queso (m)	сыр (м)	[sȋr]
azúcar (m)	сахар (м)	[sáhar]
sal (f)	соль (ж)	[sólʲ]
arroz (m)	рис (м)	[rís]
macarrones (m pl)	макароны (мн)	[makaróni]
tallarines (m pl)	лапша (ж)	[lapʃá]
mantequilla (f)	сливочное масло (c)	[slívoʧnoe máslo]
aceite (m) vegetal	растительное масло (c)	[rastítelʲnoe máslo]
aceite (m) de girasol	подсолнечное масло (c)	[potsólneʧnoe máslo]
margarina (f)	маргарин (м)	[margarín]
olivas (f pl)	оливки (мн)	[olífki]
aceite (m) de oliva	оливковое масло (c)	[olífkovoe máslo]
leche (f)	молоко (c)	[molokó]
leche (f) condensada	сгущённое молоко (c)	[sguʃǿnoe molokó]
yogur (m)	йогурт (м)	[jógurt]
nata (f) agria	сметана (ж)	[smetána]
nata (f) líquida	сливки (мн)	[slífki]
mayonesa (f)	майонез (м)	[majinǽs]
crema (f) de mantequilla	крем (м)	[krém]
cereal molido grueso	крупа (ж)	[krupá]
harina (f)	мука (ж)	[muká]
conservas (f pl)	консервы (мн)	[konsérvi]
copos (m pl) de maíz	кукурузные хлопья (мн)	[kukurúznie hlópja]
miel (f)	мёд (м)	[mǿd]
confitura (f)	джем, конфитюр (м)	[dʒǽm], [konfitʲúr]
chicle (m)	жевательная резинка (м)	[ʒevátelʲnaja rezínka]

45. Las bebidas

agua (f)	вода (ж)	[vodá]
agua (f) potable	питьевая вода (ж)	[pitjevája vodá]
agua (f) mineral	минеральная вода (ж)	[minerálʲnaja vodá]
sin gas	без газа	[bez gáza]
gaseoso (adj)	газированная	[gaziróvanaja]
con gas	с газом	[s gázom]
hielo (m)	лёд (м)	[lǿd]

con hielo	со льдом	[sɔ lʲdóm]
sin alcohol	безалкогольный	[bezalkɔgólʲnij]
bebida (f) sin alcohol	безалкогольный напиток (м)	[bezalkɔgólʲnij napítɔk]
refresco (m)	прохладительный напиток (м)	[prɔhladítelʲnij napítɔk]
limonada (f)	лимонад (м)	[limɔnád]

bebidas (f pl) alcohólicas	алкогольные напитки (мн)	[alkɔgólʲnie napítki]
vino (m)	вино (с)	[vinó]
vino (m) blanco	белое вино (с)	[bélɔe vinó]
vino (m) tinto	красное вино (с)	[krásnɔe vinó]

licor (m)	ликёр (м)	[likǿr]
champaña (f)	шампанское (с)	[ʃampánskɔe]
vermú (m)	вермут (м)	[vérmut]

whisky (m)	виски (с)	[víski]
vodka (m)	водка (ж)	[vótka]
ginebra (f)	джин (м)	[dʒĩn]
coñac (m)	коньяк (м)	[kɔnják]
ron (m)	ром (м)	[róm]

café (m)	кофе (м)	[kófe]
café (m) solo	чёрный кофе (м)	[tʃórnij kófe]
café (m) con leche	кофе (м) с молоком	[kófe s mɔlɔkóm]
capuchino (m)	кофе (м) со сливками	[kófe sɔ slífkami]
café (m) soluble	растворимый кофе (м)	[rastvɔrímij kófe]

leche (f)	молоко (с)	[mɔlɔkó]
cóctel (m)	коктейль (м)	[kɔktæjlʲ]
batido (m)	молочный коктейль (м)	[mɔlótʃnij kɔktæjlʲ]

zumo (m), jugo (m)	сок (м)	[sók]
jugo (m) de tomate	томатный сок (м)	[tɔmátnij sók]
zumo (m) de naranja	апельсиновый сок (м)	[apelʲsínɔvij sók]
zumo (m) fresco	свежевыжатый сок (м)	[sveʒe·víʒatij sók]

cerveza (f)	пиво (с)	[pívɔ]
cerveza (f) rubia	светлое пиво (с)	[svétlɔe pívɔ]
cerveza (f) negra	тёмное пиво (с)	[tǿmnɔe pívɔ]

té (m)	чай (м)	[tʃáj]
té (m) negro	чёрный чай (м)	[tʃórnij tʃáj]
té (m) verde	зелёный чай (м)	[zelǿnij tʃáj]

46. Las verduras

| legumbres (f pl) | овощи (м мн) | [óvɔʃʲi] |
| verduras (f pl) | зелень (ж) | [zélenʲ] |

tomate (m)	помидор (м)	[pɔmidór]
pepino (m)	огурец (м)	[ɔguréts]
zanahoria (f)	морковь (ж)	[mɔrkófʲ]

49

patata (f)	картофель (м)	[kartófelʲ]
cebolla (f)	лук (м)	[lúk]
ajo (m)	чеснок (м)	[ʧesnók]

col (f)	капуста (ж)	[kapústa]
coliflor (f)	цветная капуста (ж)	[ʦvetnája kapústa]
col (f) de Bruselas	брюссельская капуста (ж)	[brʲusélʲskaja kapústa]
brócoli (m)	капуста брокколи (ж)	[kapústa brókɔli]

remolacha (f)	свёкла (ж)	[svǿkla]
berenjena (f)	баклажан (м)	[baklaʒán]
calabacín (m)	кабачок (м)	[kabaʧók]
calabaza (f)	тыква (ж)	[tĩkva]
nabo (m)	репа (ж)	[répa]

perejil (m)	петрушка (ж)	[petrúʃka]
eneldo (m)	укроп (м)	[ukróp]
lechuga (f)	салат (м)	[salát]
apio (m)	сельдерей (м)	[selʲderéj]
espárrago (m)	спаржа (ж)	[spárʒa]
espinaca (f)	шпинат (м)	[ʃpinát]

guisante (m)	горох (м)	[gɔróh]
habas (f pl)	бобы (мн)	[bɔbĩ]
maíz (m)	кукуруза (ж)	[kukurúza]
fréjol (m)	фасоль (ж)	[fasólʲ]

pimentón (m)	перец (м)	[pérets]
rábano (m)	редис (м)	[redís]
alcachofa (f)	артишок (м)	[artiʃók]

47. Las frutas. Las nueces

fruto (m)	фрукт (м)	[frúkt]
manzana (f)	яблоко (с)	[jáblɔkɔ]
pera (f)	груша (ж)	[grúʃa]
limón (m)	лимон (м)	[limón]
naranja (f)	апельсин (м)	[apelʲsín]
fresa (f)	клубника (ж)	[klubníka]

mandarina (f)	мандарин (м)	[mandarín]
ciruela (f)	слива (ж)	[slíva]
melocotón (m)	персик (м)	[pérsik]
albaricoque (m)	абрикос (м)	[abrikós]
frambuesa (f)	малина (ж)	[malína]
ananás (m)	ананас (м)	[ananás]

banana (f)	банан (м)	[banán]
sandía (f)	арбуз (м)	[arbús]
uva (f)	виноград (м)	[vinɔgrád]
guinda (f)	вишня (ж)	[víʃnʲa]
cereza (f)	черешня (ж)	[ʧeréʃnʲa]
melón (m)	дыня (ж)	[dĩnʲa]
pomelo (m)	грейпфрут (м)	[gréjpfrut]

aguacate (m)	авокадо (c)	[avɔkádɔ]
papaya (m)	папайя (ж)	[papája]
mango (m)	манго (c)	[mángɔ]
granada (f)	гранат (м)	[granát]

grosella (f) roja	красная смородина (ж)	[krásnaja smɔródina]
grosella (f) negra	чёрная смородина (ж)	[ʧórnaja smɔródina]
grosella (f) espinosa	крыжовник (м)	[kriʒóvnik]
arándano (m)	черника (ж)	[ʧerníka]
zarzamoras (f pl)	ежевика (ж)	[eʒevíka]

pasas (f pl)	изюм (м)	[iziúm]
higo (m)	инжир (м)	[inʒĩr]
dátil (m)	финик (м)	[fínik]

cacahuete (m)	арахис (м)	[aráhis]
almendra (f)	миндаль (м)	[mindáli]
nuez (f)	грецкий орех (м)	[grétskij ɔréh]
avellana (f)	лесной орех (м)	[lesnój ɔréh]
nuez (f) de coco	кокосовый орех (м)	[kɔkósɔvij ɔréh]
pistachos (m pl)	фисташки (мн)	[fistáʃki]

48. El pan. Los dulces

pasteles (m pl)	кондитерские изделия (мн)	[kɔndíterskie izdélija]
pan (m)	хлеб (м)	[hléb]
galletas (f pl)	печенье (c)	[peʧénje]

chocolate (m)	шоколад (м)	[ʃɔkɔlád]
de chocolate (adj)	шоколадный	[ʃɔkɔládnij]
caramelo (m)	конфета (ж)	[kɔnféta]
tarta (f) (pequeña)	пирожное (c)	[piróʒnɔe]
tarta (f) (~ de cumpleaños)	торт (м)	[tórt]

| pastel (m) (~ de manzana) | пирог (м) | [piróg] |
| relleno (m) | начинка (ж) | [naʧínka] |

confitura (f)	варенье (c)	[varénje]
mermelada (f)	мармелад (м)	[marmelád]
gofre (m)	вафли (мн)	[váfli]
helado (m)	мороженое (c)	[mɔróʒenɔe]
pudín (f)	пудинг (м)	[púding]

49. Los platos al horno

plato (m)	блюдо (c)	[bliúdɔ]
cocina (f)	кухня (ж)	[kúhnia]
receta (f)	рецепт (м)	[retsæpt]
porción (f)	порция (ж)	[pórtsija]

| ensalada (f) | салат (м) | [salát] |
| sopa (f) | суп (м) | [súp] |

51

caldo (m)	бульон (м)	[buljón]
bocadillo (m)	бутерброд (м)	[buterbród]
huevos (m pl) fritos	яичница (ж)	[iíʃnitsa]

| hamburguesa (f) | гамбургер (м) | [gámburger] |
| bistec (m) | бифштекс (м) | [bifʃtǽks] |

guarnición (f)	гарнир (м)	[garnír]
espagueti (m)	спагетти (мн)	[spagéti]
puré (m) de patatas	картофельное пюре (с)	[kartófelʲnɔe pʲuré]
pizza (f)	пицца (ж)	[pítsa]
gachas (f pl)	каша (ж)	[káʃa]
tortilla (f) francesa	омлет (м)	[ɔmlét]

cocido en agua (adj)	варёный	[varǿnij]
ahumado (adj)	копчёный	[kɔpʧʲóнij]
frito (adj)	жареный	[ʒárenij]
seco (adj)	сушёный	[suʃónij]
congelado (adj)	замороженный	[zamɔróʒenij]
marinado (adj)	маринованный	[marinóvanij]

azucarado (adj)	сладкий	[slátkij]
salado (adj)	солёный	[sɔlǿnij]
frío (adj)	холодный	[hɔlódnij]
caliente (adj)	горячий	[gɔrʲátʃij]
amargo (adj)	горький	[górʲkij]
sabroso (adj)	вкусный	[fkúsnij]

cocer en agua	варить (нсв, пх)	[varítʲ]
preparar (la cena)	готовить (нсв, пх)	[gɔtóvitʲ]
freír (vt)	жарить (нсв, пх)	[ʒáritʲ]
calentar (vt)	разогревать (нсв, пх)	[razɔgrevátʲ]

salar (vt)	солить (нсв, пх)	[sɔlítʲ]
poner pimienta	перчить (нсв, пх)	[pérʧʲitʲ], [perʧʲítʲ]
rallar (vt)	тереть (нсв, пх)	[terétʲ]
piel (f)	кожура (ж)	[kɔʒurá]
pelar (vt)	чистить (нсв, пх)	[ʧʲístitʲ]

50. Las especias

sal (f)	соль (ж)	[sólʲ]
salado (adj)	солёный	[sɔlǿnij]
salar (vt)	солить (нсв, пх)	[sɔlítʲ]

pimienta (f) negra	чёрный перец (м)	[ʧʲórnij pérets]
pimienta (f) roja	красный перец (м)	[krásnij pérets]
mostaza (f)	горчица (ж)	[gɔrʧʲítsa]
rábano (m) picante	хрен (м)	[hrén]

condimento (m)	приправа (ж)	[pripráva]
especia (f)	пряность (ж)	[prʲánɔstʲ]
salsa (f)	соус (м)	[sóus]
vinagre (m)	уксус (м)	[úksus]

anís (m)	анис (м)	[anís]
albahaca (f)	базилик (м)	[bazilík]
clavo (m)	гвоздика (ж)	[gvɔzdíka]
jengibre (m)	имбирь (м)	[imbírʲ]
cilantro (m)	кориандр (м)	[kɔriándr]
canela (f)	корица (ж)	[korítsa]

sésamo (m)	кунжут (м)	[kunʒút]
hoja (f) de laurel	лавровый лист (м)	[lavróvij líst]
paprika (f)	паприка (ж)	[páprika]
comino (m)	тмин (м)	[tmín]
azafrán (m)	шафран (м)	[ʃafrán]

51. Las comidas

| comida (f) | еда (ж) | [edá] |
| comer (vi, vt) | есть (нсв, н/пх) | [éstʲ] |

desayuno (m)	завтрак (м)	[záftrak]
desayunar (vi)	завтракать (нсв, нпх)	[záftrakatʲ]
almuerzo (m)	обед (м)	[ɔbéd]
almorzar (vi)	обедать (нсв, нпх)	[ɔbédatʲ]
cena (f)	ужин (м)	[úʒin]
cenar (vi)	ужинать (нсв, нпх)	[úʒinatʲ]

| apetito (m) | аппетит (м) | [apetít] |
| ¡Que aproveche! | Приятного аппетита! | [prijátnɔvɔ apetíta] |

abrir (vt)	открывать (нсв, пх)	[ɔtkrivátʲ]
derramar (líquido)	пролить (св, пх)	[prɔlítʲ]
derramarse (líquido)	пролиться (св, возв)	[prɔlítsa]

hervir (vi)	кипеть (нсв, нпх)	[kipétʲ]
hervir (vt)	кипятить (нсв, пх)	[kipɪtítʲ]
hervido (agua ~a)	кипячёный	[kipɪtʃónij]
enfriar (vt)	охладить (св, пх)	[ɔhladítʲ]
enfriarse (vr)	охлаждаться (нсв, возв)	[ɔhlaʒdátsa]

| sabor (m) | вкус (м) | [fkús] |
| regusto (m) | привкус (м) | [prífkus] |

adelgazar (vi)	худеть (нсв, нпх)	[hudétʲ]
dieta (f)	диета (ж)	[diéta]
vitamina (f)	витамин (м)	[vitamín]
caloría (f)	калория (ж)	[kalórija]
vegetariano (m)	вегетарианец (м)	[vegetariánets]
vegetariano (adj)	вегетарианский	[vegetariánskij]

grasas (f pl)	жиры (мн)	[ʒirí]
proteínas (f pl)	белки (мн)	[belkí]
carbohidratos (m pl)	углеводы (мн)	[uglevódi]
loncha (f)	ломтик (м)	[lómtik]
pedazo (m)	кусок (м)	[kusók]
miga (f)	крошка (ж)	[króʃka]

52. Los cubiertos

cuchara (f)	ложка (ж)	[lóʃka]
cuchillo (m)	нож (м)	[nóʃ]
tenedor (m)	вилка (ж)	[vílka]
taza (f)	чашка (ж)	[tʃáʃka]
plato (m)	тарелка (ж)	[tarélka]
platillo (m)	блюдце (c)	[blʲútse]
servilleta (f)	салфетка (ж)	[salfétka]
mondadientes (m)	зубочистка (ж)	[zubotʃístka]

53. El restaurante

restaurante (m)	ресторан (м)	[restɔrán]
cafetería (f)	кофейня (ж)	[kɔféjnʲa]
bar (m)	бар (м)	[bár]
salón (m) de té	чайный салон (м)	[tʃájnij salón]
camarero (m)	официант (м)	[ɔfitsiánt]
camarera (f)	официантка (ж)	[ɔfitsiántka]
barman (m)	бармен (м)	[bármɛn]
carta (f), menú (m)	меню (c)	[menʲú]
carta (f) de vinos	карта (ж) вин	[kárta vín]
reservar una mesa	забронировать столик	[zabrɔnírɔvatʲ stólik]
plato (m)	блюдо (c)	[blʲúdɔ]
pedir (vt)	заказать (св, пх)	[zakazátʲ]
hacer el pedido	сделать заказ	[zdélatʲ zakás]
aperitivo (m)	аперитив (м)	[aperitíf]
entremés (m)	закуска (ж)	[zakúska]
postre (m)	десерт (м)	[desért]
cuenta (f)	счёт (м)	[ʃɵt]
pagar la cuenta	оплатить счёт	[ɔplatítʲ ʃɵt]
dar la vuelta	дать сдачу	[dátʲ zdátʃu]
propina (f)	чаевые (мн)	[tʃaevɨe]

La familia nuclear, los parientes y los amigos

54. La información personal. Los formularios

nombre (m)	имя (с)	[ím'a]
apellido (m)	фамилия (ж)	[famílija]
fecha (f) de nacimiento	дата (ж) рождения	[dáta rɔʒdénija]
lugar (m) de nacimiento	место (с) рождения	[méstɔ rɔʒdénija]
nacionalidad (f)	национальность (ж)	[natsiɔnálʲnɔstʲ]
domicilio (m)	место (с) жительства	[méstɔ ʒítelʲstva]
país (m)	страна (ж)	[straná]
profesión (f)	профессия (ж)	[prɔfésija]
sexo (m)	пол (м)	[pól]
estatura (f)	рост (м)	[róst]
peso (m)	вес (м)	[vés]

55. Los familiares. Los parientes

madre (f)	мать (ж)	[mátʲ]
padre (m)	отец (м)	[ɔtéts]
hijo (m)	сын (м)	[sɨn]
hija (f)	дочь (ж)	[dótʃʲ]
hija (f) menor	младшая дочь (ж)	[mládʃaja dótʃʲ]
hijo (m) menor	младший сын (м)	[mládʃij sɨn]
hija (f) mayor	старшая дочь (ж)	[stárʃaja dótʃʲ]
hijo (m) mayor	старший сын (м)	[stárʃij sɨn]
hermano (m)	брат (м)	[brát]
hermana (f)	сестра (ж)	[sestrá]
primo (m)	двоюродный брат (м)	[dvɔjúrɔdnij brát]
prima (f)	двоюродная сестра (ж)	[dvɔjúrɔdnaja sestrá]
mamá (f)	мама (ж)	[máma]
papá (m)	папа (м)	[pápa]
padres (m pl)	родители (мн)	[rɔdíteli]
niño -a (m, f)	ребёнок (м)	[rebʲónɔk]
niños (m pl)	дети (мн)	[déti]
abuela (f)	бабушка (ж)	[bábuʃka]
abuelo (m)	дедушка (м)	[déduʃka]
nieto (m)	внук (м)	[vnúk]
nieta (f)	внучка (ж)	[vnútʃka]
nietos (m pl)	внуки (мн)	[vnúki]
tío (m)	дядя (м)	[dʲádʲa]
tía (f)	тётя (ж)	[tʲótʲa]

| sobrino (m) | племянник (м) | [plemʲánik] |
| sobrina (f) | племянница (ж) | [plemʲánitsa] |

suegra (f)	тёща (ж)	[tǿʃa]
suegro (m)	свёкор (м)	[svǿkɔr]
yerno (m)	зять (м)	[zʲátʲ]
madrastra (f)	мачеха (ж)	[mátʃeha]
padrastro (m)	отчим (м)	[óttʃim]

niño (m) de pecho	грудной ребёнок (м)	[grudnój rebǿnɔk]
bebé (m)	младенец (м)	[mladénets]
chico (m)	малыш (м)	[malíʃ]

mujer (f)	жена (ж)	[ʒená]
marido (m)	муж (м)	[múʃ]
esposo (m)	супруг (м)	[suprúg]
esposa (f)	супруга (ж)	[suprúga]

casado (adj)	женатый	[ʒenátij]
casada (adj)	замужняя	[zamúʒnʲaja]
soltero (adj)	холостой	[hɔlɔstój]
soltero (m)	холостяк (м)	[hɔlɔstʲák]
divorciado (adj)	разведённый	[razvedǿnnij]
viuda (f)	вдова (ж)	[vdɔvá]
viudo (m)	вдовец (м)	[vdɔvéts]

pariente (m)	родственник (м)	[rótstvenik]
pariente (m) cercano	близкий родственник (м)	[blískij rótstvenik]
pariente (m) lejano	дальний родственник (м)	[dálʲnij rótstvenik]
parientes (m pl)	родные (мн)	[rɔdnʲíje]

huérfano (m)	сирота (м)	[sirɔtá]
huérfana (f)	сирота (ж)	[sirɔtá]
tutor (m)	опекун (м)	[ɔpekún]
adoptar (un niño)	усыновить (св, пх)	[usinɔvítʲ]
adoptar (una niña)	удочерить (св, пх)	[udɔtʃerítʲ]

56. Los amigos. Los compañeros del trabajo

amigo (m)	друг (м)	[drúg]
amiga (f)	подруга (ж)	[pɔdrúga]
amistad (f)	дружба (ж)	[drúʒba]
ser amigo	дружить (нсв, нпх)	[druʒítʲ]

amigote (m)	приятель (м)	[prijátelʲ]
amiguete (f)	приятельница (ж)	[prijátelʲnitsa]
compañero (m)	партнёр (м)	[partnǿr]

jefe (m)	шеф (м)	[ʃǽf]
superior (m)	начальник (м)	[natʃálʲnik]
propietario (m)	владелец (м)	[vladélets]
subordinado (m)	подчинённый (м)	[pɔttʃinǿnnij]
colega (m, f)	коллега (м)	[kɔléga]
conocido (m)	знакомый (м)	[znakómij]

| compañero (m) de viaje | попутчик (м) | [popúttʃik] |
| condiscípulo (m) | одноклассник (м) | [ɔdnɔklásnik] |

vecino (m)	сосед (м)	[sɔséd]
vecina (f)	соседка (ж)	[sɔsétka]
vecinos (m pl)	соседи (мн)	[sɔsédi]

57. El hombre. La mujer

mujer (f)	женщина (ж)	[ʒǽnʃina]
muchacha (f)	девушка (ж)	[dévuʃka]
novia (f)	невеста (ж)	[nevésta]

guapa (adj)	красивая	[krasívaja]
alta (adj)	высокая	[visókaja]
esbelta (adj)	стройная	[strójnaja]
de estatura mediana	невысокого роста	[nevisókɔvɔ rósta]

| rubia (f) | блондинка (ж) | [blɔndínka] |
| morena (f) | брюнетка (ж) | [brʲunétka] |

de señora (adj)	дамский	[dámskij]
virgen (f)	девственница (ж)	[défstveniʦa]
embarazada (adj)	беременная	[berémennaja]

hombre (m) (varón)	мужчина (м)	[muʃína]
rubio (m)	блондин (м)	[blɔndín]
moreno (m)	брюнет (м)	[brʲunét]
alto (adj)	высокий	[visókij]
de estatura mediana	невысокого роста	[nevisókɔvɔ rósta]

grosero (adj)	грубый	[grúbij]
rechoncho (adj)	коренастый	[kɔrenástij]
robusto (adj)	крепкий	[krépkij]
fuerte (adj)	сильный	[sílʲnij]
fuerza (f)	сила (ж)	[síla]

gordo (adj)	полный	[pólnij]
moreno (adj)	смуглый	[smúglij]
esbelto (adj)	стройный	[strójnij]
elegante (adj)	элегантный	[ɛlegántnij]

58. La edad

edad (f)	возраст (м)	[vózrast]
juventud (f)	юность (ж)	[júnɔstʲ]
joven (adj)	молодой	[mɔlɔdój]

menor (adj)	младше	[mládʃɛ]
mayor (adj)	старше	[stárʃɛ]
joven (m)	юноша (м)	[júnɔʃa]
adolescente (m)	подросток (м)	[pɔdróstɔk]

muchacho (m)	парень (м)	[párenʲ]
anciano (m)	старик (м)	[starík]
anciana (f)	старая женщина (ж)	[stáraja ʒǽnʃʲina]

adulto	взрослый	[vzróslij]
de edad media (adj)	средних лет	[srédnih lét]
de edad, anciano (adj)	пожилой	[pɔʒiɫój]
viejo (adj)	старый	[stárij]

jubilación (f)	пенсия (ж)	[pénsija]
jubilarse	уйти на пенсию	[ujtí na pénsiju]
jubilado (m)	пенсионер (ж)	[pensiɔnér]

59. Los niños

niño -a (m, f)	ребёнок (м)	[rebǿnɔk]
niños (m pl)	дети (мн)	[déti]
gemelos (m pl)	близнецы (мн)	[blizneʦî]

cuna (f)	люлька (ж), колыбель (ж)	[lʲúlʲka], [kɔlibélʲ]
sonajero (m)	погремушка (ж)	[pɔgremúʃka]
pañal (m)	подгузник (м)	[pɔdgúznik]

chupete (m)	соска (ж)	[sóska]
cochecito (m)	коляска (ж)	[kɔlʲáska]
jardín (m) de infancia	детский сад (м)	[déʦkij sád]
niñera (f)	няня (ж)	[nʲánʲa]

infancia (f)	детство (с)	[déʦtvɔ]
muñeca (f)	кукла (ж)	[kúkla]
juguete (m)	игрушка (ж)	[igrúʃka]
mecano (m)	конструктор (м)	[kɔnstrúktɔr]
bien criado (adj)	воспитанный	[vɔspítanij]
malcriado (adj)	невоспитанный	[nevɔspítanij]
mimado (adj)	избалованный	[izbalóvannij]

hacer travesuras	шалить (нсв, нпх)	[ʃalítʲ]
travieso (adj)	шаловливый	[ʃalɔvlívij]
travesura (f)	шалость (ж)	[ʃálɔstʲ]
travieso (m)	шалун (м)	[ʃalún]

| obediente (adj) | послушный | [pɔslúʃnij] |
| desobediente (adj) | непослушный | [nepɔslúʃnij] |

dócil (adj)	умный, послушный	[úmnij], [pɔslúʃnij]
inteligente (adj)	умный, одарённый	[úmnij], [odarǿnnij]
niño (m) prodigio	вундеркинд (м)	[vunderkínd]

60. Los matrimonios. La vida familiar

| besar (vt) | целовать (нсв, пх) | [ʦɛlɔvátʲ] |
| besarse (vi) | целоваться (нсв, возв) | [ʦɛlɔváʦa] |

familia (f)	семья (ж)	[semjá]
familiar (adj)	семейный	[seméjnij]
pareja (f)	пара (ж), чета (ж)	[pára], [ʧetá]
matrimonio (m)	брак (м)	[brák]
hogar (m) familiar	домашний очаг (м)	[dɔmáʃnij ɔʧág]
dinastía (f)	династия (ж)	[dinástija]

| cita (f) | свидание (с) | [svidánie] |
| beso (m) | поцелуй (м) | [pɔʦɛlúj] |

amor (m)	любовь (ж)	[lʲubófʲ]
querer (amar)	любить (нсв, пх)	[lʲubítʲ]
querido (adj)	любимый	[lʲubímij]

ternura (f)	нежность (ж)	[néʒnɔstʲ]
tierno (afectuoso)	нежный	[néʒnij]
fidelidad (f)	верность (ж)	[vérnɔstʲ]
fiel (adj)	верный	[vérnij]
cuidado (m)	забота (ж)	[zabóta]
cariñoso (un padre ~)	заботливый	[zabótlivij]

recién casados (pl)	молодожёны (мн)	[mɔlɔdɔʒóni]
luna (f) de miel	медовый месяц (м)	[medóvij mésiʦ]
estar casada	выйти замуж	[vījti zámuʃ]
casarse (con una mujer)	жениться (н/св, возв)	[ʒenítsa]

boda (f)	свадьба (ж)	[svátʲba]
bodas (f pl) de oro	золотая свадьба (ж)	[zɔlɔtája svátʲba]
aniversario (m)	годовщина (ж)	[gɔdɔfʃína]

| amante (m) | любовник (м) | [lʲubóvnik] |
| amante (f) | любовница (ж) | [lʲubóvniʦa] |

adulterio (m)	измена (ж)	[izména]
cometer adulterio	изменить (св, пх)	[izmenítʲ]
celoso (adj)	ревнивый	[revnívij]
tener celos	ревновать (нсв, н/пх)	[revnɔvátʲ]
divorcio (m)	развод (м)	[razvód]
divorciarse (vr)	развестись (св, возв)	[razvestísʲ]

reñir (vi)	ссориться (нсв, возв)	[ssóriʦa]
reconciliarse (vr)	мириться (нсв, возв)	[miríʦa]
juntos (adv)	вместе	[vméste]
sexo (m)	секс (м)	[sǽks]

felicidad (f)	счастье (с)	[ʃástje]
feliz (adj)	счастливый	[ʃislívij]
desgracia (f)	несчастье (с)	[neʃástje]
desgraciado (adj)	несчастный	[neʃásnij]

59

Las características de personalidad. Los sentimientos

sentimiento (m)	чувство (c)	[ʧústvɔ]
sentimientos (m pl)	чувства (с мн)	[ʧústva]
sentir (vt)	чувствовать (нсв, пх)	[ʧústvɔvatʲ]

hambre (f)	голод (м)	[gólɔd]
tener hambre	хотеть есть	[hɔtétʲ éstʲ]
sed (f)	жажда (ж)	[ʒáʒda]
tener sed	хотеть пить	[hɔtétʲ pítʲ]
somnolencia (f)	сонливость (ж)	[sɔnlívɔstʲ]
tener sueño	хотеть спать	[hɔtétʲ spátʲ]

cansancio (m)	усталость (ж)	[ustálɔstʲ]
cansado (adj)	усталый	[ustálij]
estar cansado	устать (св, нпх)	[ustátʲ]

humor (m) (de buen ~)	настроение (c)	[nastrɔénie]
aburrimiento (m)	скука (ж)	[skúka]
aburrirse (vr)	скучать (нсв, нпх)	[skuʧátʲ]
soledad (f)	уединение (c)	[uedinénie]
aislarse (vr)	уединиться (св, возв)	[uedinítsa]

inquietar (vt)	беспокоить (нсв, пх)	[bespɔkóitʲ]
inquietarse (vr)	беспокоиться (нсв, возв)	[bespɔkóitsa]
inquietud (f)	беспокойство (c)	[bespɔkójstvɔ]
preocupación (f)	тревога (ж)	[trevóga]
preocupado (adj)	озабоченный	[ɔzabótʃenij]
estar nervioso	нервничать (нсв, нпх)	[nérvniʧatʲ]
darse al pánico	паниковать (нсв, нпх)	[panikɔvátʲ]

| esperanza (f) | надежда (ж) | [nadéʒda] |
| esperar (tener esperanza) | надеяться (нсв, возв) | [nadéitsa] |

seguridad (f)	уверенность (ж)	[uvérenɔstʲ]
seguro (adj)	уверенный	[uvérenij]
inseguridad (f)	неуверенность (ж)	[neuvérenɔstʲ]
inseguro (adj)	неуверенный	[neuvérennij]

borracho (adj)	пьяный	[pjánij]
sobrio (adj)	трезвый	[trézvij]
débil (adj)	слабый	[slábij]
asustar (vt)	испугать (св, пх)	[ispugátʲ]
furia (f)	бешенство (c)	[béʃɛnstvɔ]
rabia (f)	ярость (ж)	[járɔstʲ]

| depresión (f) | депрессия (ж) | [deprésija] |
| incomodidad (f) | дискомфорт (м) | [diskɔmfórt] |

comodidad (f)	комфорт (м)	[komfórt]
arrepentirse (vr)	сожалеть (нсв, нпх)	[soʒilétʲ]
arrepentimiento (m)	сожаление (c)	[soʒilénie]
mala suerte (f)	невезение (c)	[nevezénie]
tristeza (f)	огорчение (c)	[ɔgortʃénie]

vergüenza (f)	стыд (м)	[stɯd]
júbilo (m)	веселье (c)	[vesélje]
entusiasmo (m)	энтузиазм (м)	[ɛntuziázm]
entusiasta (m)	энтузиаст (м)	[ɛntuziást]
mostrar entusiasmo	проявить энтузиазм	[prɔjɪvítʲ ɛntuziázm]

62. El carácter. La personalidad

carácter (m)	характер (м)	[harákter]
defecto (m)	недостаток (м)	[nedɔstátɔk]
mente (f)	ум (м)	[úm]
razón (f)	разум (м)	[rázum]

consciencia (f)	совесть (ж)	[sóvestʲ]
hábito (m)	привычка (ж)	[privɯ̃tʃka]
habilidad (f)	способность (ж)	[spɔsóbnɔstʲ]
poder (nadar, etc.)	уметь	[umétʲ]

paciente (adj)	терпеливый	[terpelívij]
impaciente (adj)	нетерпеливый	[neterpelívij]
curioso (adj)	любопытный	[lʲubɔpɯ̃tnij]
curiosidad (f)	любопытство (c)	[lʲubɔpɯ̃tstvɔ]

modestia (f)	скромность (ж)	[skrómnɔstʲ]
modesto (adj)	скромный	[skrómnij]
inmodesto (adj)	нескромный	[neskrómnij]

pereza (f)	лень (ж)	[lénʲ]
perezoso (adj)	ленивый	[lenívij]
perezoso (m)	лентяй (м)	[lentʲáj]

astucia (f)	хитрость (ж)	[hítrɔstʲ]
astuto (adj)	хитрый	[hítrij]
desconfianza (f)	недоверие (c)	[nedɔvérie]
desconfiado (adj)	недоверчивый	[nedɔvértʃivij]

generosidad (f)	щедрость (ж)	[ʃʲédrɔstʲ]
generoso (adj)	щедрый	[ʃʲédrij]
talentoso (adj)	талантливый	[talántlivij]
talento (m)	талант (м)	[talánt]

valiente (adj)	смелый	[smélij]
coraje (m)	смелость (ж)	[mélɔstʲ]
honesto (adj)	честный	[tʃésnij]
honestidad (f)	честность (ж)	[tʃésnɔstʲ]

| prudente (adj) | осторожный | [ɔstɔróʒnij] |
| valeroso (adj) | отважный | [ɔtváʒnij] |

| serio (adj) | серьёзный | [serjǿznij] |
| severo (adj) | строгий | [strógij] |

decidido (adj)	решительный	[reʃítelʲnij]
indeciso (adj)	нерешительный	[nereʃítelʲnij]
tímido (adj)	робкий	[rópkij]
timidez (f)	робость (ж)	[róbɔstʲ]

confianza (f)	доверие (с)	[dɔvérie]
creer (créeme)	верить (нсв, пх)	[véritʲ]
confiado (crédulo)	доверчивый	[dɔvértʃivij]

sinceramente (adv)	искренне	[ískrene]
sincero (adj)	искренний	[ískrenij]
sinceridad (f)	искренность (ж)	[ískrenɔstʲ]
abierto (adj)	открытый	[ɔtkrītij]

calmado (adj)	тихий	[tíhij]
franco (sincero)	откровенный	[ɔtkrɔvénnij]
ingenuo (adj)	наивный	[naívnij]
distraído (adj)	рассеянный	[rasséɪnij]
gracioso (adj)	смешной	[smeʃnój]

avaricia (f)	жадность (ж)	[ʒádnɔstʲ]
avaro (adj)	жадный	[ʒádnij]
tacaño (adj)	скупой	[skupój]
malvado (adj)	злой	[zlój]
terco (adj)	упрямый	[uprʲámij]
desagradable (adj)	неприятный	[neprijátnij]

egoísta (m)	эгоист (м)	[ɛgɔíst]
egoísta (adj)	эгоистичный	[ɛgɔistítʃnij]
cobarde (m)	трус (м)	[trús]
cobarde (adj)	трусливый	[truslívij]

63. El sueño. Los sueños

dormir (vi)	спать (нсв, нпх)	[spátʲ]
sueño (m) (estado)	сон (м)	[són]
sueño (m) (dulces ~s)	сон (м)	[són]
soñar (vi)	видеть сны	[vídetʲ snī]
adormilado (adj)	сонный	[sónnij]

cama (f)	кровать (ж)	[krɔvátʲ]
colchón (m)	матрас (м)	[matrás]
manta (f)	одеяло (с)	[ɔdejálɔ]
almohada (f)	подушка (ж)	[pɔdúʃka]
sábana (f)	простыня (ж)	[prɔstinʲá]

insomnio (m)	бессонница (ж)	[bessónitsa]
de insomnio (adj)	бессонный	[bessónij]
somnífero (m)	снотворное (с)	[snɔtvórnɔe]
tomar el somnífero	принять снотворное	[prinʲátʲ snɔtvórnɔe]
tener sueño	хотеть спать	[hɔtétʲ spátʲ]

bostezar (vi)	зевать (нсв, нпх)	[zevátʲ]
irse a la cama	идти спать	[itʲtí spátʲ]
hacer la cama	стелить постель	[stelítʲ postélʲ]
dormirse (vr)	заснуть (св, нпх)	[zasnútʲ]

pesadilla (f)	кошмар (м)	[koʃmár]
ronquido (m)	храп (м)	[hráp]
roncar (vi)	храпеть (нсв, нпх)	[hrapétʲ]

despertador (m)	будильник (м)	[budílʲnik]
despertar (vt)	разбудить (св, пх)	[razbudítʲ]
despertarse (vr)	просыпаться (св, возв)	[prosīpatsa]
levantarse (vr)	вставать (нсв, нпх)	[fstavátʲ]
lavarse (vr)	умываться (нсв, возв)	[umivátsa]

64. El humor. La risa. La alegría

humor (m)	юмор (м)	[júmɔr]
sentido (m) del humor	чувство юмора (с)	[tʃústvɔ júmɔra]
divertirse (vr)	веселиться (нсв, возв)	[veselítsa]
alegre (adj)	весёлый	[vesǿlij]
júbilo (m)	веселье (с)	[vesélje]

sonrisa (f)	улыбка (ж)	[ulĩpka]
sonreír (vi)	улыбаться (нсв, возв)	[ulibátsa]
echarse a reír	засмеяться (св, возв)	[zasmejátsa]
reírse (vr)	смеяться (нсв, возв)	[smejátsa]
risa (f)	смех (м)	[sméh]

anécdota (f)	анекдот (м)	[anekdót]
gracioso (adj)	смешной	[smeʃnój]
ridículo (adj)	смешной	[smeʃnój]

bromear (vi)	шутить (нсв, нпх)	[ʃutítʲ]
broma (f)	шутка (ж)	[ʃútka]
alegría (f) (emoción)	радость (ж)	[rádostʲ]
alegrarse (vr)	радоваться (нсв, возв)	[rádovatsa]
alegre (~ de que ...)	радостный	[rádosnij]

65. La discusión y la conversación. Unidad 1

| comunicación (f) | общение (с) | [opʃénie] |
| comunicarse (vr) | общаться (нсв, возв) | [opʃátsa] |

conversación (f)	разговор (м)	[razgovór]
diálogo (m)	диалог (м)	[dialóg]
discusión (f) (debate)	дискуссия (ж)	[diskúsija]
debate (m)	спор (м)	[spór]
debatir (vi)	спорить (нсв, нпх)	[spóritʲ]

| interlocutor (m) | собеседник (м) | [sobesédnik] |
| tema (m) | тема (ж) | [téma] |

punto (m) de vista	точка (ж) зрения	[tótʃka zrénija]
opinión (f)	мнение (c)	[mnénie]
discurso (m)	речь (ж)	[rétʃʲ]

discusión (f) (del informe, etc.)	обсуждение (c)	[ɔpsuʒdénie]
discutir (vt)	обсуждать (нсв, пх)	[ɔpsuʒdátʲ]
conversación (f)	беседа (ж)	[beséda]
conversar (vi)	беседовать (нсв, нпх)	[besédɔvatʲ]
reunión (f)	встреча (ж)	[fstrétʃa]
encontrarse (vr)	встречаться (нсв, возв)	[fstretʃátsa]

proverbio (m)	пословица (ж)	[pɔslóvitsa]
dicho (m)	поговорка (ж)	[pɔgɔvórka]
adivinanza (f)	загадка (ж)	[zagátka]
contar una adivinanza	загадывать загадку	[zagádivatʲ zagátku]
contraseña (f)	пароль (м)	[parólʲ]
secreto (m)	секрет (м)	[sekrét]

juramento (m)	клятва (ж)	[klʲátva]
jurar (vt)	клясться (нсв, возв)	[klʲástsa]
promesa (f)	обещание (c)	[ɔbeʃánie]
prometer (vt)	обещать (н/св, пх)	[ɔbeʃátʲ]

consejo (m)	совет (м)	[sɔvét]
aconsejar (vt)	советовать (нсв, пх)	[sɔvétɔvatʲ]
seguir el consejo	следовать совету	[slédɔvatʲ sɔvétu]
escuchar (a los padres)	слушаться (нсв, возв)	[slúʃatsa]

noticias (f pl)	новость (ж)	[nóvɔstʲ]
sensación (f)	сенсация (ж)	[sensátsija]
información (f)	сведения (мн)	[svédenja]
conclusión (f)	вывод (м)	[vīvɔd]
voz (f)	голос (ж)	[gólɔs]
cumplido (m)	комплимент (м)	[kɔmplimént]
amable (adj)	любезный	[lʲubéznij]

palabra (f)	слово (c)	[slóvɔ]
frase (f)	фраза (ж)	[fráza]
respuesta (f)	ответ (м)	[ɔtvét]

| verdad (f) | правда (ж) | [právda] |
| mentira (f) | ложь (ж) | [lóʃ] |

| pensamiento (m) | мысль (ж) | [mīslʲ] |
| fantasía (f) | фантазия (ж) | [fantázija] |

66. La discusión y la conversación. Unidad 2

respetado (adj)	уважаемый	[uvaʒáemij]
respetar (vt)	уважать (нсв, пх)	[uvaʒátʲ]
respeto (m)	уважение (c)	[uvaʒǽnie]
Estimado ...	Уважаемый ...	[uvaʒáemij ...]
presentar (~ a sus padres)	познакомить (св, пх)	[pɔznakómitʲ]
conocer a alguien	познакомиться (св, возв)	[pɔznakómitsa]

intención (f)	намерение (c)	[namérenie]
tener intención (de …)	намереваться (нсв, возв)	[namerevátsa]
deseo (m)	пожелание (c)	[poʒelánie]
desear (vt) (~ buena suerte)	пожелать (св, пх)	[poʒelátʲ]

sorpresa (f)	удивление (c)	[udivlénie]
sorprender (vt)	удивлять (нсв, пх)	[udivlʲátʲ]
sorprenderse (vr)	удивляться (нсв, возв)	[udivlʲátsa]

dar (vt)	дать (св, пх)	[dátʲ]
tomar (vt)	взять (св, пх)	[vzʲátʲ]
devolver (vt)	вернуть (св, пх)	[vernútʲ]
retornar (vt)	отдать (св, пх)	[otdátʲ]

disculparse (vr)	извиняться (нсв, возв)	[izvinʲátsa]
disculpa (f)	извинение (c)	[izvinénie]
perdonar (vt)	прощать (нсв, пх)	[proʃátʲ]

hablar (vi)	разговаривать (нсв, нпх)	[razgovárivatʲ]
escuchar (vt)	слушать (нсв, пх)	[slúʃatʲ]
escuchar hasta el final	выслушать (св, пх)	[vɨ̄sluʃatʲ]
comprender (vt)	понять (св, пх)	[ponʲátʲ]

mostrar (vt)	показать (св, пх)	[pokazátʲ]
mirar a …	глядеть на … (нсв)	[glʲadétʲ na …]
llamar (vt)	позвать (св, пх)	[pozvátʲ]
distraer (molestar)	беспокоить (нсв, пх)	[bespokóitʲ]
molestar (vt)	мешать (нсв, пх)	[meʃátʲ]
pasar (~ un mensaje)	передать (св, пх)	[peredátʲ]
petición (f)	просьба (ж)	[prósʲba]
pedir (vt)	просить (нсв, пх)	[prosítʲ]
exigencia (f)	требование (c)	[trébovanie]
exigir (vt)	требовать (нсв, пх)	[trébovatʲ]

motejar (vr)	дразнить (нсв, пх)	[draznítʲ]
burlarse (vr)	насмехаться (нсв, возв)	[nasmehátsa]
burla (f)	насмешка (ж)	[nasméʃka]
apodo (m)	прозвище (c)	[prózviʃe]

alusión (f)	намёк (м)	[namǿk]
aludir (vi)	намекать (нсв, н/пх)	[namekátʲ]
sobrentender (vt)	подразумевать (нсв, пх)	[podrazumevátʲ]

descripción (f)	описание (c)	[opisánie]
describir (vt)	описать (нсв, пх)	[opisátʲ]
elogio (m)	похвала (ж)	[pohvalá]
elogiar (vt)	похвалить (св, пх)	[pohvalítʲ]

decepción (f)	разочарование (c)	[razotʃarovánie]
decepcionar (vt)	разочаровать (св, пх)	[razotʃarovátʲ]
estar decepcionado	разочароваться (св, возв)	[razotʃarovátsa]

suposición (f)	предположение (c)	[pretpoloʒǽnie]
suponer (vt)	предполагать (нсв, пх)	[pretpolagátʲ]
advertencia (f)	предостережение (c)	[predostereʒǽnie]
prevenir (vt)	предостеречь (св, пх)	[predosterétʃʲ]

67. La discusión y la conversación. Unidad 3

convencer (vt)	уговорить (св, пх)	[ugɔvɔrítʲ]
calmar (vt)	успокаивать (нсв, пх)	[uspɔkáivatʲ]
silencio (m) (~ es oro)	молчание (с)	[mɔltʃánie]
callarse (vr)	молчать (нсв, нпх)	[mɔltʃátʲ]
susurrar (vi, vt)	шепнуть (св, пх)	[ʃɛpnútʲ]
susurro (m)	шёпот (м)	[ʃópɔt]
francamente (adv)	откровенно	[ɔtkrɔvénnɔ]
en mi opinión ...	по моему мнению ...	[pɔ mɔemú mnéniju ...]
detalle (m) (de la historia)	подробность (ж)	[pɔdróbnɔstʲ]
detallado (adj)	подробный	[pɔdróbnij]
detalladamente (adv)	подробно	[pɔdróbnɔ]
pista (f)	подсказка (ж)	[pɔtskáska]
dar una pista	подсказать (св, пх)	[pɔtskazátʲ]
mirada (f)	взгляд (м)	[vzglʲád]
echar una mirada	взглянуть (св, нпх)	[vzglınútʲ]
fija (mirada ~)	неподвижный	[nepɔdvíʒnij]
parpadear (vi)	моргать (нсв, нпх)	[mɔrgátʲ]
guiñar un ojo	мигнуть (св, нпх)	[mignútʲ]
asentir con la cabeza	кивнуть (св, н/пх)	[kivnútʲ]
suspiro (m)	вздох (м)	[vzdóh]
suspirar (vi)	вздохнуть (св, нпх)	[vzdɔhnútʲ]
estremecerse (vr)	вздрагивать (нсв, нпх)	[vzdrágivatʲ]
gesto (m)	жест (м)	[ʒǽst]
tocar (con la mano)	прикоснуться (св, возв)	[prikɔsnútsa]
asir (~ de la mano)	хватать (нсв, пх)	[hvatátʲ]
palmear (~ la espalda)	хлопать (нсв, нпх)	[hlópatʲ]
¡Cuidado!	Осторожно!	[ɔstɔróʒnɔ]
¿De veras?	Неужели?	[neuʒǽli?]
¿Estás seguro?	Ты уверен?	[tı uvéren?]
¡Suerte!	Удачи!	[udátʃi]
¡Ya veo!	Ясно!	[jásnɔ]
¡Es una lástima!	Жаль!	[ʒálʲ]

68. El acuerdo. El rechazo

acuerdo (m)	согласие (с)	[sɔglásie]
estar de acuerdo	соглашаться (нсв, возв)	[sɔglaʃátsa]
aprobación (f)	одобрение (с)	[ɔdɔbrénie]
aprobar (vt)	одобрить (св, пх)	[ɔdóbritʲ]
rechazo (m)	отказ (м)	[ɔtkás]
negarse (vr)	отказываться (нсв, возв)	[ɔtkázivatsa]
¡Excelente!	Отлично!	[ɔtlítʃnɔ]
¡De acuerdo!	Хорошо!	[hɔrɔʃó]

¡Vale!	Ладно!	[ládnɔ]
prohibido (adj)	запрещённый	[zapreʃǿnij]
está prohibido	нельзя	[nelʲzʲá]
es imposible	невозможно	[nevɔzmóʒnɔ]
incorrecto (adj)	неправильный	[neprávilʲnij]

rechazar (vt)	отклонить (св, пх)	[ɔtklɔnítʲ]
apoyar (la decisión)	поддержать (св, пх)	[pɔddɛrʒátʲ]
aceptar (vt)	принять (св, пх)	[prinʲátʲ]

confirmar (vt)	подтвердить (св, пх)	[pɔttverdítʲ]
confirmación (f)	подтверждение (с)	[pɔttverʒdénie]
permiso (m)	разрешение (с)	[razreʃǽnie]
permitir (vt)	разрешить (св, пх)	[razreʃítʲ]
decisión (f)	решение (с)	[reʃǽnie]
no decir nada	промолчать (св, нпх)	[prɔmɔltʃátʲ]

condición (f)	условие (с)	[uslóvie]
excusa (f) (pretexto)	отговорка (ж)	[ɔdgɔvórka]
elogio (m)	похвала (ж)	[pɔhvalá]
elogiar (vt)	похвалить (св, пх)	[pɔhvalítʲ]

69. El éxito. La buena suerte. El Fracaso

éxito (m)	успех (м)	[uspéh]
con éxito (adv)	успешно	[uspéʃnɔ]
exitoso (adj)	успешный	[uspéʃnij]
suerte (f)	удача (ж)	[udátʃa]
¡Suerte!	Удачи!	[udátʃi]
de suerte (día ~)	удачный	[udátʃnij]
afortunado (adj)	удачливый	[udátʃlivij]

fiasco (m)	неудача (ж)	[neudátʃa]
infortunio (m)	неудача (ж)	[neudátʃa]
mala suerte (f)	невезение (с)	[nevezénie]
fracasado (adj)	неудачный	[neudátʃnij]
catástrofe (f)	катастрофа (ж)	[katastrófa]

orgullo (m)	гордость (ж)	[górdɔstʲ]
orgulloso (adj)	гордый	[górdij]
estar orgulloso	гордиться (нсв, возв)	[gɔrdítsa]
ganador (m)	победитель (м)	[pɔbedítelʲ]
ganar (vi)	победить (св, нпх)	[pɔbedítʲ]
perder (vi)	проиграть (св, нпх)	[prɔigrátʲ]
tentativa (f)	попытка (ж)	[pɔpῑtka]
intentar (tratar)	пытаться (нсв, возв)	[pitátsa]
chance (f)	шанс (м)	[ʃáns]

70. Las discusiones. Las emociones negativas

| grito (m) | крик (м) | [krík] |
| gritar (vi) | кричать (нсв, нпх) | [kritʃátʲ] |

comenzar a gritar	закричать (св, нпх)	[zakritʃátʲ]
disputa (f), riña (f)	ссора (ж)	[ssóra]
reñir (vi)	ссориться (нсв, возв)	[ssóritsa]
escándalo (m) (riña)	скандал (м)	[skandál]
causar escándalo	скандалить (нсв, нпх)	[skandálitʲ]
conflicto (m)	конфликт (м)	[kɔnflíkt]
malentendido (m)	недоразумение (с)	[nedɔrazuménie]

insulto (m)	оскорбление (с)	[ɔskɔrblénie]
insultar (vt)	оскорблять (нсв, пх)	[ɔskɔrblʲátʲ]
insultado (adj)	оскорблённый	[ɔskɔrblǿnnij]
ofensa (f)	обида (ж)	[ɔbída]
ofender (vt)	обидеть (св, пх)	[ɔbídetʲ]
ofenderse (vr)	обидеться (св, возв)	[ɔbídetsa]

indignación (f)	возмущение (с)	[vɔzmuʃénie]
indignarse (vr)	возмущаться (нсв, возв)	[vɔzmuʃátsa]
queja (f)	жалоба (ж)	[ʒálɔba]
quejarse (vr)	жаловаться (нсв, возв)	[ʒálɔvatsa]

disculpa (f)	извинение (с)	[izvinénie]
disculparse (vr)	извиняться (нсв, возв)	[izvinʲátsa]
pedir perdón	просить прощения	[prɔsítʲ prɔʃénija]

crítica (f)	критика (ж)	[krítika]
criticar (vt)	критиковать (нсв, пх)	[kritikɔvátʲ]
acusación (f)	обвинение (с)	[ɔbvinénie]
acusar (vt)	обвинять (нсв, пх)	[ɔbvinʲátʲ]

venganza (f)	месть (ж)	[méstʲ]
vengar (vt)	мстить (нсв, пх)	[mstítʲ]
pagar (vt)	отплатить (св, пх)	[ɔtplatítʲ]

desprecio (m)	презрение (с)	[prezrénie]
despreciar (vt)	презирать (нсв, пх)	[prezirátʲ]
odio (m)	ненависть (ж)	[nénavistʲ]
odiar (vt)	ненавидеть (нсв, пх)	[nenavídetʲ]

nervioso (adj)	нервный	[nérvnij]
estar nervioso	нервничать (нсв, нпх)	[nérvnitʃatʲ]
enfadado (adj)	сердитый	[serdítij]
enfadar (vt)	рассердить (св, пх)	[rasserdítʲ]

humillación (f)	унижение (с)	[uniʒǽnie]
humillar (vt)	унижать (нсв, пх)	[uniʒátʲ]
humillarse (vr)	унижаться (нсв, возв)	[uniʒátsa]

| choque (m) | шок (м) | [ʃók] |
| chocar (vi) | шокировать (н/св, пх) | [ʃɔkírɔvatʲ] |

| molestia (f) (problema) | неприятность (ж) | [neprijátnɔstʲ] |
| desagradable (adj) | неприятный | [neprijátnij] |

miedo (m)	страх (м)	[stráh]
terrible (tormenta, etc.)	страшный	[stráʃnij]
de miedo (historia ~)	страшный	[stráʃnij]

horror (m)	ужас (м)	[úʒas]
horrible (adj)	ужасный	[uʒásnij]
empezar a temblar	задрожать (нсв, нпх)	[zadrɔʒátʲ]
llorar (vi)	плакать (нсв, нпх)	[plákatʲ]
comenzar a llorar	заплакать (св, нпх)	[zaplákatʲ]
lágrima (f)	слеза (мн)	[slezá]
culpa (f)	вина (ж)	[viná]
remordimiento (m)	вина (ж)	[viná]
deshonra (f)	позор (м)	[pɔzór]
protesta (f)	протест (м)	[prɔtést]
estrés (m)	стресс (м)	[strés]
molestar (vt)	беспокоить (нсв, пх)	[bespɔkóitʲ]
estar furioso	злиться (нсв, возв)	[zlítsa]
enfadado (adj)	злой	[zlój]
terminar (vt)	прекращать (нсв, пх)	[prekraʃátʲ]
regañar (vt)	ругаться (нсв, возв)	[rugátsa]
asustarse (vr)	пугаться (нсв, возв)	[pugátsa]
golpear (vt)	ударить (св, пх)	[udáritʲ]
pelear (vi)	драться (нсв, возв)	[drátsa]
resolver (~ la discusión)	урегулировать (св, пх)	[uregulírɔvatʲ]
descontento (adj)	недовольный	[nedɔvólʲnij]
furioso (adj)	яростный	[járɔsnij]
¡No está bien!	Это нехорошо!	[áͤtɔ nehɔrɔʃó]
¡Está mal!	Это плохо!	[áͤtɔ plóhɔ]

La medicina

enfermedad (f)	болезнь (ж)	[bɔléznʲ]
estar enfermo	болеть (нсв, нпх)	[bɔlétʲ]
salud (f)	здоровье (с)	[zdɔróvje]
resfriado (m) (coriza)	насморк (м)	[násmɔrk]
angina (f)	ангина (ж)	[angína]
resfriado (m)	простуда (ж)	[prɔstúda]
resfriarse (vr)	простудиться (св, возв)	[prɔstudítsa]
bronquitis (f)	бронхит (м)	[brɔnhít]
pulmonía (f)	воспаление (с) лёгких	[vɔspalénie løhkih]
gripe (f)	грипп (м)	[gríp]
miope (adj)	близорукий	[blizɔrúkij]
présbita (adj)	дальнозоркий	[dalʲnɔzórkij]
estrabismo (m)	косоглазие (с)	[kɔsɔglázie]
estrábico (m) (adj)	косоглазый	[kɔsɔglázij]
catarata (f)	катаракта (ж)	[katarákta]
glaucoma (f)	глаукома (ж)	[glaukóma]
insulto (m)	инсульт (м)	[insúlʲt]
ataque (m) cardiaco	инфаркт (м)	[infárkt]
infarto (m) de miocardio	инфаркт (м) миокарда	[infárkt miɔkárda]
parálisis (f)	паралич (м)	[paralítʃ]
paralizar (vt)	парализовать (нсв, пх)	[paralizɔvátʲ]
alergia (f)	аллергия (ж)	[alergíja]
asma (f)	астма (ж)	[ástma]
diabetes (m)	диабет (м)	[diabét]
dolor (m) de muelas	зубная боль (ж)	[zubnája bólʲ]
caries (f)	кариес (м)	[káries]
diarrea (f)	диарея (ж)	[diaréja]
estreñimiento (m)	запор (м)	[zapór]
molestia (f) estomacal	расстройство (с) желудка	[rastrójstvɔ ʒelútka]
envenenamiento (m)	отравление (с)	[ɔtravlénie]
envenenarse (vr)	отравиться (св, возв)	[ɔtravítsa]
artritis (f)	артрит (м)	[artrít]
raquitismo (m)	рахит (м)	[rahít]
reumatismo (m)	ревматизм (м)	[revmatízm]
ateroesclerosis (f)	атеросклероз (м)	[atɛrɔsklerós]
gastritis (f)	гастрит (м)	[gastrít]
apendicitis (f)	аппендицит (м)	[apenditsít]

| colecistitis (m) | холецистит (м) | [hɔletsistít] |
| úlcera (f) | язва (ж) | [jázva] |

sarampión (m)	корь (ж)	[kórʲ]
rubeola (f)	краснуха (ж)	[krasnúha]
ictericia (f)	желтуха (ж)	[ʒeltúha]
hepatitis (f)	гепатит (м)	[gepatít]

esquizofrenia (f)	шизофрения (ж)	[ʃizɔfreníja]
rabia (f) (hidrofobia)	бешенство (с)	[béʃɛnstvɔ]
neurosis (f)	невроз (м)	[nevrós]
conmoción (m) cerebral	сотрясение (с) мозга	[sɔtrɪsénie mózga]

cáncer (m)	рак (м)	[rák]
esclerosis (f)	склероз (м)	[sklerós]
esclerosis (m) múltiple	рассеянный склероз (м)	[rasséɪnnij sklerós]

alcoholismo (m)	алкоголизм (м)	[alkɔgɔlízm]
alcohólico (m)	алкоголик (м)	[alkɔgólik]
sífilis (f)	сифилис (м)	[sífilis]
SIDA (f)	СПИД (м)	[spíd]

tumor (m)	опухоль (ж)	[ópuhɔlʲ]
maligno (adj)	злокачественная	[zlɔkátʃestvenaja]
benigno (adj)	доброкачественная	[dɔbrɔkátʃestvenaja]

fiebre (f)	лихорадка (ж)	[lihɔrátka]
malaria (f)	малярия (ж)	[malîríja]
gangrena (f)	гангрена (ж)	[gangréna]
mareo (m)	морская болезнь (ж)	[mɔrskája bɔléznʲ]
epilepsia (f)	эпилепсия (ж)	[ɛpilépsija]

epidemia (f)	эпидемия (ж)	[ɛpidémija]
tifus (m)	тиф (м)	[tíf]
tuberculosis (f)	туберкулёз (м)	[tuberkulǿs]
cólera (f)	холера (ж)	[hɔléra]
peste (f)	чума (ж)	[tʃʲumá]

72. Los síntomas. Los tratamientos. Unidad 1

síntoma (m)	симптом (м)	[simptóm]
temperatura (f)	температура (ж)	[temperatúra]
fiebre (f)	высокая температура (ж)	[visókaja temperatúra]
pulso (m)	пульс (м)	[púlʲs]

mareo (m) (vértigo)	головокружение (с)	[gólɔvɔ·kruʒǽnie]
caliente (adj)	горячий	[gɔrʲátʃij]
escalofrío (m)	озноб (м)	[ɔznób]
pálido (adj)	бледный	[blédnij]

tos (f)	кашель (м)	[káʃɛlʲ]
toser (vi)	кашлять (нсв, нпх)	[káʃlɪtʲ]
estornudar (vi)	чихать (нсв, нпх)	[tʃʲihátʲ]
desmayo (m)	обморок (м)	[óbmɔrɔk]

desmayarse (vr)	упасть в обморок	[upástʲ v óbmɔrɔk]
moradura (f)	синяк (м)	[sinʲák]
chichón (m)	шишка (ж)	[ʃʃka]
golpearse (vr)	удариться (св, возв)	[udáritsa]
magulladura (f)	ушиб (м)	[uʃɪb]
magullarse (vr)	ударить … (св, пх)	[udáritʲ …]

cojear (vi)	хромать (нсв, нпх)	[hrɔmátʲ]
dislocación (f)	вывих (м)	[vīvih]
dislocar (vt)	вывихнуть (св, пх)	[vīvihnutʲ]
fractura (f)	перелом (м)	[perelóm]
tener una fractura	получить перелом	[pɔlutʃítʲ perelóm]

corte (m) (tajo)	порез (м)	[pɔrés]
cortarse (vr)	порезаться (св, возв)	[pɔrézatsa]
hemorragia (f)	кровотечение (с)	[krɔvɔ·tetʃénie]

quemadura (f)	ожог (м)	[ɔʒóg]
quemarse (vr)	обжечься (св, возв)	[ɔbʒǽtʃsʲa]

pincharse (el dedo)	уколоть (св, пх)	[ukɔlótʲ]
pincharse (vr)	уколоться (св, возв)	[ukɔlótsa]
herir (vt)	повредить (св, пх)	[pɔvredítʲ]
herida (f)	повреждение (с)	[pɔvreʒdénie]
lesión (f) (herida)	рана (ж)	[rána]
trauma (m)	травма (ж)	[trávma]

delirar (vi)	бредить (нсв, нпх)	[bréditʲ]
tartamudear (vi)	заикаться (нсв, возв)	[zaikátsa]
insolación (f)	солнечный удар (м)	[sólnetʃnij udár]

73. Los síntomas. Los tratamientos. Unidad 2

dolor (m)	боль (ж)	[bólʲ]
astilla (f)	заноза (ж)	[zanóza]

sudor (m)	пот (м)	[pót]
sudar (vi)	потеть (нсв, нпх)	[pɔtétʲ]
vómito (m)	рвота (ж)	[rvóta]
convulsiones (f)	судороги (ж мн)	[súdɔrɔgi]

embarazada (adj)	беременная	[berémennaja]
nacer (vi)	родиться (св, возв)	[rɔdítsa]
parto (m)	роды (мн)	[ródi]
dar a luz	рожать (нсв, пх)	[rɔʒátʲ]
aborto (m)	аборт (м)	[abórt]

respiración (f)	дыхание (с)	[dihánie]
inspiración (f)	вдох (м)	[vdóh]
espiración (f)	выдох (м)	[vīdɔh]
espirar (vi)	выдохнуть (св, пх)	[vīdɔhnutʲ]
inspirar (vi)	вдыхать (нсв, нпх)	[vdihátʲ]
inválido (m)	инвалид (м)	[invalíd]
mutilado (m)	калека (с)	[kaléka]

drogadicto (m)	наркоман (м)	[narkɔmán]
sordo (adj)	глухой	[gluhój]
mudo (adj)	немой	[nemój]
sordomudo (adj)	глухонемой	[gluhɔ·nemój]

loco (adj)	сумасшедший	[sumaʃǽdʃɛj]
loco (m)	сумасшедший (м)	[sumaʃǽdʃɛj]
loca (f)	сумасшедшая (ж)	[sumaʃǽdʃaja]
volverse loco	сойти с ума	[sɔjtí s umá]

gen (m)	ген (м)	[gén]
inmunidad (f)	иммунитет (м)	[imunitét]
hereditario (adj)	наследственный	[naslétstvenij]
de nacimiento (adj)	врождённый	[vrɔ3dǿnij]

virus (m)	вирус (м)	[vírus]
microbio (m)	микроб (м)	[mikrób]
bacteria (f)	бактерия (ж)	[baktǽrija]
infección (f)	инфекция (ж)	[inféktsija]

74. Los síntomas. Los tratamientos. Unidad 3

hospital (m)	больница (ж)	[bɔlʲnítsa]
paciente (m)	пациент (м)	[patsiǽnt]

diagnosis (f)	диагноз (м)	[diágnɔs]
cura (f)	лечение (с)	[letʃénie]
tratamiento (m)	лечение (с)	[letʃénie]
curarse (vr)	лечиться (нсв, возв)	[letʃítsa]
tratar (vt)	лечить (нсв, пх)	[letʃítʲ]
cuidar (a un enfermo)	ухаживать (нсв, нпх)	[uhá3ivatʲ]
cuidados (m pl)	уход (м)	[uhód]

operación (f)	операция (ж)	[ɔperátsija]
vendar (vt)	перевязать (св, пх)	[perevɪzátʲ]
vendaje (m)	перевязка (ж)	[perevʲázka]

vacunación (f)	прививка (ж)	[privífka]
vacunar (vt)	делать прививку	[délatʲ privífku]
inyección (f)	укол (м)	[ukól]
aplicar una inyección	делать укол	[délatʲ ukól]

amputación (f)	ампутация (ж)	[amputátsija]
amputar (vt)	ампутировать (н/св, пх)	[amputírɔvatʲ]
coma (m)	кома (ж)	[kóma]
estar en coma	быть в коме	[bɨ̄tʲ f kóme]
revitalización (f)	реанимация (ж)	[reanimátsija]

recuperarse (vr)	выздоравливать (нсв, нпх)	[vizdɔrávlivatʲ]
estado (m) (de salud)	состояние (с)	[sɔstɔjánie]
consciencia (f)	сознание (с)	[sɔznánie]
memoria (f)	память (ж)	[pámɪtʲ]
extraer (un diente)	удалять (нсв, пх)	[udalʲátʲ]
empaste (m)	пломба (ж)	[plómba]

73

empastar (vt)	пломбировать (нсв, пх)	[plɔmbirɔvátʲ]
hipnosis (f)	гипноз (м)	[gipnós]
hipnotizar (vt)	гипнотизировать (нсв, пх)	[gipnɔtizírɔvatʲ]

75. Los médicos

médico (m)	врач (м)	[vrátʃ]
enfermera (f)	медсестра (ж)	[metsestrá]
médico (m) personal	личный врач (м)	[líʧnij vrátʃ]
dentista (m)	стоматолог (м)	[stɔmatólɔg]
oftalmólogo (m)	окулист (м)	[ɔkulíst]
internista (m)	терапевт (м)	[terapévt]
cirujano (m)	хирург (м)	[hirúrg]
psiquiatra (m)	психиатр (м)	[psihiátr]
pediatra (m)	педиатр (м)	[pediátr]
psicólogo (m)	психолог (м)	[psihólɔg]
ginecólogo (m)	гинеколог (м)	[ginekólɔg]
cardiólogo (m)	кардиолог (м)	[kardiólɔg]

76. La medicina. Las drogas. Los accesorios

medicamento (m), droga (f)	лекарство (с)	[lekárstvɔ]
remedio (m)	средство (с)	[srétstvɔ]
prescribir (vt)	прописать (нсв, пх)	[prɔpisátʲ]
receta (f)	рецепт (м)	[retsǽpt]
tableta (f)	таблетка (ж)	[tablétka]
ungüento (m)	мазь (ж)	[másʲ]
ampolla (f)	ампула (ж)	[ámpula]
mixtura (f), mezcla (f)	микстура (ж)	[mikstúra]
sirope (m)	сироп (м)	[siróp]
píldora (f)	пилюля (ж)	[pilʲúlʲa]
polvo (m)	порошок (м)	[pɔrɔʃók]
venda (f)	бинт (м)	[bínt]
algodón (m) (discos de ~)	вата (ж)	[váta]
yodo (m)	йод (м)	[jód]
tirita (f), curita (f)	лейкопластырь (м)	[lejkɔplástirʲ]
pipeta (f)	пипетка (ж)	[pipétka]
termómetro (m)	градусник (м)	[grádusnik]
jeringa (f)	шприц (м)	[ʃpríts]
silla (f) de ruedas	коляска (ж)	[kɔlʲáska]
muletas (f pl)	костыли (м мн)	[kɔstilí]
anestésico (m)	обезболивающее (с)	[ɔbezbólivajuʃee]
purgante (m)	слабительное (с)	[slabítelʲnɔe]
alcohol (m)	спирт (м)	[spírt]
hierba (f) medicinal	трава (ж)	[travá]
de hierbas (té ~)	травяной	[travınój]

77. El fumar. Los productos del tabaco

tabaco (m)	табак (м)	[tabák]
cigarrillo (m)	сигарета (ж)	[sigaréta]
cigarro (m)	сигара (ж)	[sigára]
pipa (f)	трубка (ж)	[trúpka]
paquete (m)	пачка (ж)	[pátʃka]
cerillas (f pl)	спички (ж мн)	[spítʃki]
caja (f) de cerillas	спичечный коробок (м)	[spítʃetʃnij korobók]
encendedor (m)	зажигалка (ж)	[zaʒigálka]
cenicero (m)	пепельница (ж)	[pépelʲnitsa]
pitillera (f)	портсигар (м)	[portsigár]
boquilla (f)	мундштук (м)	[munʃtúk]
filtro (m)	фильтр (м)	[filʲtr]
fumar (vi, vt)	курить (нсв, н/пх)	[kurítʲ]
encender un cigarrillo	прикурить (св, н/пх)	[prikurítʲ]
tabaquismo (m)	курение (с)	[kurénie]
fumador (m)	курильщик (м)	[kurílʲʃik]
colilla (f)	окурок (м)	[okúrok]
humo (m)	дым (м)	[dĩm]
ceniza (f)	пепел (м)	[pépel]

EL AMBIENTE HUMANO

La ciudad

78. La ciudad. La vida en la ciudad

ciudad (f)	город (м)	[górɔd]
capital (f)	столица (ж)	[stɔlítsa]
aldea (f)	деревня (ж)	[derévnʲa]
plano (m) de la ciudad	план (м) города	[plán górɔda]
centro (m) de la ciudad	центр (м) города	[tsǽntr górɔda]
suburbio (m)	пригород (м)	[prígɔrɔd]
suburbano (adj)	пригородный	[prígɔrɔdnij]
arrabal (m)	окраина (ж)	[ɔkráina]
afueras (f pl)	окрестности (ж мн)	[ɔkrésnɔsti]
barrio (m)	квартал (м)	[kvartál]
zona (f) de viviendas	жилой квартал (м)	[ʒilój kvartál]
tráfico (m)	движение (c)	[dviʒǽnie]
semáforo (m)	светофор (м)	[svetɔfór]
transporte (m) urbano	городской транспорт (м)	[gɔrɔtskój tránspɔrt]
cruce (m)	перекрёсток (м)	[perekrǿstɔk]
paso (m) de peatones	переход (м)	[perehód]
paso (m) subterráneo	подземный переход (м)	[pɔdzémnij perehód]
cruzar (vt)	переходить (нсв, н/пх)	[perehɔdítʲ]
peatón (m)	пешеход (м)	[peʃɛhód]
acera (f)	тротуар (м)	[trɔtuár]
puente (m)	мост (м)	[móst]
muelle (m)	набережная (ж)	[nábereʒnaja]
fuente (f)	фонтан (м)	[fɔntán]
alameda (f)	аллея (ж)	[aléja]
parque (m)	парк (м)	[párk]
bulevar (m)	бульвар (м)	[bulʲvár]
plaza (f)	площадь (ж)	[plóʃatʲ]
avenida (f)	проспект (м)	[prɔspékt]
calle (f)	улица (ж)	[úlitsa]
callejón (m)	переулок (м)	[pereúlɔk]
callejón (m) sin salida	тупик (м)	[tupík]
casa (f)	дом (м)	[dóm]
edificio (m)	здание (c)	[zdánie]
rascacielos (m)	небоскрёб (м)	[nebɔskrǿb]
fachada (f)	фасад (м)	[fasád]
techo (m)	крыша (ж)	[krīʃa]

ventana (f)	окно (c)	[ɔknó]
arco (m)	арка (ж)	[árka]
columna (f)	колонна (ж)	[kɔlóna]
esquina (f)	угол (м)	[úgɔl]

escaparate (f)	витрина (ж)	[vitrína]
letrero (m) (~ luminoso)	вывеска (ж)	[vīveska]
cartel (m)	афиша (ж)	[afíʃa]
cartel (m) publicitario	рекламный плакат (м)	[reklámnij plakát]
valla (f) publicitaria	рекламный щит (м)	[reklámnij ʃít]

basura (f)	мусор (м)	[músɔr]
cajón (m) de basura	урна (ж)	[úrna]
tirar basura	сорить (нсв, нпх)	[sɔrítʲ]
basurero (m)	свалка (ж)	[sválka]

cabina (f) telefónica	телефонная будка (ж)	[telefónnaja bútka]
farola (f)	фонарный столб (м)	[fɔnárnij stólb]
banco (m) (del parque)	скамейка (ж)	[skaméjka]

policía (m)	полицейский (м)	[pɔliʦǽjskij]
policía (f) (~ nacional)	полиция (ж)	[pɔlíʦija]
mendigo (m)	нищий (м)	[níʃʲij]
persona (f) sin hogar	бездомный (м)	[bezdómnij]

79. Las instituciones urbanas

tienda (f)	магазин (м)	[magazín]
farmacia (f)	аптека (ж)	[aptéka]
óptica (f)	оптика (ж)	[óptika]
centro (m) comercial	торговый центр (м)	[tɔrgóvij ʦǽntr]
supermercado (m)	супермаркет (м)	[supermárket]

panadería (f)	булочная (ж)	[búlɔtʃnaja]
panadero (m)	пекарь (м)	[pékarʲ]
pastelería (f)	кондитерская (ж)	[kɔndíterskaja]
tienda (f) de comestibles	продуктовый магазин (м)	[prɔduktóvij magazín]
carnicería (f)	мясная лавка (ж)	[mɪsnája láfka]

| verdulería (f) | овощная лавка (ж) | [ɔvɔʃʲnája láfka] |
| mercado (m) | рынок (м) | [rīnɔk] |

cafetería (f)	кафе (c)	[kafǽ]
restaurante (m)	ресторан (м)	[restɔrán]
cervecería (f)	пивная (ж)	[pivnája]
pizzería (f)	пиццерия (ж)	[piʦǽrija], [piʦɛríja]

peluquería (f)	парикмахерская (ж)	[parihmáherskaja]
oficina (f) de correos	почта (ж)	[pótʃta]
tintorería (f)	химчистка (ж)	[himtʃístka]
estudio (m) fotográfico	фотоателье (c)	[fɔtɔ·atɛljé]

| zapatería (f) | обувной магазин (м) | [ɔbuvnój magazín] |
| librería (f) | книжный магазин (м) | [kníʒnij magazín] |

tienda (f) deportiva	спортивный магазин (м)	[sportívnij magazín]
arreglos (m pl) de ropa	ремонт (м) одежды	[remónt odéʒdi]
alquiler (m) de ropa	прокат (м) одежды	[prokát odéʒdi]
videoclub (m)	прокат (м) фильмов	[prokát fílʲmɔf]

circo (m)	цирк (м)	[tsĩrk]
zoo (m)	зоопарк (м)	[zɔɔpárk]
cine (m)	кинотеатр (м)	[kinɔteátr]
museo (m)	музей (м)	[muzéj]
biblioteca (f)	библиотека (ж)	[bibliɔtéka]

teatro (m)	театр (м)	[teátr]
ópera (f)	опера (ж)	[ópera]
club (m) nocturno	ночной клуб (м)	[nɔtʃnój klúb]
casino (m)	казино (с)	[kazinó]

mezquita (f)	мечеть (ж)	[metʃétʲ]
sinagoga (f)	синагога (ж)	[sinagóga]
catedral (f)	собор (м)	[sɔbór]
templo (m)	храм (м)	[hrám]
iglesia (f)	церковь (ж)	[tsǽrkɔfʲ]

instituto (m)	институт (м)	[institút]
universidad (f)	университет (м)	[universitét]
escuela (f)	школа (ж)	[ʃkóla]

prefectura (f)	префектура (ж)	[prefektúra]
alcaldía (f)	мэрия (ж)	[mǽrija]
hotel (m)	гостиница (ж)	[gɔstínitsa]
banco (m)	банк (м)	[bánk]

embajada (f)	посольство (с)	[pɔsólʲstvɔ]
agencia (f) de viajes	турагентство (с)	[tur·agénstvɔ]
oficina (f) de información	справочное бюро (с)	[správɔtʃnɔe bʲuró]
oficina (f) de cambio	обменный пункт (м)	[ɔbménnij púnkt]

| metro (m) | метро (с) | [metró] |
| hospital (m) | больница (ж) | [bɔlʲnítsa] |

| gasolinera (f) | автозаправка (ж) | [aftɔ·zapráfka] |
| aparcamiento (m) | стоянка (ж) | [stɔjánka] |

80. Los avisos

letrero (m) (~ luminoso)	вывеска (ж)	[vĩveska]
cartel (m) (texto escrito)	надпись (ж)	[nátpisʲ]
pancarta (f)	плакат, постер (м)	[plakát], [póstɛr]
signo (m) de dirección	указатель (м)	[ukazátelʲ]
flecha (f) (signo)	стрелка (ж)	[strélka]

advertencia (f)	предостережение (с)	[predɔstereʒǽnie]
aviso (m)	предупреждение (с)	[predupreždénie]
advertir (vt)	предупредить (св, пх)	[predupredítʲ]
día (m) de descanso	выходной день (м)	[vihɔdnój dénʲ]

| horario (m) | расписание (c) | [raspisánie] |
| horario (m) de apertura | часы (мн) работы | [tʃasī rabóti] |

¡BIENVENIDOS!	ДОБРО ПОЖАЛОВАТЬ!	[dɔbró pɔ3álɔvatʲ]
ENTRADA	ВХОД	[fhód]
SALIDA	ВЫХОД	[vīhɔd]

EMPUJAR	ОТ СЕБЯ	[ɔt sebʲá]
TIRAR	НА СЕБЯ	[na sebʲá]
ABIERTO	ОТКРЫТО	[ɔtkrītɔ]
CERRADO	ЗАКРЫТО	[zakrītɔ]

| MUJERES | ДЛЯ ЖЕНЩИН | [dlʲa 3ǽnʃin] |
| HOMBRES | ДЛЯ МУЖЧИН | [dlʲa muʃín] |

REBAJAS	СКИДКИ	[skítki]
SALDOS	РАСПРОДАЖА	[rasprɔdá3a]
NOVEDAD	НОВИНКА!	[nɔvínka]
GRATIS	БЕСПЛАТНО	[besplátnɔ]

¡ATENCIÓN!	ВНИМАНИЕ!	[vnimánie]
COMPLETO	МЕСТ НЕТ	[mést nét]
RESERVADO	ЗАРЕЗЕРВИРОВАНО	[zarezervírɔvanɔ]

ADMINISTRACIÓN	АДМИНИСТРАЦИЯ	[administrátsija]
SÓLO PERSONAL	ТОЛЬКО	[tólʲkɔ
AUTORIZADO	ДЛЯ ПЕРСОНАЛА	dlʲa persɔnála]

CUIDADO CON EL PERRO	ЗЛАЯ СОБАКА	[zlája sɔbáka]
PROHIBIDO FUMAR	НЕ КУРИТЬ!	[ne kurítʲ]
NO TOCAR	РУКАМИ НЕ ТРОГАТЬ!	[rukámi ne trógatʲ]

PELIGROSO	ОПАСНО	[ɔpásnɔ]
PELIGRO	ОПАСНОСТЬ	[ɔpásnɔstʲ]
ALTA TENSIÓN	ВЫСОКОЕ НАПРЯЖЕНИЕ	[visókɔe naprɪ3ǽnie]
PROHIBIDO BAÑARSE	КУПАТЬСЯ ЗАПРЕЩЕНО	[kupátsa zapreʃenó]
NO FUNCIONA	НЕ РАБОТАЕТ	[ne rabótaet]

INFLAMABLE	ОГНЕОПАСНО	[ɔgneɔpásnɔ]
PROHIBIDO	ЗАПРЕЩЕНО	[zapreʃenó]
PROHIBIDO EL PASO	ПРОХОД ЗАПРЕЩЁН	[prɔhót zapreʃǿn]
RECIÉN PINTADO	ОКРАШЕНО	[ɔkráʃɛnɔ]

81. El transporte urbano

autobús (m)	автобус (м)	[aftóbus]
tranvía (m)	трамвай (м)	[tramváj]
trolebús (m)	троллейбус (м)	[trɔléjbus]
itinerario (m)	маршрут (м)	[marʃrút]
número (m)	номер (м)	[nómer]

ir en …	ехать на … (нсв)	[éhatʲ na …]
tomar (~ el autobús)	сесть на … (св)	[séstʲ na …]
bajar (~ del tren)	сойти с … (св)	[sɔjtí s …]

parada (f)	остановка (ж)	[ɔstanófka]
próxima parada (f)	следующая остановка (ж)	[sléduʃaja ɔstanófka]
parada (f) final	конечная остановка (ж)	[kɔnétʃnaja ɔstanófka]
horario (m)	расписание (c)	[raspisánie]
esperar (aguardar)	ждать (нсв, пх)	[ʒdátʲ]

billete (m)	билет (м)	[bilét]
precio (m) del billete	стоимость (ж) билета	[stóimɔstʲ biléta]

cajero (m)	кассир (м)	[kassír]
control (m) de billetes	контроль (м)	[kɔntrólʲ]
cobrador (m)	контролёр (м)	[kɔntrɔlǿr]

llegar tarde (vi)	опаздывать на ... (нсв, нпх)	[ɔpázdivatʲ na ...]
perder (~ el tren)	опоздать на ... (св, нпх)	[ɔpozdátʲ na ...]
tener prisa	спешить (нсв, нпх)	[speʃítʲ]

taxi (m)	такси (c)	[taksí]
taxista (m)	таксист (м)	[taksíst]
en taxi	на такси	[na taksí]
parada (f) de taxi	стоянка (ж) такси	[stɔjánka taksí]
llamar un taxi	вызвать такси	[vīzvatʲ taksí]
tomar un taxi	взять такси	[vzʲátʲ taksí]

tráfico (m)	уличное движение (c)	[úlitʃnɔe dviʒǽnie]
atasco (m)	пробка (ж)	[própka]
horas (f pl) de punta	часы пик (м)	[tʃasī pík]
aparcar (vi)	парковаться (нсв, возв)	[parkɔvátsa]
aparcar (vt)	парковать (нсв, пх)	[parkɔvátʲ]
aparcamiento (m)	стоянка (ж)	[stɔjánka]

metro (m)	метро (c)	[metró]
estación (f)	станция (ж)	[stántsija]
ir en el metro	ехать на метро	[éhatʲ na metró]
tren (m)	поезд (м)	[póezd]
estación (f)	вокзал (м)	[vɔkzál]

82. La exploración del paisaje

monumento (m)	памятник (м)	[pámɪtnik]
fortaleza (f)	крепость (ж)	[krépɔstʲ]
palacio (m)	дворец (м)	[dvɔréts]
castillo (m)	замок (м)	[zámɔk]
torre (f)	башня (ж)	[báʃnʲa]
mausoleo (m)	мавзолей (м)	[mavzɔléj]

arquitectura (f)	архитектура (ж)	[arhitektúra]
medieval (adj)	средневековый	[srednevekóvij]
antiguo (adj)	старинный	[starínnij]
nacional (adj)	национальный	[natsiɔnálʲnij]
conocido (adj)	известный	[izvésnij]

turista (m)	турист (м)	[turíst]
guía (m) (persona)	гид (м)	[gíd]

excursión (f)	экскурсия (ж)	[ɛkskúrsija]
mostrar (vt)	показывать (нсв, пх)	[pɔkázivatʲ]
contar (una historia)	рассказывать (нсв, пх)	[raskázivatʲ]

encontrar (hallar)	найти (св, пх)	[najtí]
perderse (vr)	потеряться (св, возв)	[pɔterʲátsa]
plano (m) (~ de metro)	схема (ж)	[sxéma]
mapa (m) (~ de la ciudad)	план (м)	[plán]

recuerdo (m)	сувенир (м)	[suvenír]
tienda (f) de regalos	магазин (м) сувениров	[magazín suvenírɔf]
hacer fotos	фотографировать (нсв, пх)	[fɔtɔgrafírɔvatʲ]
fotografiarse (vr)	фотографироваться (нсв, возв)	[fɔtɔgrafírɔvatsa]

83. Las compras

comprar (vt)	покупать (нсв, пх)	[pɔkupátʲ]
compra (f)	покупка (ж)	[pɔkúpka]
hacer compras	делать покупки	[délatʲ pɔkúpki]
compras (f pl)	шоппинг (м)	[ʃóping]

estar abierto (tienda)	работать (нсв, нпх)	[rabótatʲ]
estar cerrado	закрыться (св, возв)	[zakrítsa]

calzado (m)	обувь (ж)	[óbufʲ]
ropa (f), vestido (m)	одежда (ж)	[ɔdéʒda]
cosméticos (m pl)	косметика (ж)	[kɔsmétika]
productos alimenticios	продукты (мн)	[prɔdúkti]
regalo (m)	подарок (м)	[pɔdárɔk]

vendedor (m)	продавец (м)	[prɔdavéts]
vendedora (f)	продавщица (ж)	[prɔdafʃítsa]

caja (f)	касса (ж)	[kássa]
espejo (m)	зеркало (с)	[zérkalɔ]
mostrador (m)	прилавок (м)	[prilávɔk]
probador (m)	примерочная (ж)	[primérɔtʃnaja]

probar (un vestido)	примерить (св, пх)	[priméritʲ]
quedar (una ropa, etc.)	подходить (нсв, нпх)	[pɔtxɔdítʲ]
gustar (vi)	нравиться (нсв, возв)	[nrávitsa]

precio (m)	цена (ж)	[tsɛná]
etiqueta (f) de precio	ценник (м)	[tsǽnnik]
costar (vt)	стоить (нсв, пх)	[stóitʲ]
¿Cuánto?	Сколько?	[skólʲkɔ?]
descuento (m)	скидка (ж)	[skítka]

no costoso (adj)	недорогой	[nedɔrɔgój]
barato (adj)	дешёвый	[deʃóvij]
caro (adj)	дорогой	[dɔrɔgój]
Es caro	Это дорого.	[ǽtɔ dórɔgɔ]
alquiler (m)	прокат (м)	[prɔkát]

alquilar (vt)	взять напрокат	[vzʲátʲ naprɔkát]
crédito (m)	кредит (м)	[kredít]
a crédito (adv)	в кредит	[f kredít]

84. El dinero

dinero (m)	деньги (мн)	[dénʲgi]
cambio (m)	обмен (м)	[ɔbmén]
curso (m)	курс (м)	[kúrs]
cajero (m) automático	банкомат (м)	[bankɔmát]
moneda (f)	монета (ж)	[mɔnéta]

| dólar (m) | доллар (м) | [dólar] |
| euro (m) | евро (с) | [évrɔ] |

lira (f)	лира (ж)	[líra]
marco (m) alemán	марка (ж)	[márka]
franco (m)	франк (м)	[fránk]
libra esterlina (f)	фунт стерлингов (м)	[fúnt stérlingɔf]
yen (m)	йена (ж)	[jéna]

deuda (f)	долг (м)	[dólg]
deudor (m)	должник (м)	[dɔlʒník]
prestar (vt)	дать в долг	[dátʲ v dólg]
tomar prestado	взять в долг	[vzʲátʲ v dólg]

banco (m)	банк (м)	[bánk]
cuenta (f)	счёт (м)	[ʃǿt]
ingresar (~ en la cuenta)	положить (св, пх)	[pɔlɔʒítʲ]
ingresar en la cuenta	положить на счёт	[pɔlɔʒítʲ na ʃǿt]
sacar de la cuenta	снять со счёта	[snʲátʲ sɔ ʃǿta]

tarjeta (f) de crédito	кредитная карта (ж)	[kredítnaja kárta]
dinero (m) en efectivo	наличные деньги (мн)	[nalítʃnie dénʲgi]
cheque (m)	чек (м)	[tʃék]
sacar un cheque	выписать чек	[vīpisatʲ tʃék]
talonario (m)	чековая книжка (ж)	[tʃékɔvaja kníʃka]

cartera (f)	бумажник (м)	[bumáʒnik]
monedero (m)	кошелёк (м)	[kɔʃɛlǿk]
caja (f) fuerte	сейф (м)	[séjf]

heredero (m)	наследник (м)	[naslédnik]
herencia (f)	наследство (с)	[naslétstvɔ]
fortuna (f)	состояние (с)	[sɔstɔjánie]

arriendo (m)	аренда (ж)	[arénda]
alquiler (m) (dinero)	квартирная плата (ж)	[kvartírnaja pláta]
alquilar (~ una casa)	снимать (нсв, пх)	[snimátʲ]

precio (m)	цена (ж)	[tsɛná]
coste (m)	стоимость (ж)	[stóimɔstʲ]
suma (f)	сумма (ж)	[súmma]
gastar (vt)	тратить (нсв, пх)	[trátitʲ]

gastos (m pl)	расходы (мн)	[rasxódi]
economizar (vi, vt)	экономить (нсв, н/пх)	[ɛkɔnómitʲ]
económico (adj)	экономный	[ɛkɔnómnij]

pagar (vi, vt)	платить (нсв, н/пх)	[platítʲ]
pago (m)	оплата (ж)	[ɔpláta]
cambio (m) (devolver el ~)	сдача (ж)	[zdátʃa]

impuesto (m)	налог (м)	[nalóg]
multa (f)	штраф (м)	[ʃtráf]
multar (vt)	штрафовать (нсв, пх)	[ʃtrafɔvátʲ]

85. La oficina de correos

oficina (f) de correos	почта (ж)	[pótʃta]
correo (m) (cartas, etc.)	почта (ж)	[pótʃta]
cartero (m)	почтальон (м)	[pɔtʃtaljón]
horario (m) de apertura	часы (мн) работы	[tʃasī rabóti]

carta (f)	письмо (c)	[pisʲmó]
carta (f) certificada	заказное письмо (c)	[zakaznóe pisʲmó]
tarjeta (f) postal	открытка (ж)	[ɔtkrītka]
telegrama (m)	телеграмма (ж)	[telegráma]
paquete (m) postal	посылка (ж)	[pɔsīlka]
giro (m) postal	денежный перевод (м)	[déneʒnij perevód]

recibir (vt)	получить (св, пх)	[pɔlutʃítʲ]
enviar (vt)	отправить (св, пх)	[ɔtprávitʲ]
envío (m)	отправка (ж)	[ɔtpráfka]

dirección (f)	адрес (м)	[ádres]
código (m) postal	индекс (м)	[índɛks]
expedidor (m)	отправитель (м)	[ɔtpravítelʲ]
destinatario (m)	получатель (м)	[pɔlutʃátelʲ]

nombre (m)	имя (c)	[ímʲa]
apellido (m)	фамилия (ж)	[famílija]

tarifa (f)	тариф (м)	[taríf]
ordinario (adj)	обычный	[ɔbītʃnij]
económico (adj)	экономичный	[ɛkɔnɔmítʃnij]

peso (m)	вес (м)	[vés]
pesar (~ una carta)	взвешивать (нсв, пх)	[vzvéʃivatʲ]
sobre (m)	конверт (м)	[kɔnvért]
sello (m)	марка (ж)	[márka]
poner un sello	наклеивать марку	[nakléivatʲ márku]

La vivienda. La casa. El hogar

86. La casa. La vivienda

casa (f)	дом (м)	[dóm]
en casa (adv)	дома	[dóma]
patio (m)	двор (м)	[dvór]
verja (f)	ограда (ж)	[ɔgráda]

ladrillo (m)	кирпич (м)	[kirpítʃ]
de ladrillo (adj)	кирпичный	[kirpítʃnij]
piedra (f)	камень (м)	[kámenʲ]
de piedra (adj)	каменный	[kámennij]
hormigón (m)	бетон (м)	[betón]
de hormigón (adj)	бетонный	[betónnij]

nuevo (adj)	новый	[nóvij]
viejo (adj)	старый	[stárij]
deteriorado (adj)	ветхий	[vétxij]
moderno (adj)	современный	[sɔvreménnij]
de muchos pisos	многоэтажный	[mnɔgɔ·ɛtáʒnij]
alto (adj)	высокий	[visókij]

piso (m)	этаж (м)	[ɛtáʃ]
de un solo piso	одноэтажный	[ɔdnɔ·ɛtáʒnij]

piso (m) bajo	нижний этаж (м)	[níʒnij ɛtáʃ]
piso (m) alto	верхний этаж (м)	[vérhnij ɛtáʃ]

techo (m)	крыша (ж)	[krïʃa]
chimenea (f)	труба (ж)	[trubá]

tejas (f pl)	черепица (ж)	[tʃerepítsa]
de tejas (adj)	черепичный	[tʃerepítʃnij]
desván (m)	чердак (м)	[tʃerdák]

ventana (f)	окно (с)	[ɔknó]
vidrio (m)	стекло (с)	[steklό]

alféizar (m)	подоконник (м)	[pɔdɔkόnik]
contraventanas (f pl)	ставни (ж мн)	[stávni]

pared (f)	стена (ж)	[stená]
balcón (m)	балкон (м)	[balkón]
gotera (f)	водосточная труба (ж)	[vɔdɔstótʃnaja trubá]

arriba (estar ~)	наверху	[naverhú]
subir (vi)	подниматься (нсв, возв)	[pɔdnimátsa]
descender (vi)	спускаться (нсв, возв)	[spuskátsa]
mudarse (vr)	переезжать (нсв, нпх)	[pereeʒʒátʲ]

87. La casa. La entrada. El ascensor

entrada (f)	подъезд (м)	[pɔdjézd]
escalera (f)	лестница (ж)	[lésnitsa]
escalones (m)	ступени (ж мн)	[stupéni]
baranda (f)	перила (мн)	[períla]
vestíbulo (m)	холл (м)	[hól]
buzón (m)	почтовый ящик (м)	[pɔtʃtóvij jáʃik]
contenedor (m) de basura	мусорный бак (м)	[músɔrnij bák]
bajante (f) de basura	мусоропровод (м)	[musɔrɔ·prɔvód]
ascensor (m)	лифт (м)	[líft]
ascensor (m) de carga	грузовой лифт (м)	[gruzɔvój líft]
cabina (f)	кабина (ж)	[kabína]
ir en el ascensor	ехать на лифте	[éhatʲ na lífte]
apartamento (m)	квартира (ж)	[kvartíra]
inquilinos (m)	жильцы (мн)	[ʒilʲtsí]
vecino (m)	сосед (м)	[sɔséd]
vecina (f)	соседка (ж)	[sɔsétka]
vecinos (m pl)	соседи (мн)	[sɔsédi]

88. La casa. La electricidad

electricidad (f)	электричество (c)	[ɛlektrítʃestvɔ]
bombilla (f)	лампочка (ж)	[lámpɔtʃka]
interruptor (m)	выключатель (м)	[viklʲutʃátelʲ]
fusible (m)	пробка (ж)	[própka]
hilo (m) (~ eléctrico)	провод (м)	[próvɔd]
instalación (f) eléctrica	проводка (ж)	[prɔvótka]
contador (m) de luz	счётчик (м)	[ʃʲøttʃik]
lectura (f) (~ del contador)	показание (c)	[pɔkazánie]

89. La casa. Las puertas. Los candados

puerta (f)	дверь (ж)	[dvérʲ]
portón (m)	ворота (мн)	[vɔróta]
tirador (m)	ручка (ж)	[rútʃka]
abrir el cerrojo	отпереть (св, н/пх)	[ɔtperétʲ]
abrir (vt)	открывать (нсв, пх)	[ɔtkrivátʲ]
cerrar (vt)	закрывать (нсв, пх)	[zakrivátʲ]
llave (f)	ключ (м)	[klʲútʃ]
manojo (m) de llaves	связка (ж)	[svʲáska]
crujir (vi)	скрипеть (нсв, нпх)	[skripétʲ]
crujido (m)	скрип (м)	[skríp]
gozne (m)	петля (ж)	[petlʲá]
felpudo (m)	коврик (м)	[kóvrik]
cerradura (f)	замок (м)	[zámɔk]

ojo (m) de cerradura	замочная скважина (ж)	[zamótʃnaja skváʒina]
cerrojo (m)	засов (м)	[zasóf]
pestillo (m)	задвижка (ж)	[zadvíʃka]
candado (m)	навесной замок (м)	[navesnój zamók]

tocar el timbre	звонить (нсв, нпх)	[zvɔnítʲ]
campanillazo (f)	звонок (м)	[zvɔnók]
timbre (m)	звонок (м)	[zvɔnók]
botón (m)	кнопка (ж)	[knópka]
llamada (f)	стук (м)	[stúk]
llamar (vi)	стучать (нсв, нпх)	[stutʃátʲ]

código (m)	код (м)	[kód]
cerradura (f) de contraseña	кодовый замок (м)	[kódɔvij zamók]
telefonillo (m)	домофон (м)	[dɔmɔfón]
número (m)	номер (м)	[nómer]
placa (f) de puerta	табличка (ж)	[tablítʃka]
mirilla (f)	глазок (м)	[glazók]

90. La casa de campo

aldea (f)	деревня (ж)	[derévnʲa]
huerta (f)	огород (м)	[ɔgɔród]
empalizada (f)	забор (м)	[zabór]
valla (f)	изгородь (ж)	[ízgɔrɔtʲ]
puertecilla (f)	калитка (ж)	[kalítka]

granero (m)	амбар (м)	[ambár]
sótano (m)	погреб (м)	[pógreb]
cobertizo (m)	сарай (м)	[saráj]
pozo (m)	колодец (м)	[kɔlódets]

estufa (f)	печь (ж)	[pétʃʲ]
calentar la estufa	топить печь (нсв)	[tɔpítʲ pétʃʲ]
leña (f)	дрова (ж)	[drɔvá]
leño (m)	полено (с)	[pɔlénɔ]

veranda (f)	веранда (ж)	[veránda]
terraza (f)	терраса (ж)	[terása]
porche (m)	крыльцо (с)	[krilʲtsó]
columpio (m)	качели (мн)	[katʃéli]

91. La villa. La mansión

casa (f) de campo	загородный дом (м)	[zágɔrɔdnij dɔm]
villa (f)	вилла (ж)	[vílla]
ala (f)	крыло (с)	[kriló]

jardín (m)	сад (м)	[sád]
parque (m)	парк (м)	[párk]
invernadero (m) tropical	оранжерея (ж)	[ɔranʒeréja]
cuidar (~ el jardín, etc.)	ухаживать (нсв, нпх)	[uháʒivatʲ]

piscina (f)	бассейн (м)	[basǽjn]
gimnasio (m)	тренажёрный зал (м)	[trenaʒórnij zál]
cancha (f) de tenis	теннисный корт (м)	[tǽnisnij kórt]
sala (f) de cine	кинотеатр (м)	[kinɔteátr]
garaje (m)	гараж (м)	[garáʃ]

| propiedad (f) privada | частная собственность (ж) | [ʧásnaja sópstvenɔstʲ] |
| terreno (m) privado | частные владения (с мн) | [ʧásnie vladénija] |

| advertencia (f) | предупреждение (с) | [predupreʒdénie] |
| letrero (m) de aviso | предупреждающая надпись (ж) | [predupreʒdájuʃʲaja nátpisʲ] |

seguridad (f)	охрана (ж)	[ɔhrána]
guardia (m) de seguridad	охранник (м)	[ɔhránnik]
alarma (f) antirrobo	сигнализация (ж)	[signalizátsija]

92. El castillo. El palacio

castillo (m)	замок (м)	[zámɔk]
palacio (m)	дворец (м)	[dvɔréts]
fortaleza (f)	крепость (ж)	[krépɔstʲ]
muralla (f)	стена (ж)	[stená]
torre (f)	башня (ж)	[báʃnʲa]
torre (f) principal	главная башня (ж)	[glávnaja báʃnʲa]

rastrillo (m)	подъёмные ворота (мн)	[pɔdjómnie vɔróta]
pasaje (m) subterráneo	подземный ход (м)	[pɔdzémnij hód]
foso (m) del castillo	ров (м)	[róf]
cadena (f)	цепь (ж)	[tsǽpʲ]
aspillera (f)	бойница (ж)	[bɔjnítsa]

magnífico (adj)	великолепный	[velikɔlépnij]
majestuoso (adj)	величественный	[velíʧestvenij]
inexpugnable (adj)	неприступный	[nepristúpnij]
medieval (adj)	средневековый	[srednevekóvij]

93. El apartamento

apartamento (m)	квартира (ж)	[kvartíra]
habitación (f)	комната (ж)	[kómnata]
dormitorio (m)	спальня (ж)	[spálʲnʲa]
comedor (m)	столовая (ж)	[stɔlóvaja]
salón (m)	гостиная (ж)	[gɔstínaja]
despacho (m)	кабинет (м)	[kabinét]

antecámara (f)	прихожая (ж)	[prihóʒaja]
cuarto (m) de baño	ванная комната (ж)	[vánnaja kómnata]
servicio (m)	туалет (м)	[tualét]
techo (m)	потолок (м)	[pɔtɔlók]
suelo (m)	пол (м)	[pól]
rincón (m)	угол (м)	[úgɔl]

94. El apartamento. La limpieza

hacer la limpieza	убирать (нсв, пх)	[ubirátʲ]
quitar (retirar)	уносить (нсв, пх)	[unɔsítʲ]
polvo (m)	пыль (ж)	[pɨlʲ]
polvoriento (adj)	пыльный	[pɨlʲnij]
limpiar el polvo	вытирать пыль	[vitirátʲ pɨlʲ]
aspirador (m)	пылесос (м)	[pilesós]
limpiar con la aspiradora	пылесосить (нсв, н/пх)	[pilesósitʲ]

barrer (vi, vt)	подметать (нсв, н/пх)	[pɔdmetátʲ]
barreduras (f pl)	мусор (м)	[músɔr]
orden (m)	порядок (м)	[pɔrʲádɔk]
desorden (m)	беспорядок (м)	[bespɔrʲádɔk]

fregona (f)	швабра (ж)	[ʃvábra]
trapo (m)	тряпка (ж)	[trʲápka]
escoba (f)	веник (м)	[vénik]
cogedor (m)	совок (м) для мусора	[sɔvók dlʲa músɔra]

95. Los muebles. El interior

muebles (m pl)	мебель (ж)	[mébelʲ]
mesa (f)	стол (м)	[stól]
silla (f)	стул (м)	[stúl]
cama (f)	кровать (ж)	[krɔvátʲ]
sofá (m)	диван (м)	[diván]
sillón (m)	кресло (c)	[kréslɔ]

librería (f)	книжный шкаф (м)	[kníʒnij ʃkáf]
estante (m)	полка (ж)	[pólka]

armario (m)	гардероб (м)	[garderób]
percha (f)	вешалка (ж)	[véʃəlka]
perchero (m) de pie	вешалка (ж)	[véʃəlka]

cómoda (f)	комод (м)	[kɔmód]
mesa (f) de café	журнальный столик (м)	[ʒurnálʲnij stólik]

espejo (m)	зеркало (c)	[zérkalɔ]
tapiz (m)	ковёр (м)	[kɔvør]
alfombra (f)	коврик (м)	[kóvrik]

chimenea (f)	камин (м)	[kamín]
candela (f)	свеча (ж)	[svetʃá]
candelero (m)	подсвечник (м)	[pɔtsvétʃnik]

cortinas (f pl)	шторы (ж мн)	[ʃtóri]
empapelado (m)	обои (мн)	[ɔbói]
estor (m) de láminas	жалюзи (мн)	[ʒalʲuzí]

lámpara (f) de mesa	настольная лампа (ж)	[nastólʲnaja lámpa]
candil (m)	светильник (м)	[svetílʲnik]

| lámpara (f) de pie | торшер (м) | [tɔrʃǽr] |
| lámpara (f) de araña | люстра (ж) | [lʲústra] |

pata (f) (~ de la mesa)	ножка (ж)	[nóʃka]
brazo (m)	подлокотник (м)	[pɔdlɔkótnik]
espaldar (m)	спинка (ж)	[spínka]
cajón (m)	ящик (м)	[jáʃik]

96. Los accesorios de la cama

ropa (f) de cama	постельное бельё (c)	[pɔstélʲnɔe beljǿ]
almohada (f)	подушка (ж)	[pɔdúʃka]
funda (f)	наволочка (ж)	[návɔlɔʧka]
manta (f)	одеяло (c)	[ɔdejálɔ]
sábana (f)	простыня (ж)	[prɔstinʲá]
sobrecama (f)	покрывало (c)	[pɔkriválɔ]

97. La cocina

cocina (f)	кухня (ж)	[kúhnʲa]
gas (m)	газ (м)	[gás]
cocina (f) de gas	газовая плита (ж)	[gázɔvaja plitá]
cocina (f) eléctrica	электроплита (ж)	[ɛléktrɔ·plitá]
horno (m)	духовка (ж)	[duhófka]
horno (m) microondas	микроволновая печь (ж)	[mikrɔ·vɔlnóvaja péʧʲ]

frigorífico (m)	холодильник (м)	[hɔlɔdílʲnik]
congelador (m)	морозильник (м)	[mɔrɔzílʲnik]
lavavajillas (m)	посудомоечная машина (ж)	[pɔsúdɔ·móeʧnaja maʃina]

picadora (f) de carne	мясорубка (ж)	[mɪsɔrúpka]
exprimidor (m)	соковыжималка (ж)	[sɔkɔ·viʒimálka]
tostador (m)	тостер (м)	[tóstɛr]
batidora (f)	миксер (м)	[míkser]

cafetera (f) (aparato de cocina)	кофеварка (ж)	[kɔfevárka]
cafetera (f) (para servir)	кофейник (м)	[kɔféjnik]
molinillo (m) de café	кофемолка (ж)	[kɔfemólka]

hervidor (m) de agua	чайник (м)	[ʧájnik]
tetera (f)	чайник (м)	[ʧájnik]
tapa (f)	крышка (ж)	[krɪ̃ʃka]
colador (m) de té	ситечко (c)	[síteʧkɔ]

cuchara (f)	ложка (ж)	[lóʃka]
cucharilla (f)	чайная ложка (ж)	[ʧájnaja lóʃka]
cuchara (f) de sopa	столовая ложка (ж)	[stɔlóvaja lóʃka]
tenedor (m)	вилка (ж)	[vílka]
cuchillo (m)	нож (м)	[nóʃ]
vajilla (f)	посуда (ж)	[pɔsúda]
plato (m)	тарелка (ж)	[tarélka]

platillo (m)	блюдце (c)	[bl'útse]
vaso (m) de chupito	рюмка (ж)	[r'úmka]
vaso (m) (~ de agua)	стакан (м)	[stakán]
taza (f)	чашка (ж)	[ʧáʃka]

azucarera (f)	сахарница (ж)	[sáharnitsa]
salero (m)	солонка (ж)	[sɔlónka]
pimentero (m)	перечница (ж)	[péreʧnitsa]
mantequera (f)	маслёнка (ж)	[maslǿnka]

cacerola (f)	кастрюля (ж)	[kastr'úl'a]
sartén (f)	сковородка (ж)	[skɔvɔrótka]
cucharón (m)	половник (м)	[pɔlóvnik]
colador (m)	дуршлаг (м)	[durʃlág]
bandeja (f)	поднос (м)	[pɔdnós]

botella (f)	бутылка (ж)	[butílka]
tarro (m) de vidrio	банка (ж)	[bánka]
lata (f) de hojalata	банка (ж)	[bánka]

abrebotellas (m)	открывалка (ж)	[ɔtkriválka]
abrelatas (m)	открывалка (ж)	[ɔtkriválka]
sacacorchos (m)	штопор (м)	[ʃtópɔr]
filtro (m)	фильтр (м)	[fíl'tr]
filtrar (vt)	фильтровать (нсв, пх)	[fil'trɔvát']

| basura (f) | мусор (м) | [músɔr] |
| cubo (m) de basura | мусорное ведро (c) | [músɔrnɔe vedró] |

98. El baño

cuarto (m) de baño	ванная комната (ж)	[vánnaja kómnata]
agua (f)	вода (ж)	[vɔdá]
grifo (m)	кран (м)	[krán]
agua (f) caliente	горячая вода (ж)	[gɔr'áʧaja vɔdá]
agua (f) fría	холодная вода (ж)	[hɔlódnaja vɔdá]

pasta (f) de dientes	зубная паста (ж)	[zubnája pásta]
limpiarse los dientes	чистить зубы	[ʧístit' zúbi]
cepillo (m) de dientes	зубная щётка (ж)	[zubnája ʃǿtka]

afeitarse (vr)	бриться (нсв, возв)	[brítsa]
espuma (f) de afeitar	пена (ж) для бритья	[péna dl'a britjá]
maquinilla (f) de afeitar	бритва (ж)	[brítva]

lavar (vt)	мыть (нсв, пх)	[mít']
darse un baño	мыться (нсв, возв)	[mítsa]
ducha (f)	душ (м)	[dúʃ]
darse una ducha	принимать душ	[prinimát' dúʃ]

baño (m)	ванна (ж)	[vánna]
inodoro (m)	унитаз (м)	[unitás]
lavabo (m)	раковина (ж)	[rákɔvina]
jabón (m)	мыло (c)	[mílɔ]

jabonera (f)	мыльница (ж)	[mı͡lʲnit͡sa]
esponja (f)	губка (ж)	[gúpka]
champú (m)	шампунь (м)	[ʃampúnʲ]
toalla (f)	полотенце (c)	[polotént͡se]
bata (f) de baño	халат (м)	[halát]

colada (f), lavado (m)	стирка (ж)	[stírka]
lavadora (f)	стиральная машина (ж)	[stirálʲnaja maʃína]
lavar la ropa	стирать бельё	[stirátʲ beljǿ]
detergente (m) en polvo	стиральный порошок (м)	[stirálʲnij poroʃók]

99. Los aparatos domésticos

televisor (m)	телевизор (м)	[televízor]
magnetófono (m)	магнитофон (м)	[magnitofón]
vídeo (m)	видеомагнитофон (м)	[vídeo·magnitofón]
radio (f)	приёмник (м)	[prijómnik]
reproductor (m) (~ MP3)	плеер (м)	[plǽjer]

proyector (m) de vídeo	видеопроектор (м)	[vídeo·proǽktor]
sistema (m) home cinema	домашний кинотеатр (м)	[domáʃnij kinoteátr]
reproductor (m) de DVD	DVD проигрыватель (м)	[di·vi·dí proígrivatelʲ]
amplificador (m)	усилитель (м)	[usilítelʲ]
videoconsola (f)	игровая приставка (ж)	[igrovája pristáfka]

cámara (f) de vídeo	видеокамера (ж)	[vídeo·kámera]
cámara (f) fotográfica	фотоаппарат (м)	[foto·aparát]
cámara (f) digital	цифровой	[t͡sifrovój
	фотоаппарат (м)	fotoaparát]

aspirador (m)	пылесос (м)	[pilesós]
plancha (f)	утюг (м)	[utʲúg]
tabla (f) de planchar	гладильная доска (ж)	[gladílʲnaja doská]

teléfono (m)	телефон (м)	[telefón]
teléfono (m) móvil	мобильный телефон (м)	[mobílʲnij telefón]
máquina (f) de coser	швейная машинка (ж)	[ʃvejnaja maʃínka]

micrófono (m)	микрофон (м)	[mikrofón]
auriculares (m pl)	наушники (м мн)	[naúʃniki]
mando (m) a distancia	пульт (м)	[púlʲt]

CD (m)	компакт-диск (м)	[kompákt-dísk]
casete (m)	кассета (ж)	[kaséta]
disco (m) de vinilo	пластинка (ж)	[plastínka]

100. Los arreglos. La renovación

renovación (f)	ремонт (м)	[remónt]
renovar (vt)	делать ремонт	[délatʲ remónt]
reparar (vt)	ремонтировать (нсв, пх)	[remontírovatʲ]
poner en orden	приводить в порядок	[privodítʲ f porʲádok]

rehacer (vt)	переделывать (нсв, пх)	[peredélivat']
pintura (f)	краска (ж)	[kráska]
pintar (las paredes)	красить (нсв, пх)	[krásit']
pintor (m)	маляр (м)	[mal'ár]
brocha (f)	кисть (ж)	[kíst']

| cal (f) | побелка (ж) | [pɔbélka] |
| encalar (vt) | белить (нсв, пх) | [belít'] |

empapelado (m)	обои (мн)	[ɔbói]
empapelar (vt)	оклеить обоями	[ɔkléit' ɔbójɪmi]
barniz (m)	лак (м)	[lák]
cubrir con barniz	покрывать лаком	[pɔkrivát' lákɔm]

101. La plomería

agua (f)	вода (ж)	[vɔdá]
agua (f) caliente	горячая вода (ж)	[gɔr'átʃaja vɔdá]
agua (f) fría	холодная вода (ж)	[hɔlódnaja vɔdá]
grifo (m)	кран (м)	[krán]

gota (f)	капля (ж)	[kápl'a]
gotear (el grifo)	капать (нсв, нпх)	[kápat']
gotear (cañería)	течь (нсв, нпх)	[tétʃ']
escape (f) de agua	течь (ж)	[tétʃ']
charco (m)	лужа (ж)	[lúʒa]

tubo (m)	труба (ж)	[trubá]
válvula (f)	вентиль (м)	[véntil']
estar atascado	засориться (св, возв)	[zasɔrítsa]

instrumentos (m pl)	инструменты (м мн)	[instruménti]
llave (f) inglesa	разводной ключ (м)	[razvɔdnój kl'útʃ]
destornillar (vt)	открутить (св, пх)	[ɔtkrutít']
atornillar (vt)	закрутить (св, пх)	[zakrutít']

desatascar (vt)	прочищать (нсв, пх)	[prɔtʃiʃʲát']
fontanero (m)	сантехник (м)	[santéhnik]
sótano (m)	подвал (м)	[pɔdvál]
alcantarillado (m)	канализация (ж)	[kanalizátsija]

102. El fuego. El Incendio

fuego (m)	пожар (м)	[pɔʒár]
llama (f)	пламя (ж)	[plám'a]
chispa (f)	искра (ж)	[ískra]
humo (m)	дым (м)	[dĩm]
antorcha (f)	факел (м)	[fákel]
hoguera (f)	костёр (м)	[kɔstǿr]

| gasolina (f) | бензин (м) | [benzín] |
| queroseno (m) | керосин (м) | [kerɔsín] |

inflamable (adj)	горючий	[gɔrʲútʃij]
explosivo (adj)	взрывоопасный	[vzrivɔˑɔpásnij]
PROHIBIDO FUMAR	НЕ КУРИТЬ!	[ne kurítʲ]
seguridad (f)	безопасность (ж)	[bezɔpásnɔstʲ]
peligro (m)	опасность (ж)	[ɔpásnɔstʲ]
peligroso (adj)	опасный	[ɔpásnij]
prenderse fuego	загореться (св, возв)	[zagɔrétsa]
explosión (f)	взрыв (м)	[vzrīf]
incendiar (vt)	поджечь (св, пх)	[pɔdʒǽtʃʲ]
incendiario (m)	поджигатель (м)	[pɔdʒigátelʲ]
incendio (m) provocado	поджог (м)	[pɔdʒóg]
estar en llamas	пылать (нсв, нпх)	[pilátʲ]
arder (vi)	гореть (нсв, нпх)	[gɔrétʲ]
incendiarse (vr)	сгореть (св, нпх)	[sgɔrétʲ]
llamar a los bomberos	вызвать пожарных	[vīzvatʲ pɔʒárnih]
bombero (m)	пожарный (м)	[pɔʒárnij]
coche (m) de bomberos	пожарная машина (ж)	[pɔʒárnaja maʃína]
cuerpo (m) de bomberos	пожарная команда (ж)	[pɔʒárnaja kɔmánda]
escalera (f) telescópica	пожарная лестница (ж)	[pɔʒárnaja lésnitsa]
manguera (f)	шланг (м)	[ʃláng]
extintor (m)	огнетушитель (м)	[ɔgnetuʃítelʲ]
casco (m)	каска (ж)	[káska]
sirena (f)	сирена (ж)	[siréna]
gritar (vi)	кричать (нсв, нпх)	[kritʃátʲ]
pedir socorro	звать на помощь	[zvátʲ na pómɔʃʲ]
socorrista (m)	спасатель (м)	[spasátelʲ]
salvar (vt)	спасать (нсв, пх)	[spasátʲ]
llegar (vi)	приехать (св, нпх)	[priéhatʲ]
apagar (~ el incendio)	тушить (нсв, пх)	[tuʃítʲ]
agua (f)	вода (ж)	[vɔdá]
arena (f)	песок (м)	[pesók]
ruinas (f pl)	руины (мн)	[ruíni]
colapsarse (vr)	рухнуть (св, нпх)	[rúhnutʲ]
hundirse (vr)	обвалиться (св, возв)	[ɔbvalítsa]
derrumbarse (vr)	обрушиться (св, возв)	[ɔbrúʃitsa]
trozo (m) (~ del muro)	обломок (м)	[ɔblómɔk]
ceniza (f)	пепел (м)	[pépel]
morir asfixiado	задохнуться (св, возв)	[zadɔhnútsa]
perecer (vi)	погибнуть (св, нпх)	[pɔgíbnutʲ]

LAS ACTIVIDADES DE LA GENTE

El trabajo. Los negocios. Unidad 1

103. La oficina. El trabajo de oficina

oficina (f)	офис (м)	[ófis]
despacho (m)	кабинет (м)	[kabinét]
recepción (f)	ресепшн (м)	[resépʃn]
secretario (m)	секретарь (м, ж)	[sekretárʲ]
secretaria (f)	секретарша (ж)	[sekretárʃa]
director (m)	директор (м)	[diréktɔr]
manager (m)	менеджер (м)	[ménɛdʒɛr]
contable (m)	бухгалтер (м)	[buhgálter]
colaborador (m)	сотрудник (м)	[sɔtrúdnik]
muebles (m pl)	мебель (ж)	[mébelʲ]
escritorio (m)	стол (м)	[stól]
silla (f)	кресло (c)	[kréslɔ]
cajonera (f)	тумбочка (ж)	[túmbɔtʃka]
perchero (m) de pie	вешалка (ж)	[véʃəlka]
ordenador (m)	компьютер (м)	[kɔmpjútɛr]
impresora (f)	принтер (м)	[príntɛr]
fax (m)	факс (м)	[fáks]
fotocopiadora (f)	копировальный аппарат (м)	[kɔpirɔválʲnij aparát]
papel (m)	бумага (ж)	[bumága]
papelería (f)	канцтовары (ж мн)	[kants·tɔvári]
alfombrilla (f) para ratón	коврик (м) для мыши	[kóvrik dlʲa mɨ̃ʃi]
hoja (f) de papel	лист (м)	[líst]
carpeta (f)	папка (ж)	[pápka]
catálogo (m)	каталог (м)	[katalóg]
directorio (m) telefónico	справочник (м)	[správɔtʃnik]
documentación (f)	документация (ж)	[dɔkumentátsija]
folleto (m)	брошюра (ж)	[brɔʃúra]
prospecto (m)	листовка (ж)	[listófka]
muestra (f)	образец (м)	[ɔbrazéts]
reunión (f) de formación	тренинг (м)	[tréning]
reunión (f)	совещание (c)	[sɔveʃánie]
pausa (f) de almuerzo	перерыв (м) на обед	[pererɨ̃f na ɔbéd]
hacer una copia	делать копию	[délatʲ kópiju]
hacer copias	размножить (cв, пx)	[razmnóʒitʲ]
recibir un fax	получать факс	[pɔlutʃátʲ fáks]

enviar un fax	отправлять факс	[ɔtpravlʲátʲ fáks]
llamar por teléfono	позвонить (св, н/пх)	[pɔzvɔnítʲ]
responder (vi, vt)	ответить (св, пх)	[ɔtvétitʲ]
poner en comunicación	соединить (св, пх)	[sɔedinítʲ]

fijar (~ una reunión)	назначать (нсв, пх)	[naznatʃátʲ]
demostrar (vt)	демонстрировать (нсв, пх)	[demɔnstrírɔvatʲ]
estar ausente	отсутствовать (нсв, нпх)	[ɔtsútstvɔvatʲ]
ausencia (f)	пропуск (м)	[própusk]

104. Los métodos de los negocios. Unidad 1

negocio (m), comercio (m)	бизнес (м)	[bíznɛs]
ocupación (f)	дело (с)	[délɔ]

firma (f)	фирма (ж)	[fírma]
compañía (f)	компания (ж)	[kɔmpánija]
corporación (f)	корпорация (ж)	[kɔrpɔrátsija]
empresa (f)	предприятие (с)	[pretprijátie]
agencia (f)	агентство (с)	[agénstvɔ]

acuerdo (m)	договор (м)	[dɔgɔvór]
contrato (m)	контракт (м)	[kɔntrákt]
trato (m), acuerdo (m)	сделка (ж)	[zdélka]
pedido (m)	заказ (м)	[zakás]
condición (f) del contrato	условие (с)	[uslóvie]

al por mayor (adv)	оптом	[óptɔm]
al por mayor (adj)	оптовый	[ɔptóvij]
venta (f) al por mayor	продажа (ж) оптом	[prɔdáʒa óptɔm]
al por menor (adj)	розничный	[róznitʃnij]
venta (f) al por menor	продажа (ж) в розницу	[prɔdáʒa v róznitsu]

competidor (m)	конкурент (м)	[kɔnkurént]
competencia (f)	конкуренция (ж)	[kɔnkuréntsija]
competir (vi)	конкурировать (нсв, нпх)	[kɔnkurírɔvatʲ]

socio (m)	партнёр (м)	[partnǿr]
sociedad (f)	партнёрство (с)	[partnǿrstvɔ]

crisis (m)	кризис (м)	[krízis]
bancarrota (f)	банкротство (с)	[bankrótstvɔ]
ir a la bancarrota	обанкротиться (нсв, возв)	[ɔbankrótitsa]
dificultad (f)	трудность (ж)	[trúdnɔstʲ]
problema (m)	проблема (ж)	[prɔbléma]
catástrofe (f)	катастрофа (ж)	[katastrófa]

economía (f)	экономика (ж)	[ɛkɔnómika]
económico (adj)	экономический	[ɛkɔnɔmítʃeskij]
recesión (f) económica	экономический спад (м)	[ɛkɔnɔmítʃeskij spád]

meta (f)	цель (ж)	[tsǽlʲ]
objetivo (m)	задача (ж)	[zadátʃa]
comerciar (vi)	торговать (нсв, нпх)	[tɔrgɔvátʲ]

red (f) (~ comercial)	сеть (ж)	[sétʲ]
existencias (f pl)	склад (м)	[sklád]
surtido (m)	ассортимент (м)	[asɔrtimént]

líder (m)	лидер (м)	[líder]
grande (empresa ~)	крупный	[krúpnij]
monopolio (m)	монополия (ж)	[mɔnɔpólija]

teoría (f)	теория (ж)	[teórija]
práctica (f)	практика (ж)	[práktika]
experiencia (f)	опыт (м)	[ópit]
tendencia (f)	тенденция (ж)	[tɛndǽnʦija]
desarrollo (m)	развитие (с)	[razvítie]

105. Los métodos de los negocios. Unidad 2

| rentabilidad (f) | выгода (ж) | [vīgɔda] |
| rentable (adj) | выгодный | [vīgɔdnij] |

delegación (f)	делегация (ж)	[delegáʦija]
salario (m)	заработная плата (ж)	[zárabɔtnaja pláta]
corregir (un error)	исправлять (нсв, пх)	[ispravlʲátʲ]
viaje (m) de negocios	командировка (ж)	[kɔmandirófka]
comisión (f)	комиссия (ж)	[kɔmísija]

controlar (vt)	контролировать (нсв, пх)	[kɔntrɔlírɔvatʲ]
conferencia (f)	конференция (ж)	[kɔnferénʦija]
licencia (f)	лицензия (ж)	[liʦǽnzija]
fiable (socio ~)	надёжный	[nadǿʒnij]

iniciativa (f)	начинание (с)	[natʃinánie]
norma (f)	норма (ж)	[nórma]
circunstancia (f)	обстоятельство (с)	[ɔpstɔjátelʲstvɔ]
deber (m)	обязанность (ж)	[ɔbʲázanɔstʲ]

empresa (f)	организация (ж)	[ɔrganizáʦija]
organización (f) (proceso)	организация (ж)	[ɔrganizáʦija]
organizado (adj)	организованный	[ɔrganizóvanij]
anulación (f)	отмена (ж)	[ɔtména]
anular (vt)	отменить (св, пх)	[ɔtmenítʲ]
informe (m)	отчёт (м)	[ɔttʃót]

patente (m)	патент (м)	[patént]
patentar (vt)	патентовать (н/св, пх)	[patentɔvátʲ]
planear (vt)	планировать (нсв, пх)	[planírɔvatʲ]

premio (m)	премия (ж)	[prémija]
profesional (adj)	профессиональный	[prɔfesiɔnálʲnij]
procedimiento (m)	процедура (ж)	[prɔʦɛdúra]

examinar (vt)	рассмотреть (св, пх)	[rasmɔtrétʲ]
cálculo (m)	расчёт (м)	[raʃót]
reputación (f)	репутация (ж)	[reputáʦija]
riesgo (m)	риск (м)	[rísk]

dirigir (administrar)	руководить (нсв, пх)	[rukɔvɔdítʲ]
información (f)	сведения (мн)	[svédenja]
propiedad (f)	собственность (ж)	[sópstvenɔstʲ]
unión (f)	союз (м)	[sɔjús]

seguro (m) de vida	страхование (с) жизни	[strahɔvánie ʒīzni]
asegurar (vt)	страховать (нсв, пх)	[strahɔvátʲ]
seguro (m)	страховка (ж)	[strahófka]

subasta (f)	торги (мн)	[tɔrgí]
notificar (informar)	уведомить (св, пх)	[uvédɔmitʲ]
gestión (f)	управление (с)	[upravlénie]
servicio (m)	услуга (ж)	[uslúga]

foro (m)	форум (м)	[fórum]
funcionar (vi)	функционировать (нсв, нпх)	[funktsiɔnírɔvatʲ]
etapa (f)	этап (м)	[ɛtáp]
jurídico (servicios ~s)	юридический	[juridítʃeskij]
jurista (m)	юрист (м)	[juríst]

106. La producción. Los trabajos

planta (f)	завод (м)	[zavód]
fábrica (f)	фабрика (ж)	[fábrika]
taller (m)	цех (м)	[tsæh]
planta (f) de producción	производство (с)	[prɔizvótstvɔ]

industria (f)	промышленность (ж)	[prɔmīʃlenɔstʲ]
industrial (adj)	промышленный	[prɔmīʃlenij]
industria (f) pesada	тяжёлая промышленность (ж)	[tʲʒólaja prɔmīʃlenɔstʲ]
industria (f) ligera	лёгкая промышленность (ж)	[lǿhkaja prɔmīʃlenɔstʲ]

producción (f)	продукция (ж)	[prɔdúktsija]
producir (vt)	производить (нсв, пх)	[prɔizvɔdítʲ]
materias (f pl) primas	сырьё (с)	[sirjǿ]

jefe (m) de brigada	бригадир (м)	[brigadír]
brigada (f)	бригада (ж)	[brigáda]
obrero (m)	рабочий (м)	[rabótʃij]

día (m) de trabajo	рабочий день (м)	[rabótʃij dénʲ]
descanso (m)	остановка (ж)	[ɔstanófka]
reunión (f)	собрание (с)	[sɔbránie]
discutir (vt)	обсуждать (нсв, пх)	[ɔpsuʒdátʲ]

plan (m)	план (м)	[plán]
cumplir el plan	выполнять план	[vipɔlnʲátʲ plán]
tasa (f) de producción	норма (ж) выработки	[nórma vīrabotki]
calidad (f)	качество (с)	[kátʃestvɔ]
revisión (f)	контроль (м)	[kɔntrólʲ]
control (m) de calidad	контроль (м) качества	[kɔntrólʲ kátʃestva]
seguridad (f) de trabajo	безопасность (ж) труда	[bezɔpásnɔstʲ trudá]

disciplina (f)	дисциплина (ж)	[disʦiplína]
infracción (f)	нарушение (c)	[naruʃǽnie]
violar (las reglas)	нарушать (нсв, пх)	[naruʃátʲ]

huelga (f)	забастовка (ж)	[zabastófka]
huelguista (m)	забастовщик (м)	[zabastófʃik]
estar en huelga	бастовать (нсв, нпх)	[bastovátʲ]
sindicato (m)	профсоюз (м)	[profsojús]

inventar (máquina, etc.)	изобретать (нсв, пх)	[izobretátʲ]
invención (f)	изобретение (c)	[izobreténie]
investigación (f)	исследование (c)	[islédovanie]
mejorar (vt)	улучшать (нсв, пх)	[ulutʃʃátʲ]
tecnología (f)	технология (ж)	[tehnológija]
dibujo (m) técnico	чертёж (м)	[tʃertǿʃ]

cargamento (m)	груз (м)	[grús]
cargador (m)	грузчик (м)	[grúʃik]
cargar (camión, etc.)	грузить (нсв, пх)	[gruzítʲ]
carga (f) (proceso)	погрузка (ж)	[pogrúzka]
descargar (vt)	разгружать (нсв, пх)	[razgruʒátʲ]
descarga (f)	разгрузка (ж)	[razgrúska]

transporte (m)	транспорт (м)	[tránsport]
compañía (f) de transporte	транспортная компания (ж)	[tránsportnaja kompánija]
transportar (vt)	перевозить (нсв, пх)	[perevozítʲ]

vagón (m)	вагон (м)	[vagón]
cisterna (f)	цистерна (ж)	[ʦistǽrna]
camión (m)	грузовик (м)	[gruzovík]

| máquina (f) herramienta | станок (м) | [stanók] |
| mecanismo (m) | механизм (м) | [mehanízm] |

desperdicios (m pl)	отходы (мн)	[otxódi]
empaquetado (m)	упаковка (ж)	[upakófka]
embalar (vt)	упаковать (св, пх)	[upakovátʲ]

107. El contrato. El acuerdo

contrato (m)	контракт (м)	[kontrákt]
acuerdo (m)	соглашение (c)	[soglaʃǽnie]
anexo (m)	приложение (c)	[priloʒǽnie]

firmar un contrato	заключить контракт	[zaklʲutʃítʲ kontrákt]
firma (f) (nombre)	подпись (ж)	[pótpisʲ]
firmar (vt)	подписать (св, пх)	[potpisátʲ]
sello (m)	печать (ж)	[petʃátʲ]

objeto (m) del acuerdo	предмет (м) договора	[predmét dogovóra]
cláusula (f)	пункт (м)	[púnkt]
partes (f pl)	стороны (ж мн)	[stóroni]
domicilio (m) legal	юридический адрес (м)	[juridítʃeskij ádres]
violar el contrato	нарушить контракт	[narúʃitʲ kontrákt]

obligación (f)	обязательство (c)	[ɔbɪzátelʲstvɔ]
responsabilidad (f)	ответственность (ж)	[ɔtvétstvenɔstʲ]
fuerza mayor (f)	форс-мажор (м)	[fórs-maʒór]
disputa (f)	спор (м)	[spór]
penalidades (f pl)	штрафные санкции (ж мн)	[ʃtrafnĩe sánktsii]

108. Importación y Exportación

importación (f)	импорт (м)	[ímpɔrt]
importador (m)	импортёр (м)	[impɔrtǿr]
importar (vt)	импортировать (нсв, пх)	[impɔrtírɔvatʲ]
de importación (adj)	импортный	[ímpɔrtnij]

exportación (f)	экспорт (м)	[ǽkspɔrt]
exportador (m)	экспортёр (м)	[ɛkspɔrtǿr]
exportar (vt)	экспортировать (н/св, пх)	[ɛkspɔrtírɔvatʲ]
de exportación (adj)	экспортный	[ǽkspɔrtnij]

| mercancía (f) | товар (м) | [tɔvár] |
| lote (m) de mercancías | партия (ж) | [pártija] |

peso (m)	вес (м)	[vés]
volumen (m)	объём (м)	[ɔbjóm]
metro (m) cúbico	кубический метр (м)	[kubítʃeskij métr]

productor (m)	производитель (м)	[prɔizvɔdítelʲ]
compañía (f) de transporte	транспортная компания (ж)	[tránspɔrtnaja kɔmpánija]
contenedor (m)	контейнер (м)	[kɔntǽjner]

frontera (f)	граница (ж)	[granítsa]
aduana (f)	таможня (ж)	[tamóʒnʲa]
derechos (m pl) arancelarios	таможенная пошлина (ж)	[tamóʒenaja póʃlina]
aduanero (m)	таможенник (м)	[tamóʒenik]
contrabandismo (m)	контрабанда (ж)	[kɔntrabánda]
contrabando (m)	контрабанда (ж)	[kɔntrabánda]

109. Las finanzas

acción (f)	акция (ж)	[áktsija]
bono (m), obligación (f)	облигация (ж)	[ɔbligátsija]
letra (f) de cambio	вексель (м)	[vékselʲ]

| bolsa (f) | биржа (ж) | [bírʒa] |
| cotización (f) de valores | курс (м) акций | [kúrs áktsij] |

| abaratarse (vr) | подешеветь (св, нпх) | [pɔdeʃɛvétʲ] |
| encarecerse (vr) | подорожать (св, нпх) | [pɔdɔraʒátʲ] |

parte (f)	доля (ж), пай	[dólʲa], [páj]
interés (m) mayoritario	контрольный пакет (м)	[kɔntrólʲnij pakét]
inversiones (f pl)	инвестиции (ж мн)	[investítsii]
invertir (vi, vt)	инвестировать (н/св, н/пх)	[investírɔvatʲ]

99

| porcentaje (m) | процент (м) | [prɔtsǽnt] |
| interés (m) | проценты (м мн) | [prɔtsǽnti] |

beneficio (m)	прибыль (ж)	[príbilʲ]
beneficioso (adj)	прибыльный	[príbilʲnij]
impuesto (m)	налог (м)	[nalóg]

divisa (f)	валюта (ж)	[valʲúta]
nacional (adj)	национальный	[natsiɔnálʲnij]
cambio (m)	обмен (м)	[ɔbmén]

| contable (m) | бухгалтер (м) | [buhgálter] |
| contaduría (f) | бухгалтерия (ж) | [buhgaltérija] |

bancarrota (f)	банкротство (с)	[bankrótstvɔ]
quiebra (f)	крах (м)	[kráh]
ruina (f)	разорение (с)	[razɔrénie]
arruinarse (vr)	разориться (св, возв)	[razɔrítsa]
inflación (f)	инфляция (ж)	[inflʲátsija]
devaluación (f)	девальвация (ж)	[devalʲvátsija]

capital (m)	капитал (м)	[kapitál]
ingresos (m pl)	доход (м)	[dɔhód]
volumen (m) de negocio	оборот (м)	[ɔbɔrót]
recursos (m pl)	ресурсы (м мн)	[resúrsi]
recursos (m pl) monetarios	денежные средства (с мн)	[déneʒnie srétstva]

| gastos (m pl) accesorios | накладные расходы (мн) | [nakladnīe rasxódi] |
| reducir (vt) | сократить (св, пх) | [sɔkratítʲ] |

110. La mercadotecnia

mercadotecnia (f)	маркетинг (м)	[markéting]
mercado (m)	рынок (м)	[rīnɔk]
segmento (m) del mercado	сегмент (м) рынка	[segmént rīnka]
producto (m)	продукт (м)	[prɔdúkt]
mercancía (f)	товар (м)	[tɔvár]

marca (f) comercial	торговая марка (ж)	[tɔrgóvaja márka]
logotipo (m)	фирменный знак (м)	[fírmenij znák]
logo (m)	логотип (м)	[lɔgɔtíp]
demanda (f)	спрос (м)	[sprós]
oferta (f)	предложение (с)	[predlɔʒǽnie]
necesidad (f)	потребность (ж)	[pɔtrébnɔstʲ]
consumidor (m)	потребитель (м)	[pɔtrebítelʲ]

análisis (m)	анализ (м)	[análiz]
analizar (vt)	анализировать (нсв, пх)	[analizírɔvatʲ]
posicionamiento (m)	позиционирование (с)	[pozitsiɔnírɔvanie]
posicionar (vt)	позиционировать (нсв, пх)	[pozitsiɔnírɔvatʲ]

precio (m)	цена (ж)	[tsɛná]
política (f) de precios	ценовая политика (ж)	[tsɛnɔvája pɔlítika]
formación (m) de precios	ценообразование (с)	[tsɛnɔ·ɔbrazɔvánie]

111. La publicidad

publicidad (f)	реклама (ж)	[rekláma]
publicitar (vt)	рекламировать (нсв, пх)	[reklamírɔvatʲ]
presupuesto (m)	бюджет (м)	[bʲudʒǽt]

anuncio (m) publicitario	реклама (ж)	[rekláma]
publicidad (f) televisiva	телереклама (ж)	[tele·rékláma]
publicidad (f) radiofónica	реклама (ж) на радио	[rekláma na rádiɔ]
publicidad (f) exterior	наружная реклама (ж)	[narúʒnaja rekláma]

medios (m pl) de comunicación de masas	масс медиа (мн)	[mas·média]
periódico (m)	периодическое издание (с)	[periɔdítʃeskɔe izdánie]
imagen (f)	имидж (м)	[ímidʒ]

consigna (f)	лозунг (м)	[lózung]
divisa (f)	девиз (м)	[devís]

campaña (f)	кампания (ж)	[kampánija]
campaña (f) publicitaria	рекламная кампания (ж)	[reklámnaja kampánija]
auditorio (m) objetivo	целевая аудитория (ж)	[ʦɛlevája auditórija]

tarjeta (f) de visita	визитная карточка (ж)	[vizítnaja kártɔtʃka]
prospecto (m)	листовка (ж)	[listófka]
folleto (m)	брошюра (ж)	[brɔʃúra]
panfleto (m)	буклет (м)	[buklét]
boletín (m)	бюллетень (м)	[bʲuleténʲ]

letrero (m) (~ luminoso)	вывеска (ж)	[vĩveska]
pancarta (f)	плакат, постер (м)	[plakát], [póstɛr]
valla (f) publicitaria	рекламный щит (м)	[reklámnij ʃít]

112. La banca

banco (m)	банк (м)	[bánk]
sucursal (f)	отделение (с)	[ɔtdelénie]

asesor (m) (~ fiscal)	консультант (м)	[kɔnsulʲtánt]
gerente (m)	управляющий (м)	[upravlʲájuʃʲij]

cuenta (f)	счёт (м)	[ʃót]
numero (m) de la cuenta	номер (м) счёта	[nómer ʃóta]
cuenta (f) corriente	текущий счёт (м)	[tekúʃʲij ʃót]
cuenta (f) de ahorros	накопительный счёт (м)	[nakɔpítelʲnij ʃót]

abrir una cuenta	открыть счёт	[ɔtkrĩtʲ ʃót]
cerrar la cuenta	закрыть счёт	[zakrĩtʲ ʃót]
ingresar en la cuenta	положить на счёт	[pɔlɔʒĩtʲ na ʃót]
sacar de la cuenta	снять со счёта	[snʲátʲ sɔ ʃóta]

depósito (m)	вклад (м)	[fklád]
hacer un depósito	сделать вклад	[zdélatʲ fklád]

| giro (m) bancario | перевод (м) | [perevód] |
| hacer un giro | сделать перевод | [zdélatʲ perevód] |

| suma (f) | сумма (ж) | [súmma] |
| ¿Cuánto? | Сколько? | [skólʲkɔ?] |

| firma (f) (nombre) | подпись (ж) | [pótpisʲ] |
| firmar (vt) | подписать (св, пх) | [pɔtpisátʲ] |

tarjeta (f) de crédito	кредитная карта (ж)	[kredítnaja kárta]
código (m)	код (м)	[kód]
número (m) de tarjeta	номер (м)	[nómer
de crédito	кредитной карты	kredítnɔj kárti]
cajero (m) automático	банкомат (м)	[bankɔmát]

cheque (m)	чек (м)	[tʃék]
sacar un cheque	выписать чек	[vɨpisatʲ tʃék]
talonario (m)	чековая книжка (ж)	[tʃékɔvaja kníʃka]

crédito (m)	кредит (м)	[kredít]
pedir el crédito	обращаться за кредитом	[ɔbraʃátsa za kredítɔm]
obtener un crédito	брать кредит	[brátʲ kredít]
conceder un crédito	предоставлять кредит	[predɔstavlʲátʲ kredít]
garantía (f)	гарантия (ж)	[garántija]

113. El teléfono. Las conversaciones telefónicas

teléfono (m)	телефон (м)	[telefón]
teléfono (m) móvil	мобильный телефон (м)	[mɔbílʲnij telefón]
contestador (m)	автоответчик (м)	[áftɔɔtvéttʃik]

| llamar, telefonear | звонить (нсв, н/пх) | [zvɔnítʲ] |
| llamada (f) | звонок (м) | [zvɔnók] |

marcar un número	набрать номер	[nabrátʲ nómer]
¿Sí?, ¿Dígame?	Алло!	[aló]
preguntar (vt)	спросить (св, пх)	[sprɔsítʲ]
responder (vi, vt)	ответить (св, пх)	[ɔtvétitʲ]

oír (vt)	слышать (нсв, пх)	[slɨʃatʲ]
bien (adv)	хорошо	[hɔrɔʃó]
mal (adv)	плохо	[plóhɔ]
ruidos (m pl)	помехи (ж мн)	[pɔméhi]

auricular (m)	трубка (ж)	[trúpka]
descolgar (el teléfono)	снять трубку	[snʲátʲ trúpku]
colgar el auricular	положить трубку	[pɔlɔʒítʲ trúpku]

ocupado (adj)	занятый	[zánɨtij]
sonar (teléfono)	звонить (нсв, нпх)	[zvɔnítʲ]
guía (f) de teléfonos	телефонная книга (ж)	[telefónnaja kníga]

| local (adj) | местный | [mésnij] |
| llamada (f) local | местный звонок (м) | [mésnij zvɔnók] |

de larga distancia	междугородний	[meʒdugɔródnij]
llamada (f) de larga distancia	междугородний звонок (м)	[meʒdugɔródnij zvɔnók]
internacional (adj)	международный	[meʒdunaródnij]
llamada (f) internacional	международный звонок	[meʒdunaródnij zvɔnók]

114. El teléfono celular

teléfono (m) móvil	мобильный телефон (м)	[mɔbílʲnij telefón]
pantalla (f)	дисплей (м)	[displǽj]
botón (m)	кнопка (ж)	[knópka]
tarjeta SIM (f)	SIM-карта (ж)	[sim-kárta]

pila (f)	батарея (ж)	[bataréja]
descargarse (vr)	разрядиться (св, возв)	[razrɪdítsa]
cargador (m)	зарядное устройство (с)	[zarʲádnɔe ustrójstvɔ]

menú (m)	меню (с)	[menʲú]
preferencias (f pl)	настройки (ж мн)	[nastrójki]
melodía (f)	мелодия (ж)	[melódija]
seleccionar (vt)	выбрать (св, пх)	[vībratʲ]

calculadora (f)	калькулятор (м)	[kalʲkulʲátɔr]
contestador (m)	голосовая почта (ж)	[gɔlɔsɔvája pótʃta]
despertador (m)	будильник (м)	[budílʲnik]
contactos (m pl)	телефонная книга (ж)	[telefónnaja kníga]

mensaje (m) de texto	SMS-сообщение (с)	[ɛs·ɛm·ǽs-sɔɔpʃénie]
abonado (m)	абонент (м)	[abɔnént]

115. Los artículos de escritorio

bolígrafo (m)	шариковая ручка (ж)	[ʃárikɔvaja rútʃka]
pluma (f) estilográfica	перьевая ручка (ж)	[perjevája rútʃka]

lápiz (f)	карандаш (м)	[karandáʃ]
marcador (m)	маркер (м)	[márker]
rotulador (m)	фломастер (м)	[flɔmáster]

bloc (m) de notas	блокнот (м)	[blɔknót]
agenda (f)	ежедневник (м)	[eʒednévnik]

regla (f)	линейка (ж)	[linéjka]
calculadora (f)	калькулятор (м)	[kalʲkulʲátɔr]
goma (f) de borrar	ластик (м)	[lástik]

chincheta (f)	кнопка (ж)	[knópka]
clip (m)	скрепка (ж)	[skrépka]

pegamento (m)	клей (м)	[kléj]
grapadora (f)	степлер (м)	[stǽpler]
perforador (m)	дырокол (м)	[dirɔkól]
sacapuntas (m)	точилка (ж)	[tɔtʃílka]

116. Diversos tipos de documentación

informe (m)	отчёт (м)	[ɔtʧót]
acuerdo (m)	соглашение (c)	[sɔglaʃǽnie]
formulario (m) de solicitud	заявка (ж)	[zajáfka]
auténtico (adj)	подлинный	[pódlinij]
tarjeta (f) de identificación	бэдж (м)	[bǽdʒ]
tarjeta (f) de visita	визитная карточка (ж)	[vizítnaja kártɔʧka]

certificado (m)	сертификат (м)	[sertifikát]
cheque (m) bancario	чек (м)	[ʧék]
cuenta (f) (restaurante)	счёт (м)	[ʃʲót]
constitución (f)	конституция (ж)	[kɔnstitútsija]

contrato (m)	договор (м)	[dɔgɔvór]
copia (f)	копия (ж)	[kópija]
ejemplar (m)	экземпляр (м)	[ɛkzɛmplʲár]

declaración (f) de aduana	декларация (ж)	[deklarátsija]
documento (m)	документ (м)	[dɔkumént]
permiso (m) de conducir	водительские права (мн)	[vɔdítelʲskie pravá]
anexo (m)	приложение (c)	[prilɔʒǽnie]
cuestionario (m)	анкета (ж)	[ankéta]

carnet (m) de identidad	удостоверение (c)	[udɔstɔverénie]
solicitud (f) de información	запрос (м)	[zaprós]
tarjeta (f) de invitación	приглашение (c)	[priglaʃǽnie]
factura (f)	счёт (м)	[ʃʲót]

ley (f)	закон (м)	[zakón]
carta (f)	письмо (c)	[pisʲmó]
hoja (f) membretada	бланк (м)	[blánk]
lista (f) (de nombres, etc.)	список (м)	[spísɔk]
manuscrito (m)	рукопись (ж)	[rúkɔpisʲ]
boletín (m)	бюллетень (м)	[bʲuleténʲ]
nota (f) (mensaje)	записка (ж)	[zapíska]

pase (m) (permiso)	пропуск (м)	[própusk]
pasaporte (m)	паспорт (м)	[páspɔrt]
permiso (m)	разрешение (c)	[razreʃǽnie]
curriculum vitae (m)	резюме (c)	[rezʲumé]
pagaré (m)	расписка (ж)	[raspíska]
recibo (m)	квитанция (ж)	[kvitántsija]
ticket (m) de compra	чек (м)	[ʧék]
informe (m)	рапорт (м)	[rápɔrt]

presentar (identificación)	предъявлять (нсв, пх)	[predʲɪvlʲátʲ]
firmar (vt)	подписать (св, пх)	[potpisátʲ]
firma (f) (nombre)	подпись (ж)	[pótpisʲ]
sello (m)	печать (ж)	[peʧátʲ]
texto (m)	текст (м)	[tékst]
billete (m)	билет (м)	[bilét]

tachar (vt)	зачеркнуть (св, пх)	[zaʧerknútʲ]
rellenar (vt)	заполнить (св, пх)	[zapólnitʲ]

| guía (f) de embarque | накладная (ж) | [nakladnája] |
| testamento (m) | завещание (c) | [zaveʃánie] |

117. Tipos de negocios

agencia (f) de empleo	кадровое агентство (c)	[kádrɔvɔe agénstvɔ]
agencia (f) de información	информационное агентство (c)	[infɔrmatsiónnɔe agénstvɔ]
agencia (f) de publicidad	рекламное агентство (c)	[reklámnɔe agénstvɔ]
agencia (f) de seguridad	охранное агентство (c)	[ɔhránnɔe agénstvɔ]

almacén (m)	склад (м)	[sklád]
antigüedad (f)	антиквариат (м)	[antikvariát]
asesoría (f) jurídica	юридические услуги (ж мн)	[juridítʃeskie uslúgi]
servicios (m pl) de auditoría	аудиторские услуги (ж мн)	[auditɔrskie uslúgi]

bar (m)	бар (м)	[bár]
bebidas (f pl) alcohólicas	спиртные напитки (м мн)	[spirtnīe napítki]
bolsa (f) de comercio	биржа (ж)	[bírʒa]

casino (m)	казино (c)	[kazinó]
centro (m) de negocios	бизнес-центр (м)	[bíznɛs-tsǽntr]
fábrica (f) de cerveza	пивоварня (ж)	[pivɔvárnʲa]
cine (m) (iremos al ~)	кинотеатр (м)	[kinɔteátr]
climatizadores (m pl)	кондиционеры (м мн)	[kɔnditsiɔnéri]
club (m) nocturno	ночной клуб (м)	[nɔtʃnój klúb]

comercio (m)	торговля (ж)	[tɔrgóvlʲa]
productos alimenticios	продукты (м мн) питания	[prɔdúkti pitánija]
compañía (f) aérea	авиакомпания (ж)	[avia·kɔmpánija]
construcción (f)	строительство (c)	[strɔítelʲstvɔ]
contabilidad (f)	бухгалтерские услуги (ж мн)	[buhgálterskie uslúgi]

| deporte (m) | спорт (м) | [spórt] |
| diseño (m) | дизайн (м) | [dizájn] |

editorial (f)	издательство (c)	[izdátelʲstvɔ]
escuela (f) de negocios	бизнес-школа (ж)	[bíznɛs-ʃkóla]
estomatología (f)	стоматология (ж)	[stɔmatɔlógija]

farmacia (f)	аптека (ж)	[aptéka]
industria (f) farmacéutica	фармацевтика (ж)	[farmatsǽftika]
funeraria (f)	похоронное бюро (c)	[pɔhɔrónnɔe bʲuró]
galería (f) de arte	арт-галерея (ж)	[art-galeréja]
helado (m)	мороженое (c)	[mɔróʒenɔe]
hotel (m)	гостиница (ж)	[gɔstínitsa]

| industria (f) | промышленность (ж) | [prɔmīʃlenɔstʲ] |
| industria (f) ligera | лёгкая промышленность (ж) | [lʲóhkaja prɔmīʃlenɔstʲ] |

inmueble (m)	недвижимость (ж)	[nedvíʒimɔstʲ]
internet (m), red (f)	интернет (м)	[intɛrnǽt]
inversiones (f pl)	инвестиции (ж мн)	[investítsii]
joyería (f)	ювелирные изделия (c мн)	[juvelírnie izdélija]

joyero (m)	ювелир (м)	[juvelír]
lavandería (f)	прачечная (ж)	[prátʃetʃnaja]
librería (f)	книжный магазин (м)	[kníʒnij magazín]
medicina (f)	медицина (ж)	[meditsína]
muebles (m pl)	мебель (ж)	[mébelʲ]
museo (m)	музей (м)	[muzéj]
negocio (m) bancario	банковский бизнес (м)	[bánkɔfskij bíznɛs]

periódico (m)	газета (ж)	[gazéta]
petróleo (m)	нефть (ж)	[néftʲ]
piscina (f)	бассейн (м)	[basǽjn]
poligrafía (f)	полиграфия (ж)	[pɔligrafíja]
publicidad (f)	реклама (ж)	[rekláma]

radio (f)	радио (c)	[rádiɔ]
recojo (m) de basura	вывоз (м) мусора	[vīvɔs músɔra]
restaurante (m)	ресторан (м)	[restɔrán]
revista (f)	журнал (м)	[ʒurnál]
ropa (f), vestido (m)	одежда (ж)	[ɔdéʒda]

salón (m) de belleza	салон (м) красоты	[salón krasɔtī]
seguro (m)	страхование (c)	[strahɔvánie]
servicio (m) de entrega	курьерская служба (ж)	[kurjérskaja slúʒba]
servicios (m pl) financieros	финансовые услуги (ж мн)	[finánsɔvie uslúgi]
supermercado (m)	супермаркет (м)	[supermárket]

taller (m)	ателье (c)	[atɛljé]
teatro (m)	театр (м)	[teátr]
televisión (f)	телевидение (c)	[televídenje]
tienda (f)	магазин (м)	[magazín]
tintorería (f)	химчистка (ж)	[himtʃístka]
servicios de transporte	перевозки (ж мн)	[perevóski]
turismo (m)	туризм (м)	[turízm]

venta (f) por catálogo	торговля (ж) по каталогу	[tɔrgóvlʲa pɔ katalógu]
veterinario (m)	ветеринар (м)	[veterinár]
consultoría (f)	консалтинг (м)	[kɔnsálting]

El trabajo. Los negocios. Unidad 2

exposición, feria (f)	выставка (ж)	[vīstafka]
feria (f) comercial	торговая выставка (ж)	[tɔrgóvaja vīstafka]

participación (f)	участие (c)	[utʃástie]
participar (vi)	участвовать (нсв, нпх)	[utʃástvɔvatʲ]
participante (m)	участник (м)	[utʃásnik]

director (m)	директор (м)	[diréktɔr]
dirección (f)	дирекция (ж)	[diréktsija]
organizador (m)	организатор (м)	[ɔrganizátɔr]
organizar (vt)	организовывать (нсв, пх)	[ɔrganizóvivatʲ]

solicitud (f) de participación	заявка (ж) на участие	[zajáfka na utʃástie]
rellenar (vt)	заполнить (св, пх)	[zapólnitʲ]
detalles (m pl)	детали (ж мн)	[detáli]
información (f)	информация (ж)	[infɔrmátsija]

precio (m)	цена (ж)	[tsɛná]
incluso	включая	[fklʲutʃája]
incluir (vt)	включать (нсв, пх)	[fklʲutʃátʲ]
pagar (vi, vt)	платить (нсв, н/пх)	[platítʲ]
cuota (f) de registro	регистрационный взнос (м)	[registratsiónij vznós]

entrada (f)	вход (м)	[fhód]
pabellón (m)	павильон (м)	[paviljón]
registrar (vt)	регистрировать (нсв, пх)	[registrírɔvatʲ]
tarjeta (f) de identificación	бэдж (м)	[bǽdʒ]

stand (m)	выставочный стенд (м)	[vīstavɔtʃnij stǽnd]
reservar (vt)	резервировать (н/св, пх)	[rezervírɔvatʲ]

vitrina (f)	витрина (ж)	[vitrína]
lámpara (f)	светильник (м)	[svetílʲnik]
diseño (m)	дизайн (м)	[dizájn]
poner (colocar)	располагать (нсв, пх)	[raspɔlagátʲ]
situarse (vr)	располагаться (нсв, возв)	[raspɔlagátsa]

distribuidor (m)	дистрибьютор (м)	[distribjútɔr]
proveedor (m)	поставщик (м)	[pɔstafʃík]
suministrar (vt)	поставлять (нсв, пх)	[pɔstavlʲátʲ]

país (m)	страна (ж)	[straná]
extranjero (adj)	иностранный	[inɔstránnij]
producto (m)	продукт (м)	[prɔdúkt]
asociación (f)	ассоциация (ж)	[asɔtsiátsija]

sala (f) de conferencias	конференц-зал (м)	[kɔnferénts-zál]
congreso (m)	конгресс (м)	[kɔngrés]
concurso (m)	конкурс (м)	[kónkurs]

visitante (m)	посетитель (м)	[pɔsetítelʲ]
visitar (vt)	посещать (нсв, пх)	[pɔseʃátʲ]
cliente (m)	заказчик (м)	[zakáʃik]

119. Los medios masivos

periódico (m)	газета (ж)	[gazéta]
revista (f)	журнал (м)	[ʒurnál]
prensa (f)	пресса (ж)	[présa]
radio (f)	радио (с)	[rádiɔ]
estación (f) de radio	радиостанция (ж)	[radiɔ·stántsija]
televisión (f)	телевидение (с)	[televídenje]

presentador (m)	ведущий (м)	[vedúʃij]
presentador (m) de noticias	диктор (м)	[díktɔr]
comentarista (m)	комментатор (м)	[kɔmentátɔr]

periodista (m)	журналист (м)	[ʒurnalíst]
corresponsal (m)	корреспондент (м)	[kɔrespɔndént]
corresponsal (m) fotográfico	фотокорреспондент (м)	[fɔtɔ·kɔrespɔndént]
reportero (m)	репортёр (м)	[repɔrtǿr]

| redactor (m) | редактор (м) | [redáktɔr] |
| redactor jefe (m) | главный редактор (м) | [glávnij redáktɔr] |

suscribirse (vr)	подписаться (св, возв)	[pɔtpisátsa]
suscripción (f)	подписка (ж)	[pɔtpíska]
suscriptor (m)	подписчик (м)	[pɔtpíʃik]
leer (vi, vt)	читать (нсв, н/пх)	[tʃitátʲ]
lector (m)	читатель (м)	[tʃitátelʲ]

tirada (f)	тираж (м)	[tiráʃ]
mensual (adj)	ежемесячный	[eʒemésɪtʃnij]
semanal (adj)	еженедельный	[eʒenedélʲnij]
número (m)	номер (м)	[nómer]
nuevo (~ número)	свежий	[svéʒij]

titular (m)	заголовок (м)	[zagɔlóvɔk]
noticia (f)	заметка (ж)	[zamétka]
columna (f)	рубрика (ж)	[rúbrika]
artículo (m)	статья (ж)	[statjá]
página (f)	страница (ж)	[stranítsa]

reportaje (m)	репортаж (м)	[repɔrtáʃ]
evento (m)	событие (с)	[sɔbĭtie]
sensación (f)	сенсация (ж)	[sensátsija]
escándalo (m)	скандал (м)	[skandál]
escandaloso (adj)	скандальный	[skandálʲnij]
gran (~ escándalo)	громкий	[grómkij]
emisión (f)	передача (ж)	[peredátʃa]

entrevista (f)	интервью (c)	[intɛrvjú]
transmisión (f) en vivo	прямая трансляция (ж)	[prɪmája translátsija]
canal (m)	канал (м)	[kanál]

120. La agricultura

agricultura (f)	сельское хозяйство (c)	[sélʲskɔe hɔzʲájstvɔ]
campesino (m)	крестьянин (м)	[krestjánin]
campesina (f)	крестьянка (ж)	[krestjánka]
granjero (m)	фермер (м)	[férmer]

| tractor (m) | трактор (м) | [tráktɔr] |
| cosechadora (f) | комбайн (м) | [kɔmbájn] |

arado (m)	плуг (м)	[plúg]
arar (vi, vt)	пахать (нсв, н/пх)	[pahátʲ]
labrado (m)	пашня (ж)	[páʃnʲa]
surco (m)	борозда (ж)	[bɔrɔzdá]

sembrar (vi, vt)	сеять (нсв, пх)	[séjatʲ]
sembradora (f)	сеялка (ж)	[séjalka]
siembra (f)	посев (м)	[pɔséf]

| guadaña (f) | коса (ж) | [kɔsá] |
| segar (vi, vt) | косить (нсв, н/пх) | [kɔsítʲ] |

| pala (f) | лопата (ж) | [lɔpáta] |
| layar (vt) | копать (нсв, пх) | [kɔpátʲ] |

azada (f)	тяпка (ж)	[tʲápka]
sachar, escardar	полоть (нсв, пх)	[pɔlótʲ]
mala hierba (f)	сорняк (м)	[sɔrnʲák]

regadera (f)	лейка (ж)	[léjka]
regar (plantas)	поливать (нсв, пх)	[pɔlivátʲ]
riego (m)	полив (м)	[pɔlíf]

| horquilla (f) | вилы (мн) | [víli] |
| rastrillo (m) | грабли (мн) | [grábli] |

fertilizante (m)	удобрение (c)	[udɔbrénie]
abonar (vt)	удобрять (нсв, пх)	[udɔbrʲátʲ]
estiércol (m)	навоз (м)	[navós]

campo (m)	поле (c)	[póle]
prado (m)	луг (м)	[lúg]
huerta (f)	огород (м)	[ɔgɔród]
jardín (m)	сад (м)	[sád]

pacer (vt)	пасти (нсв, пх)	[pastí]
pastor (m)	пастух (м)	[pastúh]
pastadero (m)	пастбище (c)	[pázbiʃe]
ganadería (f)	животноводство (c)	[ʒivɔtnɔvótstvɔ]
cría (f) de ovejas	овцеводство (c)	[ɔftsɛvótstvɔ]

109

plantación (f)	плантация (ж)	[plantátsija]
hilera (f) (~ de cebollas)	грядка (ж)	[grʲátka]
invernadero (m)	парник (м)	[parník]

| sequía (f) | засуха (ж) | [zásuha] |
| seco, árido (adj) | засушливый | [zasúʃlivij] |

grano (m)	зерно (c)	[zernó]
cereales (m pl)	зерновые (мн)	[zernɔvїje]
recolectar (vt)	убирать (нсв, пх)	[ubirátʲ]

molinero (m)	мельник (м)	[mélʲnik]
molino (m)	мельница (ж)	[mélʲnitsa]
moler (vt)	молоть (нсв, пх)	[mɔlótʲ]
harina (f)	мука (ж)	[muká]
paja (f)	солома (ж)	[sɔlóma]

121. La construcción. Los métodos de construcción

obra (f)	стройка (ж)	[strójka]
construir (vt)	строить (нсв, пх)	[stróitʲ]
albañil (m)	строитель (м)	[strɔítelʲ]

proyecto (m)	проект (м)	[prɔǽkt]
arquitecto (m)	архитектор (м)	[arhitéktɔr]
obrero (m)	рабочий (м)	[rabótʃij]

cimientos (m pl)	фундамент (м)	[fundáment]
techo (m)	крыша (ж)	[krїʃa]
pila (f) de cimentación	свая (ж)	[svája]
muro (m)	стена (ж)	[stená]

| armadura (f) | арматура (ж) | [armatúra] |
| andamio (m) | строительные леса (мн) | [strɔítelʲnie lesá] |

hormigón (m)	бетон (м)	[betón]
granito (m)	гранит (м)	[granít]
piedra (f)	камень (м)	[kámenʲ]
ladrillo (m)	кирпич (м)	[kirpítʃ]

arena (f)	песок (м)	[pesók]
cemento (m)	цемент (м)	[tsɛmént]
estuco (m)	штукатурка (ж)	[ʃtukatúrka]
estucar (vt)	штукатурить (нсв, пх)	[ʃtukatúritʲ]

pintura (f)	краска (ж)	[kráska]
pintar (las paredes)	красить (нсв, пх)	[krásitʲ]
barril (m)	бочка (ж)	[bótʃka]

grúa (f)	кран (м)	[krán]
levantar (vt)	поднимать (нсв, пх)	[pɔdnimátʲ]
bajar (vt)	опускать (нсв, пх)	[ɔpuskátʲ]
bulldózer (m)	бульдозер (м)	[bulʲdózer]
excavadora (f)	экскаватор (м)	[ɛkskavátɔr]

cuchara (f)	ковш (м)	[kóvʃ]
cavar (vt)	копать (нсв, пх)	[kɔpátʲ]
casco (m)	каска (ж)	[káska]

122. La ciencia. La investigación. Los científicos

ciencia (f)	наука (ж)	[naúka]
científico (adj)	научный	[naútʃnij]
científico (m)	учёный (м)	[utʃónij]
teoría (f)	теория (ж)	[teórija]

axioma (m)	аксиома (ж)	[aksióma]
análisis (m)	анализ (м)	[análís]
analizar (vt)	анализировать (нсв, пх)	[analizírɔvatʲ]
argumento (m)	аргумент (м)	[argumént]
sustancia (f) (materia)	вещество (с)	[veʃestvó]

hipótesis (f)	гипотеза (ж)	[gipóteza]
dilema (m)	дилемма (ж)	[diléma]
tesis (f) de grado	диссертация (ж)	[disertátsija]
dogma (m)	догма (ж)	[dógma]

doctrina (f)	доктрина (ж)	[dɔktrína]
investigación (f)	исследование (с)	[islédɔvanie]
investigar (vt)	исследовать (н/св, пх)	[islédɔvatʲ]
prueba (f)	контроль (м)	[kɔntrólʲ]
laboratorio (m)	лаборатория (ж)	[labɔratórija]

método (m)	метод (м)	[métɔd]
molécula (f)	молекула (ж)	[mɔlékula]
seguimiento (m)	мониторинг (м)	[mɔnitóring]
descubrimiento (m)	открытие (с)	[ɔtkrĩtie]

postulado (m)	постулат (м)	[pɔstulát]
principio (m)	принцип (м)	[príntsip]
pronóstico (m)	прогноз (м)	[prɔgnós]
pronosticar (vt)	прогнозировать (нсв, пх)	[prɔgnɔzírɔvatʲ]

síntesis (f)	синтез (м)	[síntɛs]
tendencia (f)	тенденция (ж)	[tɛndǽntsija]
teorema (m)	теорема (ж)	[teɔréma]

enseñanzas (f pl)	учение (с)	[utʃénie]
hecho (m)	факт (м)	[fákt]

expedición (f)	экспедиция (ж)	[ɛkspedítsija]
experimento (m)	эксперимент (м)	[ɛksperimént]

académico (m)	академик (м)	[akadémik]
bachiller (m)	бакалавр (м)	[bakalávr]
doctorado (m)	доктор (м)	[dóktɔr]
docente (m)	доцент (м)	[dɔtsǽnt]
Master (m) (~ en Letras)	магистр (м)	[magístr]
profesor (m)	профессор (м)	[prɔfésɔr]

Las profesiones y los oficios

123. La búsqueda de trabajo. El despido del trabajo

trabajo (m)	работа (ж)	[rabóta]
empleados (pl)	сотрудники (мн)	[sotrúdniki]
personal (m)	персонал (м)	[personál]
carrera (f)	карьера (ж)	[karjéra]
perspectiva (f)	перспектива (ж)	[perspektíva]
maestría (f)	мастерство (с)	[masterstvó]
selección (f)	подбор (м)	[podbór]
agencia (f) de empleo	кадровое агентство (с)	[kádrovoe agénstvo]
curriculum vitae (m)	резюме (с)	[rezʲumé]
entrevista (f)	собеседование (с)	[sobesédovanie]
vacancia (f)	вакансия (ж)	[vakánsija]
salario (m)	зарплата (ж)	[zarpláta]
salario (m) fijo	оклад (м)	[oklád]
remuneración (f)	оплата (ж)	[opláta]
puesto (m) (trabajo)	должность (ж)	[dólʒnostʲ]
deber (m)	обязанность (ж)	[obʲázanostʲ]
gama (f) de deberes	круг (м)	[krúg]
ocupado (adj)	занятой	[zanıtój]
despedir (vt)	уволить (св, пх)	[uvólitʲ]
despido (m)	увольнение (с)	[uvolʲnénie]
desempleo (m)	безработица (ж)	[bezrabótitsa]
desempleado (m)	безработный (м)	[bezrabótnij]
jubilación (f)	пенсия (ж)	[pénsija]
jubilarse	уйти на пенсию	[ujtí na pénsiju]

124. Los negociantes

director (m)	директор (м)	[diréktor]
gerente (m)	управляющий (м)	[upravlʲájuʃʲij]
jefe (m)	руководитель, шеф (м)	[rukovodítelʲ], [ʃæf]
superior (m)	начальник (м)	[natʃálʲnik]
superiores (m pl)	начальство (с)	[natʃálʲstvo]
presidente (m)	президент (м)	[prezidént]
presidente (m) (de compañía)	председатель (м)	[pretsedátelʲ]
adjunto (m)	заместитель (м)	[zamestítelʲ]
asistente (m)	помощник (м)	[pomóʃnik]

| secretario, -a (m, f) | секретарь (м) | [sekretárʲ] |
| secretario (m) particular | личный секретарь (м) | [líʧnij sekretárʲ] |

hombre (m) de negocios	бизнесмен (м)	[biznɛsmén]
emprendedor (m)	предприниматель (м)	[pretprinimátelʲ]
fundador (m)	основатель (м)	[ɔsnɔvátelʲ]
fundar (vt)	основать (св, пх)	[ɔsnɔvátʲ]

institutor (m)	учредитель (м)	[uʧredítelʲ]
compañero (m)	партнёр (м)	[partnǿr]
accionista (m)	акционер (м)	[aktsiɔnér]

millonario (m)	миллионер (м)	[miliɔnér]
multimillonario (m)	миллиардер (м)	[miliardér]
propietario (m)	владелец (м)	[vladélets]
terrateniente (m)	землевладелец (м)	[zemle·vladélets]

cliente (m)	клиент (м)	[kliént]
cliente (m) habitual	постоянный клиент (м)	[pɔstɔjánnij kliént]
comprador (m)	покупатель (м)	[pɔkupátelʲ]
visitante (m)	посетитель (м)	[pɔsetítelʲ]

profesional (m)	профессионал (м)	[prɔfesiɔnál]
experto (m)	эксперт (м)	[ɛkspért]
especialista (m)	специалист (м)	[spetsialíst]

| banquero (m) | банкир (м) | [bankír] |
| broker (m) | брокер (м) | [bróker] |

cajero (m)	кассир (м)	[kassír]
contable (m)	бухгалтер (м)	[buhgálter]
guardia (m) de seguridad	охранник (м)	[ɔhránnik]

inversionista (m)	инвестор (м)	[invéstɔr]
deudor (m)	должник (м)	[dɔlʒník]
acreedor (m)	кредитор (м)	[kreditór]
prestatario (m)	заёмщик (м)	[zajómʃʲik]

| importador (m) | импортёр (м) | [impɔrtǿr] |
| exportador (m) | экспортёр (м) | [ɛkspɔrtǿr] |

productor (m)	производитель (м)	[prɔizvɔdítelʲ]
distribuidor (m)	дистрибьютор (м)	[distribjútɔr]
intermediario (m)	посредник (м)	[pɔsrédnik]

asesor (m) (~ fiscal)	консультант (м)	[kɔnsulʲtánt]
representante (m)	представитель (м)	[pretstavítelʲ]
agente (m)	агент (м)	[agént]
agente (m) de seguros	страховой агент (м)	[strahɔvój agént]

125. Los trabajos de servicio

| cocinero (m) | повар (м) | [póvar] |
| jefe (m) de cocina | шеф-повар (м) | [ʃǽf-póvar] |

panadero (m)	пекарь (м)	[pékarʲ]
barman (m)	бармен (м)	[bármɛn]
camarero (m)	официант (м)	[ɔfitsiánt]
camarera (f)	официантка (ж)	[ɔfitsiántka]

abogado (m)	адвокат (м)	[advɔkát]
jurista (m)	юрист (м)	[juríst]
notario (m)	нотариус (м)	[nɔtárius]

electricista (m)	электрик (м)	[ɛléktrik]
fontanero (m)	сантехник (м)	[santéhnik]
carpintero (m)	плотник (м)	[plótnik]

masajista (m)	массажист (м)	[masaʒīst]
masajista (f)	массажистка (ж)	[masaʒīstka]
médico (m)	врач (м)	[vrátʃ]

taxista (m)	таксист (м)	[taksíst]
chófer (m)	шофёр (м)	[ʃɔfǿr]
repartidor (m)	курьер (м)	[kurjér]

camarera (f)	горничная (ж)	[górnitʃnaja]
guardia (m) de seguridad	охранник (м)	[ɔhránnik]
azafata (f)	стюардесса (ж)	[stʲuardǽsa]

profesor (m) (~ de baile, etc.)	учитель (м)	[utʃítelʲ]
bibliotecario (m)	библиотекарь (м)	[bibliɔtékarʲ]
traductor (m)	переводчик (м)	[perevóttʃik]
intérprete (m)	переводчик (м)	[perevóttʃik]
guía (m)	гид (м)	[gíd]

peluquero (m)	парикмахер (м)	[parikmáher]
cartero (m)	почтальон (м)	[pɔtʃtaljón]
vendedor (m)	продавец (м)	[prɔdavéts]

jardinero (m)	садовник (м)	[sadóvnik]
servidor (m)	слуга (ж)	[slugá]
criada (f)	служанка (ж)	[sluʒánka]
mujer (f) de la limpieza	уборщица (ж)	[ubórʃitsa]

126. La profesión militar y los rangos

soldado (m) raso	рядовой (м)	[rɪdɔvój]
sargento (m)	сержант (м)	[serʒánt]
teniente (m)	лейтенант (м)	[lejtenánt]
capitán (m)	капитан (м)	[kapitán]

mayor (m)	майор (м)	[majór]
coronel (m)	полковник (м)	[pɔlkóvnik]
general (m)	генерал (м)	[generál]
mariscal (m)	маршал (м)	[márʃal]
almirante (m)	адмирал (м)	[admirál]
militar (m)	военный (м)	[vɔénnij]
soldado (m)	солдат (м)	[sɔldát]

| oficial (m) | офицер (м) | [ɔfitsǽr] |
| comandante (m) | командир (м) | [kɔmandír] |

guardafronteras (m)	пограничник (м)	[pɔgranítʃnik]
radio-operador (m)	радист (м)	[radíst]
explorador (m)	разведчик (м)	[razvéttʃik]
zapador (m)	сапёр (м)	[sapǿr]
tirador (m)	стрелок (м)	[strelók]
navegador (m)	штурман (м)	[ʃtúrman]

127. Los oficiales. Los sacerdotes

| rey (m) | король (м) | [kɔrólʲ] |
| reina (f) | королева (ж) | [kɔrɔléva] |

| príncipe (m) | принц (м) | [prínts] |
| princesa (f) | принцесса (ж) | [printsǽsa] |

| zar (m) | царь (м) | [tsárʲ] |
| zarina (f) | царица (ж) | [tsarítsa] |

presidente (m)	президент (м)	[prezidént]
ministro (m)	министр (м)	[minístr]
primer ministro (m)	премьер-министр (м)	[premjér-minístr]
senador (m)	сенатор (м)	[senátɔr]

diplomático (m)	дипломат (м)	[diplɔmát]
cónsul (m)	консул (м)	[kónsul]
embajador (m)	посол (м)	[pɔsól]
consejero (m)	советник (м)	[sɔvétnik]

funcionario (m)	чиновник (м)	[tʃinóvnik]
prefecto (m)	префект (м)	[prefékt]
alcalde (m)	мэр (м)	[mǽr]

| juez (m) | судья (ж) | [sudjá] |
| fiscal (m) | прокурор (м) | [prɔkurór] |

misionero (m)	миссионер (м)	[misiɔnér]
monje (m)	монах (м)	[mɔnáh]
abad (m)	аббат (м)	[abát]
rabino (m)	раввин (м)	[ravín]

visir (m)	визирь (м)	[vizírʲ]
sha (m), shah (m)	шах (м)	[ʃáh]
jeque (m)	шейх (м)	[ʃǽjh]

128. Las profesiones agrícolas

apicultor (m)	пчеловод (м)	[ptʃelɔvód]
pastor (m)	пастух (м)	[pastúh]
agrónomo (m)	агроном (м)	[agrɔnóm]

| ganadero (m) | животновод (м) | [ʒivɔtnɔvód] |
| veterinario (m) | ветеринар (м) | [veterinár] |

granjero (m)	фермер (м)	[férmer]
vinicultor (m)	винодел (м)	[vinɔdél]
zoólogo (m)	зоолог (м)	[zɔólɔg]
cowboy (m)	ковбой (м)	[kɔvbój]

129. Las profesiones artísticas

| actor (m) | актёр (м) | [aktǿr] |
| actriz (f) | актриса (ж) | [aktrísa] |

| cantante (m) | певец (м) | [pevéts] |
| cantante (f) | певица (ж) | [pevítsa] |

| bailarín (m) | танцор (м) | [tantsór] |
| bailarina (f) | танцовщица (ж) | [tantsóffitsa] |

| artista (m) | артист (м) | [artíst] |
| artista (f) | артистка (ж) | [artístka] |

músico (m)	музыкант (м)	[muzikánt]
pianista (m)	пианист (м)	[pianíst]
guitarrista (m)	гитарист (м)	[gitaríst]

director (m) de orquesta	дирижёр (м)	[diriʒór]
compositor (m)	композитор (м)	[kɔmpɔzítɔr]
empresario (m)	импресарио (м)	[impresáriɔ]

director (m) de cine	режиссёр (м)	[reʒisǿr]
productor (m)	продюсер (м)	[prɔdʲúsɛr]
guionista (m)	сценарист (м)	[stsɛnaríst]
crítico (m)	критик (м)	[krítik]

escritor (m)	писатель (м)	[pisátelʲ]
poeta (m)	поэт (м)	[pɔǽt]
escultor (m)	скульптор (м)	[skúlʲptɔr]
pintor (m)	художник (м)	[hudóʒnik]

malabarista (m)	жонглёр (м)	[ʒɔnglǿr]
payaso (m)	клоун (м)	[klóun]
acróbata (m)	акробат (м)	[akrɔbát]
ilusionista (m)	фокусник (м)	[fókusnik]

130. Profesiones diversas

médico (m)	врач (м)	[vrátʃ]
enfermera (f)	медсестра (ж)	[metsestrá]
psiquiatra (m)	психиатр (м)	[psihiátr]
estomatólogo (m)	стоматолог (м)	[stɔmatólɔg]
cirujano (m)	хирург (м)	[hirúrg]

| astronauta (m) | астронавт (м) | [astronávt] |
| astrónomo (m) | астроном (м) | [astronóm] |

conductor (m) (chófer)	водитель (м)	[vodítelʲ]
maquinista (m)	машинист (м)	[maʃiníst]
mecánico (m)	механик (м)	[mehánik]

minero (m)	шахтёр (м)	[ʃahtǿr]
obrero (m)	рабочий (м)	[rabótʃij]
cerrajero (m)	слесарь (м)	[slésarʲ]
carpintero (m)	столяр (м)	[stolʲár]
tornero (m)	токарь (м)	[tókarʲ]
albañil (m)	строитель (м)	[stroítelʲ]
soldador (m)	сварщик (м)	[svárʃik]

profesor (m) (título)	профессор (м)	[profésor]
arquitecto (m)	архитектор (м)	[arhitéktor]
historiador (m)	историк (м)	[istórik]
científico (m)	учёный (м)	[utʃónij]
físico (m)	физик (м)	[fízik]
químico (m)	химик (м)	[hímik]

arqueólogo (m)	археолог (м)	[arheólog]
geólogo (m)	геолог (м)	[geólog]
investigador (m)	исследователь (м)	[islédovatelʲ]

| niñera (f) | няня (ж) | [nʲánʲa] |
| pedagogo (m) | учитель (м) | [utʃítelʲ] |

redactor (m)	редактор (м)	[redáktor]
redactor jefe (m)	главный редактор (м)	[glávnij redáktor]
corresponsal (m)	корреспондент (м)	[korespondént]
mecanógrafa (f)	машинистка (ж)	[maʃinístka]

| diseñador (m) | дизайнер (м) | [dizájner] |
| especialista (m) en ordenadores | компьютерщик (м) | [kompjútɛrʃik] |

| programador (m) | программист (м) | [programíst] |
| ingeniero (m) | инженер (м) | [inʒenér] |

marino (m)	моряк (м)	[morʲák]
marinero (m)	матрос (м)	[matrós]
socorrista (m)	спасатель (м)	[spasátelʲ]

bombero (m)	пожарный (м)	[poʒárnij]
policía (m)	полицейский (м)	[politsǽjskij]
vigilante (m) nocturno	сторож (м)	[stóroʃ]
detective (m)	сыщик (м)	[sɨʃik]

aduanero (m)	таможенник (м)	[tamóʒenik]
guardaespaldas (m)	телохранитель (м)	[telohranítelʲ]
guardia (m) de prisiones	охранник (м)	[ohránnik]
inspector (m)	инспектор (м)	[inspéktor]

| deportista (m) | спортсмен (м) | [sportsmén] |
| entrenador (m) | тренер (м) | [tréner] |

carnicero (m)	мясник (м)	[mısník]
zapatero (m)	сапожник (м)	[sapóʒnik]
comerciante (m)	коммерсант (м)	[kɔmersánt]
cargador (m)	грузчик (м)	[grúʃik]
diseñador (m) de modas	модельер (м)	[mɔdɛljér]
modelo (f)	модель (ж)	[mɔdǽlʲ]

131. Los trabajos. El estatus social

escolar (m)	школьник (м)	[ʃkólʲnik]
estudiante (m)	студент (м)	[studént]
filósofo (m)	философ (м)	[filósɔf]
economista (m)	экономист (м)	[ɛkɔnɔmíst]
inventor (m)	изобретатель (м)	[izɔbretátelʲ]
desempleado (m)	безработный (м)	[bezrabótnij]
jubilado (m)	пенсионер (м)	[pensiɔnér]
espía (m)	шпион (м)	[ʃpión]
prisionero (m)	заключённый (м)	[zaklʲutʃónnij]
huelguista (m)	забастовщик (м)	[zabastófʃik]
burócrata (m)	бюрократ (м)	[bʲurɔkrát]
viajero (m)	путешественник (м)	[puteʃǽstvenik]
homosexual (m)	гомосексуалист (м)	[gɔmɔ·sɛksualíst]
hacker (m)	хакер (м)	[háker]
hippie (m)	хиппи (м)	[híppi]
bandido (m)	бандит (м)	[bandít]
sicario (m)	наёмный убийца (м)	[najómnij ubíjtsa]
drogadicto (m)	наркоман (м)	[narkɔmán]
narcotraficante (m)	торговец (м) наркотиками	[tɔrgóvets narkótikami]
prostituta (f)	проститутка (ж)	[prɔstitútka]
chulo (m), proxeneta (m)	сутенёр (м)	[sutenǿr]
brujo (m)	колдун (м)	[kɔldún]
bruja (f)	колдунья (ж)	[kɔldúnja]
pirata (m)	пират (м)	[pirát]
esclavo (m)	раб (м)	[ráb]
samurai (m)	самурай (м)	[samuráj]
salvaje (m)	дикарь (м)	[dikárʲ]

Los deportes

deportista (m)	спортсмен (м)	[sportsmén]
tipo (m) de deporte	вид (м) спорта	[víd spórta]
baloncesto (m)	баскетбол (м)	[basketból]
baloncestista (m)	баскетболист (м)	[basketbolíst]
béisbol (m)	бейсбол (м)	[bejzból]
beisbolista (m)	бейсболист (м)	[bejzbolíst]
fútbol (m)	футбол (м)	[futból]
futbolista (m)	футболист (м)	[futbolíst]
portero (m)	вратарь (м)	[vratárʲ]
hockey (m)	хоккей (м)	[hokéj]
jugador (m) de hockey	хоккеист (м)	[hokeíst]
voleibol (m)	волейбол (м)	[volejból]
voleibolista (m)	волейболист (м)	[volejbolíst]
boxeo (m)	бокс (м)	[bóks]
boxeador (m)	боксёр (м)	[boksǿr]
lucha (f)	борьба (ж)	[borʲbá]
luchador (m)	борец (м)	[boréts]
kárate (m)	карате (с)	[karatǽ]
karateka (m)	каратист (м)	[karatíst]
judo (m)	дзюдо (с)	[dzʲudó]
judoka (m)	дзюдоист (м)	[dzʲudoíst]
tenis (m)	теннис (м)	[tǽnis]
tenista (m)	теннисист (м)	[tɛnisíst]
natación (f)	плавание (с)	[plávanie]
nadador (m)	пловец (м)	[plovéts]
esgrima (f)	фехтование (с)	[fehtovánie]
esgrimidor (m)	фехтовальщик (м)	[fehtoválʲʃik]
ajedrez (m)	шахматы (мн)	[ʃáhmati]
ajedrecista (m)	шахматист (м)	[ʃahmatíst]
alpinismo (m)	альпинизм (м)	[alʲpinízm]
alpinista (m)	альпинист (м)	[alʲpiníst]
carrera (f)	бег (м)	[bég]

corredor (m)	бегун (м)	[begún]
atletismo (m)	лёгкая атлетика (ж)	[ĺɵhkaja atlétika]
atleta (m)	атлет (м)	[atlét]

| deporte (m) hípico | конный спорт (м) | [kónnij spórt] |
| jinete (m) | наездник (м) | [naéznik] |

patinaje (m) artístico	фигурное катание (c)	[figúrnɔe katánie]
patinador (m)	фигурист (м)	[figuríst]
patinadora (f)	фигуристка (ж)	[figurístka]

| levantamiento (m) de pesas | тяжёлая атлетика (ж) | [tɪʒólaja atlétika] |
| levantador (m) de pesos | штангист (м) | [ʃtangíst] |

| carreras (f pl) de coches | автогонки (ж мн) | [aftɔ·gónki] |
| piloto (m) de carreras | гонщик (м) | [gónʃik] |

| ciclismo (m) | велоспорт (м) | [velɔspórt] |
| ciclista (m) | велосипедист (м) | [velɔsipedíst] |

salto (m) de longitud	прыжки (м мн) в длину	[priʃkí v dlinú]
salto (m) con pértiga	прыжки (м мн) с шестом	[priʃkí s ʃɛstóm]
saltador (m)	прыгун (м)	[prigún]

133. Tipos de deportes. Miscelánea

fútbol (m) americano	американский футбол (м)	[amerikánskij futból]
bádminton (m)	бадминтон (м)	[badmintón]
biatlón (m)	биатлон (м)	[biatlón]
billar (m)	бильярд (м)	[biljárd]

bobsleigh (m)	бобслей (м)	[bɔbsléj]
culturismo (m)	бодибилдинг (м)	[bɔdibílding]
waterpolo (m)	водное поло (c)	[vódnɔe pólɔ]
balonmano (m)	гандбол (м)	[ganból]
golf (m)	гольф (м)	[gólʲf]

remo (m)	гребля (ж)	[gréblʲa]
buceo (m)	дайвинг (м)	[dájving]
esquí (m) de fondo	лыжные гонки (ж мн)	[lĩʒnie gónki]
tenis (m) de mesa	настольный теннис (м)	[nastólʲnij tǽnis]

vela (f)	парусный спорт (м)	[párusnij spórt]
rally (m)	ралли (c)	[ráli]
rugby (m)	регби (c)	[rǽgbi]
snowboarding (m)	сноуборд (м)	[snɔubórd]
tiro (m) con arco	стрельба (ж) из лука	[strelʲbá iz lúka]

134. El gimnasio

| barra (f) de pesas | штанга (ж) | [ʃtánga] |
| pesas (f pl) | гантели (ж мн) | [gantéli] |

aparato (m) de ejercicios	тренажёр (м)	[trenaʒór]
bicicleta (f) estática	велотренажёр (м)	[velo·trenaʒór]
cinta (f) de correr	беговая дорожка (ж)	[begɔvája dɔróʃka]
barra (f) fija	перекладина (ж)	[perekládina]
barras (f pl) paralelas	брусья (мн)	[brúsja]
potro (m)	конь (м)	[kónʲ]
colchoneta (f)	мат (м)	[mát]
comba (f)	скакалка (ж)	[skakálka]
aeróbica (f)	аэробика (ж)	[aɛróbika]
yoga (m)	йога (ж)	[jóga]

135. El hóckey

hockey (m)	хоккей (м)	[hɔkéj]
jugador (m) de hockey	хоккеист (м)	[hɔkeíst]
jugar al hockey	играть в хоккей	[igrátʲ f hɔkéj]
hielo (m)	лёд (м)	[lʲǿd]
disco (m)	шайба (ж)	[ʃájba]
palo (m) de hockey	клюшка (ж)	[klʲúʃka]
patines (m pl)	коньки (м мн)	[kɔnʲkí]
muro (m)	борт (м)	[bórt]
tiro (m)	бросок (м)	[brɔsók]
portero (m)	вратарь (м)	[vratárʲ]
gol (m)	гол (м)	[gól]
marcar un gol	забить гол	[zabítʲ gól]
período (m)	период (м)	[períud]
segundo período (m)	2-й период	[ftɔrój períud]
banquillo (m) de reserva	скамейка (ж) запасных	[skaméjka zapasnɨ́h]

136. El fútbol

fútbol (m)	футбол (м)	[futból]
futbolista (m)	футболист (м)	[futbɔlíst]
jugar al fútbol	играть в футбол	[igrátʲ f futból]
liga (f) superior	высшая лига (ж)	[vɨ́sʃaja líga]
club (m) de fútbol	футбольный клуб (м)	[futbólʲnij klúb]
entrenador (m)	тренер (м)	[tréner]
propietario (m)	владелец (м)	[vladélets]
equipo (m)	команда (ж)	[kɔmánda]
capitán (m) del equipo	капитан (м) команды	[kapitán kɔmándi]
jugador (m)	игрок (м)	[igrók]
reserva (m)	запасной игрок (м)	[zapasnój igrók]
delantero (m)	нападающий (м)	[napadájuʃʲij]
delantero centro (m)	центральный нападающий (м)	[tsɛntrálʲnij napadájuʃʲij]

121

goleador (m)	бомбардир (м)	[bɔmbardír]
defensa (m)	защитник (м)	[zaʃítnik]
medio (m)	полузащитник (м)	[poluzaʃítnik]

match (m)	матч (м)	[mátʧ]
encontrarse (vr)	встречаться (нсв, возв)	[fstretʃátsa]
final (m)	финал (м)	[finál]
semifinal (f)	полуфинал (м)	[polu·finál]
campeonato (m)	чемпионат (м)	[ʧempiɔnát]

tiempo (m)	тайм (м)	[tájm]
primer tiempo (m)	1-й тайм (м)	[pérvij tájm]
descanso (m)	перерыв (м)	[pereríf]

puerta (f)	ворота (мн)	[vɔróta]
portero (m)	вратарь (м)	[vratárʲ]
poste (m)	штанга (ж)	[ʃtánga]
larguero (m)	перекладина (ж)	[perekládina]
red (f)	сетка (ж)	[sétka]
recibir un gol	пропустить гол	[prɔpustítʲ gól]

balón (m)	мяч (м)	[mʲátʃ]
pase (m)	пас, передача (ж)	[pás], [peredátʃa]
tiro (m)	удар (м)	[udár]
lanzar un tiro	нанести удар	[nanestí udár]
tiro (m) de castigo	штрафной удар (м)	[ʃtrafnój udár]
saque (m) de esquina	угловой удар (м)	[uglɔvój udár]

ataque (m)	атака (ж)	[atáka]
contraataque (m)	контратака (ж)	[kɔntratáka]
combinación (f)	комбинация (ж)	[kɔmbinátsija]

árbitro (m)	арбитр (м)	[arbítr]
silbar (vi)	свистеть (нсв, нпх)	[svistétʲ]
silbato (m)	свисток (м)	[svistók]
infracción (f)	нарушение (с)	[naruʃǽnie]
cometer una infracción	нарушить (св, пх)	[narúʃitʲ]
expulsar del campo	удалить с поля	[udalítʲ s pólʲa]

tarjeta (f) amarilla	жёлтая карточка (ж)	[ʒóltaja kártɔtʃka]
tarjeta (f) roja	красная карточка (ж)	[krásnaja kártɔtʃka]
descalificación (f)	дисквалификация (ж)	[diskvalifikátsija]
descalificar (vt)	дисквалифицировать (нсв, пх)	[diskvalifitsīrɔvatʲ]

penalti (m)	пенальти (м)	[penálʲti]
barrera (f)	стенка (ж)	[sténka]
meter un gol	забить (св, н/пх)	[zabítʲ]
gol (m)	гол (м)	[gól]
marcar un gol	забить гол	[zabítʲ gól]

reemplazo (m)	замена (ж)	[zaména]
reemplazar (vt)	заменить (св, пх)	[zamenítʲ]
reglas (f pl)	правила (с мн)	[právila]
táctica (f)	тактика (ж)	[táktika]
estadio (m)	стадион (м)	[stadión]

graderia (f)	трибуна (ж)	[tribúna]
hincha (m)	болельщик (м)	[bɔlélʲʃʲik]
gritar (vi)	кричать (нсв, нпх)	[kritʃátʲ]

| tablero (m) | табло (c) | [tabló] |
| tanteo (m) | счёт (м) | [ʃʲ́ɵt] |

derrota (f)	поражение (c)	[pɔraʒǽnie]
perder (vi)	проиграть (св, нпх)	[prɔigrátʲ]
empate (m)	ничья (ж)	[nitʃjá]
empatar (vi)	сыграть вничью	[sigrátʲ vnitʃjú]

victoria (f)	победа (ж)	[pɔbéda]
ganar (vi)	победить (св, н/пх)	[pɔbedítʲ]
campeón (m)	чемпион (м)	[tʃempión]
mejor (adj)	лучший	[lútʃʃij]
felicitar (vt)	поздравлять (нсв, пх)	[pɔzdravlʲátʲ]

comentarista (m)	комментатор (м)	[kɔmentátɔr]
comentar (vt)	комментировать (нсв, пх)	[kɔmentírɔvatʲ]
transmisión (f)	трансляция (ж)	[translʲátsija]

137. El esquí

esquís (m pl)	лыжи (ж мн)	[lʲíʒi]
esquiar (vi)	кататься на лыжах	[katátsa na lʲʒah]
estación (f) de esquí	горнолыжный курорт (м)	[gɔrnɔlʲʒnij kurórt]
telesquí (m)	подъёмник (м)	[pɔdjómnik]

bastones (m pl)	палки (ж мн)	[pálki]
cuesta (f)	склон (м)	[sklón]
eslalon (m)	слалом (м)	[slálɔm]

138. El tenis. El golf

golf (m)	гольф (м)	[gólʲf]
club (m) de golf	гольф-клуб (м)	[gólʲf-klúb]
jugador (m) de golf	игрок в гольф (м)	[igrók v gólʲf]

hoyo (m)	лунка (ж)	[lúnka]
palo (m)	клюшка (ж)	[klʲúʃka]
carro (m) de golf	тележка (ж) для клюшек	[teléʃka dlʲa klʲúʃɛk]

| tenis (m) | теннис (м) | [tǽnis] |
| cancha (f) de tenis | корт (м) | [kórt] |

| saque (m) | подача (ж) | [pɔdátʃa] |
| sacar (servir) | подавать (нсв, пх) | [pɔdavátʲ] |

raqueta (f)	ракетка (ж)	[rakétka]
red (f)	сетка (ж)	[sétka]
pelota (f)	мяч (м)	[mʲátʃ]

123

139. El ajedrez

ajedrez (m)	шахматы (мн)	[ʃáhmati]
piezas (f pl)	шахматы (мн)	[ʃáhmati]
ajedrecista (m)	шахматист (м)	[ʃahmatíst]
tablero (m) de ajedrez	шахматная доска (ж)	[ʃáhmatnaja dɔská]
pieza (f)	фигура (ж)	[figúra]

blancas (f pl)	белые (мн)	[bélie]
negras (f pl)	чёрные (мн)	[ʧórnie]

peón (m)	пешка (ж)	[péʃka]
alfil (m)	слон (м)	[slón]
caballo (m)	конь (м)	[kónʲ]
torre (f)	ладья (ж)	[ladjá]
reina (f)	ферзь (м)	[fʲérsʲ]
rey (m)	король (м)	[kɔrólʲ]

jugada (f)	ход (м)	[hód]
jugar (mover una pieza)	ходить (нсв, нпх)	[hɔdítʲ]
sacrificar (vt)	пожертвовать (св, пх)	[pɔʒǽrtvɔvatʲ]
enroque (m)	рокировка (ж)	[rɔkirófka]
jaque (m)	шах (м)	[ʃáh]
mate (m)	мат (м)	[mát]

torneo (m) de ajedrez	шахматный турнир (м)	[ʃáhmatnij turnír]
gran maestro (m)	гроссмейстер (м)	[grɔsméjster]
combinación (f)	комбинация (ж)	[kɔmbinátsija]
partida (f)	партия (ж)	[pártija]
damas (f pl)	шашки (ж мн)	[ʃáʃki]

140. El boxeo

boxeo (m)	бокс (м)	[bóks]
combate (m) (~ de boxeo)	бой (м)	[bój]
pelea (f) de boxeo	поединок (м)	[pɔedínɔk]
asalto (m)	раунд (м)	[ráund]

cuadrilátero (m)	ринг (м)	[ríng]
gong (m)	гонг (м)	[góng]

golpe (m)	удар (м)	[udár]
knockdown (m)	нокдаун (м)	[nɔkdáun]

nocaut (m)	нокаут (м)	[nɔkáut]
noquear (vt)	нокаутировать (св, пх)	[nɔkautírɔvatʲ]

guante (m) de boxeo	боксёрская перчатка (ж)	[bɔksǿrskaja perʧátka]
árbitro (m)	рефери (м)	[réferi]

peso (m) ligero	лёгкий вес (м)	[lǿhkij vés]
peso (m) medio	средний вес (м)	[srédnij vés]
peso (m) pesado	тяжёлый вес (м)	[tɪʒólij vés]

141. Los deportes. Miscelánea

Juegos (m pl) Olímpicos	Олимпийские игры (ж мн)	[ɔlimpíjskie ígri]
vencedor (m)	победитель (м)	[pɔbedítelʲ]
vencer (vi)	побеждать (нсв, нпх)	[pɔbeʒdátʲ]
ganar (vi)	выиграть (св, нпх)	[vĩígratʲ]
líder (m)	лидер (м)	[líder]
llevar la delantera	лидировать (нсв, нпх)	[lidírɔvatʲ]
primer puesto (m)	первое место (с)	[pérvɔe méstɔ]
segundo puesto (m)	второе место (с)	[ftɔróe méstɔ]
tercer puesto (m)	третье место (с)	[trétje méstɔ]
medalla (f)	медаль (ж)	[medálʲ]
trofeo (m)	трофей (м)	[trɔféj]
copa (f) (trofeo)	кубок (м)	[kúbɔk]
premio (m)	приз (м)	[prís]
premio (m) principal	главный приз (м)	[glávnij prís]
record (m)	рекорд (м)	[rekórd]
establecer un record	ставить рекорд	[stávitʲ rekórd]
final (m)	финал (м)	[finál]
de final (adj)	финальный	[finálʲnij]
campeón (m)	чемпион (м)	[ʧempión]
campeonato (m)	чемпионат (м)	[ʧempiɔnát]
estadio (m)	стадион (м)	[stadión]
gradería (f)	трибуна (ж)	[tribúna]
hincha (m)	болельщик (м)	[bɔlélʲʃik]
adversario (m)	противник (м)	[prɔtívnik]
arrancadero (m)	старт (м)	[stárt]
línea (f) de meta	финиш (м)	[fíniʃ]
derrota (f)	поражение (с)	[pɔraʒǽnie]
perder (vi)	проиграть (св, нпх)	[prɔigrátʲ]
árbitro (m)	судья (ж)	[sudjá]
jurado (m)	жюри (с)	[ʒurí]
cuenta (f)	счёт (м)	[ʃǿt]
empate (m)	ничья (ж)	[niʧjá]
empatar (vi)	сыграть вничью	[sigrátʲ vniʧjú]
punto (m)	очко (с)	[ɔʧkó]
resultado (m)	результат (м)	[rezulʲtát]
descanso (m)	перерыв (м)	[pererĩʃ]
droga (f), doping (m)	допинг (м)	[dóping]
penalizar (vt)	штрафовать (нсв, пх)	[ʃtrafɔvátʲ]
descalificar (vt)	дисквалифицировать (нсв, пх)	[diskvalifitsĩrɔvatʲ]
aparato (m)	снаряд (м)	[snarʲád]
jabalina (f)	копьё (с)	[kɔpjǿ]

125

| peso (m) (lanzamiento de ~) | ядро (c) | [jɪdró] |
| bola (f) (billar, etc.) | шар (м) | [ʃár] |

objetivo (m)	цель (ж)	[tsǽlʲ]
blanco (m)	мишень (ж)	[miʃǽnʲ]
tirar (vi)	стрелять (нсв, нпх)	[strelʲátʲ]
preciso (~ disparo)	точный	[tótʃnij]

entrenador (m)	тренер (м)	[tréner]
entrenar (vt)	тренировать (нсв, пх)	[trenirɔvátʲ]
entrenarse (vr)	тренироваться (нсв, возв)	[trenirɔvátsa]
entrenamiento (m)	тренировка (ж)	[trenirófka]

gimnasio (m)	спортзал (м)	[spɔrtzál]
ejercicio (m)	упражнение (c)	[upraʒnénie]
calentamiento (m)	разминка (ж)	[razmínka]

La educación

142. La escuela

| escuela (f) | школа (ж) | [ʃkóla] |
| director (m) de escuela | директор (м) школы | [diréktɔr ʃkóli] |

alumno (m)	ученик (м)	[utʃeník]
alumna (f)	ученица (ж)	[utʃenítsa]
escolar (m)	школьник (м)	[ʃkólʲnik]
escolar (f)	школьница (ж)	[ʃkólʲnitsa]

enseñar (vt)	учить (нсв, пх)	[utʃítʲ]
aprender (ingles, etc.)	учить (нсв, пх)	[utʃítʲ]
aprender de memoria	учить наизусть	[utʃítʲ naizústʲ]

aprender (a leer, etc.)	учиться (нсв, возв)	[utʃítsa]
estar en la escuela	учиться (нсв, возв)	[utʃítsa]
ir a la escuela	идти в школу	[itʲtí f ʃkólu]

| alfabeto (m) | алфавит (м) | [alfavít] |
| materia (f) | предмет (м) | [predmét] |

clase (f), aula (f)	класс (м)	[klás]
lección (f)	урок (м)	[urók]
recreo (m)	перемена (ж)	[pereména]
campana (f)	звонок (м)	[zvɔnók]
pupitre (m)	парта (ж)	[párta]
pizarra (f)	доска (ж)	[dɔská]

nota (f)	отметка (ж)	[ɔtmétka]
buena nota (f)	хорошая отметка (ж)	[hɔróʃaja ɔtmétka]
mala nota (f)	плохая отметка (ж)	[plɔhája ɔtmétka]
poner una nota	ставить отметку	[stávitʲ ɔtmétku]

falta (f)	ошибка (ж)	[ɔʃípka]
hacer faltas	делать ошибки	[délatʲ ɔʃípki]
corregir (un error)	исправлять (нсв, пх)	[ispravlʲátʲ]
chuleta (f)	шпаргалка (ж)	[ʃpargálka]

| deberes (m pl) de casa | домашнее задание (с) | [dɔmáʃnee zadánie] |
| ejercicio (m) | упражнение (с) | [upraʒnénie] |

estar presente	присутствовать (нсв, нпх)	[prisútstvɔvatʲ]
estar ausente	отсутствовать (нсв, нпх)	[ɔtsútstvɔvatʲ]
faltar a las clases	пропускать уроки	[prɔpuskátʲ uróki]

castigar (vt)	наказывать (нсв, пх)	[nakázivatʲ]
castigo (m)	наказание (с)	[nakazánie]
conducta (f)	поведение (с)	[pɔvedénie]

127

libreta (f) de notas	дневник (м)	[dnevník]
lápiz (f)	карандаш (м)	[karandáʃ]
goma (f) de borrar	ластик (м)	[lástik]
tiza (f)	мел (м)	[mél]
cartuchera (f)	пенал (м)	[penál]

mochila (f)	портфель (м)	[pɔrtfélʲ]
bolígrafo (m)	ручка (ж)	[rútʃka]
cuaderno (m)	тетрадь (ж)	[tetrátʲ]
manual (m)	учебник (м)	[utʃébnik]
compás (m)	циркуль (м)	[ʦírkulʲ]

trazar (vi, vt)	чертить (нсв, пх)	[tʃertítʲ]
dibujo (m) técnico	чертёж (м)	[tʃertǿʃ]

poema (m), poesía (f)	стихотворение (с)	[stihɔtvɔrénie]
de memoria (adv)	наизусть	[naizústʲ]
aprender de memoria	учить наизусть	[utʃítʲ naizústʲ]

vacaciones (f pl)	каникулы (мн)	[kaníkuli]
estar de vacaciones	быть на каникулах	[bɪtʲ na kaníkulah]
pasar las vacaciones	провести каникулы	[prɔvestí kaníkuli]

prueba (f) escrita	контрольная работа (ж)	[kɔntrólʲnaja rabóta]
composición (f)	сочинение (с)	[sɔtʃinénie]
dictado (m)	диктант (м)	[diktánt]
examen (m)	экзамен (м)	[ɛkzámen]
hacer un examen	сдавать экзамены	[zdavátʲ ɛkzámeni]
experimento (m)	опыт (м)	[ópit]

143. Los institutos. La Universidad

academia (f)	академия (ж)	[akadémija]
universidad (f)	университет (м)	[universitét]
facultad (f)	факультет (м)	[fakulʲtét]

estudiante (m)	студент (м)	[studént]
estudiante (f)	студентка (ж)	[studéntka]
profesor (m)	преподаватель (м)	[prepɔdavátelʲ]

aula (f)	аудитория (ж)	[auditórija]
graduado (m)	выпускник (м)	[vipuskník]

diploma (m)	диплом (м)	[diplóm]
tesis (f) de grado	диссертация (ж)	[disertátsija]

estudio (m)	исследование (с)	[islédɔvanie]
laboratorio (m)	лаборатория (ж)	[labɔratórija]

clase (f)	лекция (ж)	[léktsija]
compañero (m) de curso	однокурсник (м)	[ɔdnɔkúrsnik]

beca (f)	стипендия (ж)	[stipéndija]
grado (m) académico	учёная степень (ж)	[utʃónaja stépenʲ]

144. Las ciencias. Las disciplinas

matemáticas (f pl)	математика (ж)	[matemátika]
álgebra (f)	алгебра (ж)	[álgebra]
geometría (f)	геометрия (ж)	[geométrija]
astronomía (f)	астрономия (ж)	[astronómija]
biología (f)	биология (ж)	[biológija]
geografía (f)	география (ж)	[geográfija]
geología (f)	геология (ж)	[geológija]
historia (f)	история (ж)	[istórija]
medicina (f)	медицина (ж)	[meditsīna]
pedagogía (f)	педагогика (ж)	[pedagógika]
derecho (m)	право (c)	[právo]
física (f)	физика (ж)	[fízika]
química (f)	химия (ж)	[hímija]
filosofía (f)	философия (ж)	[filosófija]
psicología (f)	психология (ж)	[psihológija]

145. Los sistemas de escritura. La ortografía

gramática (f)	грамматика (ж)	[gramátika]
vocabulario (m)	лексика (ж)	[léksika]
fonética (f)	фонетика (ж)	[fonǽtika]
sustantivo (m)	существительное (c)	[suʃestvítelʲnoe]
adjetivo (m)	прилагательное (c)	[prilagátelʲnoe]
verbo (m)	глагол (м)	[glagól]
adverbio (m)	наречие (c)	[narétʃie]
pronombre (m)	местоимение (c)	[mestoiménie]
interjección (f)	междометие (c)	[meʒdométie]
preposición (f)	предлог (м)	[predlóg]
raíz (f), radical (m)	корень (м) слова	[kórenʲ slóva]
desinencia (f)	окончание (c)	[okontʃánie]
prefijo (m)	приставка (ж)	[pristáfka]
sílaba (f)	слог (м)	[slóg]
sufijo (m)	суффикс (м)	[súfiks]
acento (m)	ударение (c)	[udarénie]
apóstrofo (m)	апостроф (м)	[apóstrof]
punto (m)	точка (ж)	[tótʃka]
coma (f)	запятая (ж)	[zapɪtája]
punto y coma	точка (ж) с запятой	[tótʃka s zapɪtój]
dos puntos (m pl)	двоеточие (c)	[dvoetótʃie]
puntos (m pl) suspensivos	многоточие (c)	[mnogotótʃie]
signo (m) de interrogación	вопросительный знак (м)	[voprosítelʲnij znák]
signo (m) de admiración	восклицательный знак (м)	[vosklitsátelʲnij znák]

comillas (f pl)	кавычки (ж мн)	[kavɨ̃tʃki]
entre comillas	в кавычках	[f kavɨ̃tʃkah]
paréntesis (m)	скобки (ж мн)	[skópki]
entre paréntesis	в скобках	[f skópkah]

guión (m)	дефис (м)	[defís]
raya (f)	тире (c)	[tiræ̃]
blanco (m)	пробел (м)	[probél]

| letra (f) | буква (ж) | [búkva] |
| letra (f) mayúscula | большая буква (ж) | [bolʲʃája búkva] |

| vocal (f) | гласный звук (м) | [glásnij zvúk] |
| consonante (m) | согласный звук (м) | [soglásnij zvúk] |

oración (f)	предложение (c)	[predloʒǽnie]
sujeto (m)	подлежащее (c)	[podleʒáʃʲee]
predicado (m)	сказуемое (c)	[skazúemɔe]

línea (f)	строка (ж)	[strɔká]
en una nueva línea	с новой строки	[s nóvɔj strɔkí]
párrafo (m)	абзац (м)	[abzáts]

palabra (f)	слово (c)	[slóvɔ]
combinación (f) de palabras	словосочетание (c)	[slɔvɔ·sɔtʃetánie]
expresión (f)	выражение (c)	[viraʒǽnie]
sinónimo (m)	синоним (м)	[sinónim]
antónimo (m)	антоним (м)	[antónim]

regla (f)	правило (c)	[právilɔ]
excepción (f)	исключение (c)	[isklʲutʃénie]
correcto (adj)	верный	[vérnij]

conjugación (f)	спряжение (c)	[sprɨʒǽnie]
declinación (f)	склонение (c)	[sklɔnénie]
caso (m)	падеж (м)	[padéʃ]
pregunta (f)	вопрос (м)	[vɔprós]
subrayar (vt)	подчеркнуть (св, пх)	[pɔttʃerknútʲ]
línea (f) de puntos	пунктир (м)	[punktír]

146. Los idiomas extranjeros

lengua (f)	язык (м)	[jızɨ̃k]
extranjero (adj)	иностранный	[inɔstránnij]
lengua (f) extranjera	иностранный язык (м)	[inɔstránnij jızɨ̃k]
estudiar (vt)	изучать (нсв, пх)	[izutʃátʲ]
aprender (ingles, etc.)	учить (нсв, пх)	[utʃítʲ]

leer (vi, vt)	читать (нсв, н/пх)	[tʃitátʲ]
hablar (vi, vt)	говорить (нсв, н/пх)	[gɔvɔrítʲ]
comprender (vt)	понимать (нсв, пх)	[pɔnimátʲ]
escribir (vt)	писать (нсв, пх)	[pisátʲ]
rápidamente (adv)	быстро	[bɨ̃strɔ]
lentamente (adv)	медленно	[médlenɔ]

con fluidez (adv)	свободно	[svɔbódnɔ]
reglas (f pl)	правила (с мн)	[právila]
gramática (f)	грамматика (ж)	[gramátika]
vocabulario (m)	лексика (ж)	[léksika]
fonética (f)	фонетика (ж)	[fɔnǽtika]

manual (m)	учебник (м)	[utʃébnik]
diccionario (m)	словарь (м)	[slɔvárʲ]
manual (m) autodidáctico	самоучитель (м)	[samɔutʃítelʲ]
guía (f) de conversación	разговорник (м)	[razgɔvórnik]

casete (m)	кассета (ж)	[kaséta]
videocasete (f)	видеокассета (ж)	[vídeɔ·kaséta]
CD (m)	компакт-диск (м)	[kɔmpákt-dísk]
DVD (m)	DVD-диск (м)	[di·vi·dí dísk]

alfabeto (m)	алфавит (м)	[alfavít]
deletrear (vt)	говорить по буквам	[gɔvɔrítʲ pɔ búkvam]
pronunciación (f)	произношение (с)	[prɔiznɔʃǽnie]

acento (m)	акцент (м)	[aktsǽnt]
con acento	с акцентом	[s aktsǽntɔm]
sin acento	без акцента	[bez aktsǽnta]

palabra (f)	слово (с)	[slóvɔ]
significado (m)	смысл (м)	[smĩsl]

cursos (m pl)	курсы (мн)	[kúrsi]
inscribirse (vr)	записаться (св, возв)	[zapisátsa]
profesor (m) (~ de inglés)	преподаватель (м)	[prepɔdavátelʲ]

traducción (f) (proceso)	перевод (м)	[perevód]
traducción (f) (texto)	перевод (м)	[perevód]
traductor (m)	переводчик (м)	[perevóttʃik]
intérprete (m)	переводчик (м)	[perevóttʃik]

políglota (m)	полиглот (м)	[pɔliglót]
memoria (f)	память (ж)	[pámɪtʲ]

147. Los personajes de los cuentos de hadas

Papá Noel (m)	Санта Клаус (м)	[sánta kláus]
Cenicienta	Золушка (ж)	[zóluʃka]
sirena (f)	русалка (ж)	[rusálka]
Neptuno (m)	Нептун (м)	[neptún]

mago (m)	волшебник (м)	[vɔlʃǽbnik]
maga (f)	волшебница (ж)	[vɔlʃǽbnitsa]
mágico (adj)	волшебный	[vɔlʃǽbnij]
varita (f) mágica	волшебная палочка (ж)	[vɔlʃǽbnaja pálɔtʃka]

cuento (m) de hadas	сказка (ж)	[skáska]
milagro (m)	чудо (с)	[tʃúdɔ]
enano (m)	гном (м)	[gnóm]

transformarse en ...	превратиться в ... (св)	[prevratítsa f ...]
espíritu (m) (fantasma)	привидение (c)	[prividénie]
fantasma (m)	призрак (м)	[prízrak]
monstruo (m)	чудовище (c)	[tʃudóviʃe]
dragón (m)	дракон (м)	[drakón]
gigante (m)	великан (м)	[velikán]

148. Los signos de zodiaco

Aries (m)	Овен (м)	[ɔven]
Tauro (m)	Телец (м)	[teléts]
Géminis (m pl)	Близнецы (мн)	[bliznetsī]
Cáncer (m)	Рак (м)	[rák]
Leo (m)	Лев (м)	[léf]
Virgo (m)	Дева (ж)	[déva]

Libra (f)	Весы (мн)	[vesī]
Escorpio (m)	Скорпион (м)	[skɔrpión]
Sagitario (m)	Стрелец (м)	[streléts]
Capricornio (m)	Козерог (м)	[kɔzeróg]
Acuario (m)	Водолей (м)	[vɔdɔléj]
Piscis (m pl)	Рыбы (мн)	[rîbi]

carácter (m)	характер (м)	[harákter]
rasgos (m pl) de carácter	черты (ж мн) характера	[tʃertî haráktera]
conducta (f)	поведение (c)	[pɔvedénie]
decir la buenaventura	гадать (нсв, нпх)	[gadátʲ]
adivinadora (f)	гадалка (ж)	[gadálka]
horóscopo (m)	гороскоп (м)	[gɔrɔskóp]

El arte

teatro (m)	театр (м)	[teátr]
ópera (f)	опера (ж)	[ópera]
opereta (f)	оперетта (ж)	[ɔperétta]
ballet (m)	балет (м)	[balét]

cartelera (f)	афиша (ж)	[afíʃa]
compañía (f) de teatro	труппа (ж)	[trúpa]
gira (f) artística	гастроли (мн)	[gastróli]
hacer una gira artística	гастролировать (нсв, нпх)	[gastrɔlírɔvatʲ]
ensayar (vi, vt)	репетировать (нсв, н/пх)	[repetírɔvatʲ]
ensayo (m)	репетиция (ж)	[repetítsija]
repertorio (m)	репертуар (м)	[repertuár]

representación (f)	представление (с)	[pretstavlénie]
espectáculo (m)	спектакль (м)	[spektáklʲ]
pieza (f) de teatro	пьеса (ж)	[pjésa]

billet (m)	билет (м)	[bilét]
taquilla (f)	билетная касса (ж)	[bilétnaja kássa]
vestíbulo (m)	холл (м)	[hól]
guardarropa (f)	гардероб (м)	[garderób]
ficha (f) de guardarropa	номерок (м)	[nɔmerók]
gemelos (m pl)	бинокль (м)	[binóklʲ]
acomodador (m)	контролёр (м)	[kɔntrɔlǿr]

patio (m) de butacas	партер (м)	[partǽr]
balconcillo (m)	балкон (м)	[balkón]
entresuelo (m)	бельэтаж (м)	[beljetáʃ]
palco (m)	ложа (ж)	[lóʒa]
fila (f)	ряд (м)	[rʲád]
asiento (m)	место (с)	[méstɔ]

público (m)	публика (ж)	[públika]
espectador (m)	зритель (м)	[zrítelʲ]
aplaudir (vi, vt)	хлопать (нсв, нпх)	[hlópatʲ]
aplausos (m pl)	аплодисменты (мн)	[aplɔdisménti]
ovación (f)	овации (ж мн)	[ɔvátsii]

escenario (m)	сцена (ж)	[stsǽna]
telón (m)	занавес (м)	[zánaves]
decoración (f)	декорация (ж)	[dekɔrátsija]
bastidores (m pl)	кулисы (мн)	[kulísi]

escena (f)	сцена (ж)	[stsǽna]
acto (m)	акт (м)	[ákt]
entreacto (m)	антракт (м)	[antrákt]

150. El cine

actor (m)	актёр (м)	[aktǿr]
actriz (f)	актриса (ж)	[aktrísa]

cine (m) (industria)	кино (с)	[kinó]
película (f)	кино, фильм (м)	[kinó], [fílʲm]
episodio (m)	серия (ж)	[sérija]

película (f) policíaca	детектив (м)	[dɛtɛktíf]
película (f) de acción	боевик (м)	[bɔevík]
película (f) de aventura	приключенческий фильм (м)	[priklʲutʃéntʃeskij fílʲm]
película (f) de ciencia ficción	фантастический фильм (м)	[fantastítʃeskij fílʲm]
película (f) de horror	фильм (м) ужасов	[fílʲm úʒasɔf]

película (f) cómica	кинокомедия (ж)	[kinɔ·kɔmédija]
melodrama (m)	мелодрама (ж)	[melɔdráma]
drama (m)	драма (ж)	[dráma]

película (f) de ficción	художественный фильм (м)	[hudóʒestvenij fílʲm]
documental (m)	документальный фильм (м)	[dɔkumentálʲnij fílʲm]
dibujos (m pl) animados	мультфильм (м)	[mulʲtfílʲm]
cine (m) mudo	немое кино (с)	[nemóe kinó]

papel (m)	роль (ж)	[rólʲ]
papel (m) principal	главная роль (ж)	[glávnaja rólʲ]
interpretar (vt)	играть (нсв, н/пх)	[igrátʲ]

estrella (f) de cine	кинозвезда (ж)	[kinɔ·zvezdá]
conocido (adj)	известный	[izvésnij]
famoso (adj)	знаменитый	[znamenítij]
popular (adj)	популярный	[pɔpulʲárnij]

guión (m) de cine	сценарий (м)	[stsɛnárij]
guionista (m)	сценарист (м)	[stsɛnaríst]
director (m) de cine	режиссёр (м)	[reʒisǿr]
productor (m)	продюсер (м)	[prɔdʲúsɛr]
asistente (m)	ассистент (м)	[asistént]
operador (m)	оператор (м)	[ɔperátɔr]
doble (m) de riesgo	каскадёр (м)	[kaskadǿr]
doble (m)	дублёр (м)	[dublǿr]

filmar una película	снимать фильм	[snimátʲ fílʲm]
audición (f)	пробы (мн)	[próbi]
rodaje (m)	съёмки (мн)	[sjómki]
equipo (m) de rodaje	съёмочная группа (ж)	[sjómɔtʃnaja grúpa]
plató (m) de rodaje	съёмочная площадка (ж)	[sjómɔtʃnaja plɔʃátka]
cámara (f)	кинокамера (ж)	[kinɔ·kámera]

cine (m) (iremos al ~)	кинотеатр (м)	[kinɔteátr]
pantalla (f)	экран (м)	[ɛkrán]

mostrar la película	показывать фильм	[pɔkázivatʲ fílʲm]
pista (f) sonora	звуковая дорожка (ж)	[zvukɔvája dɔrójka]
efectos (m pl) especiales	специальные эффекты (м мн)	[speʦiálʲnie ɛfékti]
subtítulos (m pl)	субтитры (мн)	[suptítri]
créditos (m pl)	титры (мн)	[títri]
traducción (f)	перевод (м)	[perevód]

151. La pintura

arte (m)	искусство (с)	[iskústvɔ]
bellas artes (f pl)	изящные искусства (с мн)	[izʲáʃʲnie iskústva]
galería (f) de arte	арт-галерея (ж)	[art-galeréja]
exposición (f) de arte	выставка (ж) картин	[vīstafka kartín]
pintura (f)	живопись (ж)	[ʒīvɔpisʲ]
gráfica (f)	графика (ж)	[gráfika]
abstraccionismo (m)	абстракционизм (м)	[abstraktsiɔnízm]
impresionismo (m)	импрессионизм (м)	[impresiɔnízm]
pintura (f)	картина (ж)	[kartína]
dibujo (m)	рисунок (м)	[risúnɔk]
pancarta (f)	постер (м)	[pósteɾ]
ilustración (f)	иллюстрация (ж)	[ilʲustráʦija]
miniatura (f)	миниатюра (ж)	[miniatʲúra]
copia (f)	копия (ж)	[kópija]
reproducción (f)	репродукция (ж)	[reprɔdúkʦija]
mosaico (m)	мозаика (ж)	[mɔzáika]
vidriera (f)	витраж (м)	[vitráʃ]
fresco (m)	фреска (ж)	[fréska]
grabado (m)	гравюра (ж)	[gravʲúra]
busto (m)	бюст (м)	[bʲúst]
escultura (f)	скульптура (ж)	[skulʲptúra]
estatua (f)	статуя (ж)	[státuja]
yeso (m)	гипс (м)	[gíps]
en yeso (adj)	из гипса	[iz gípsa]
retrato (m)	портрет (м)	[pɔrtrét]
autorretrato (m)	автопортрет (м)	[aftɔ·pɔrtrét]
paisaje (m)	пейзаж (м)	[pejzáʃ]
naturaleza (f) muerta	натюрморт (м)	[natʲurmórt]
caricatura (f)	карикатура (ж)	[karikatúra]
boceto (m)	набросок (м)	[nabrósɔk]
pintura (f)	краска (ж)	[kráska]
acuarela (f)	акварель (ж)	[akvarélʲ]
óleo (m)	масло (с)	[máslɔ]
lápiz (f)	карандаш (м)	[karandáʃ]
tinta (f) china	тушь (ж)	[túʃ]
carboncillo (m)	уголь (м)	[úgɔlʲ]
dibujar (vi, vt)	рисовать (нсв, н/пх)	[risɔvátʲ]

pintar (vi, vt)	рисовать (нсв, н/пх)	[risɔvátʲ]
posar (vi)	позировать (нсв, нпх)	[pɔzírɔvatʲ]
modelo (m)	натурщик (м)	[natúrʃʲik]
modelo (f)	натурщица (ж)	[natúrʃʲitsa]

pintor (m)	художник (м)	[hudóʒnik]
obra (f) de arte	произведение (с)	[prɔizvedénie]
obra (f) maestra	шедевр (м)	[ʃɛdǽvr]
estudio (m) (de un artista)	мастерская (ж)	[masterskája]

lienzo (m)	холст (м)	[hólst]
caballete (m)	мольберт (м)	[mɔlʲbért]
paleta (f)	палитра (ж)	[palítra]

marco (m)	рама (ж)	[ráma]
restauración (f)	реставрация (ж)	[restavrátsija]
restaurar (vt)	реставрировать (нсв, пх)	[restavrírɔvatʲ]

152. La literatura y la poesía

literatura (f)	литература (ж)	[literatúra]
autor (m) (escritor)	автор (м)	[áftɔr]
seudónimo (m)	псевдоним (м)	[psevdɔním]

libro (m)	книга (ж)	[kníga]
tomo (m)	том (м)	[tóm]
tabla (f) de contenidos	оглавление (с)	[ɔglavlénie]
página (f)	страница (ж)	[stranítsa]
héroe (m) principal	главный герой (м)	[glávnij gerój]
autógrafo (m)	автограф (м)	[aftógraf]

relato (m) corto	рассказ (м)	[raskás]
cuento (m)	повесть (ж)	[póvestʲ]
novela (f)	роман (м)	[rɔmán]
obra (f) literaria	сочинение (с)	[sɔtʃinénie]
fábula (f)	басня (ж)	[básnʲa]
novela (f) policíaca	детектив (м)	[dɛtɛktíf]
verso (m)	стихотворение (с)	[stihɔtvɔrénie]
poesía (f)	поэзия (ж)	[pɔǽzija]
poema (f)	поэма (ж)	[pɔǽma]
poeta (m)	поэт (м)	[pɔǽt]

bellas letras (f pl)	беллетристика (ж)	[beletrístika]
ciencia ficción (f)	научная фантастика (ж)	[naútʃnaja fantástika]
aventuras (f pl)	приключения (ж)	[priklʲutʃénija]
literatura (f) didáctica	учебная литература (ж)	[utʃébnaja literatúra]
literatura (f) infantil	детская литература (ж)	[détskaja literatúra]

153. El circo

| circo (m) | цирк (м) | [tsɨrk] |
| circo (m) ambulante | цирк-шапито (м) | [tsɨrk-ʃapitó] |

| programa (m) | программа (ж) | [prɔgráma] |
| representación (f) | представление (c) | [pretstavlénie] |

| número (m) | номер (м) | [nómer] |
| arena (f) | арена (ж) | [aréna] |

| pantomima (f) | пантомима (ж) | [pantɔmíma] |
| payaso (m) | клоун (м) | [klóun] |

acróbata (m)	акробат (м)	[akrɔbát]
acrobacia (f)	акробатика (ж)	[akrɔbátika]
gimnasta (m)	гимнаст (м)	[gimnást]
gimnasia (f)	гимнастика (ж)	[gimnástika]
salto (m)	сальто (c)	[sálʲtɔ]

forzudo (m)	атлет (м)	[atlét]
domador (m)	укротитель (м)	[ukrɔtítelʲ]
caballista (m)	наездник (м)	[naéznik]
asistente (m)	ассистент (м)	[asistént]

truco (m)	трюк (м)	[trʲúk]
truco (m) de magia	фокус (м)	[fókus]
ilusionista (m)	фокусник (м)	[fókusnik]

malabarista (m)	жонглёр (м)	[ʒɔnglǿr]
hacer malabarismos	жонглировать (нсв, н/пх)	[ʒɔnglírɔvatʲ]
amaestrador (m)	дрессировщик (м)	[dresirófʃik]
amaestramiento (m)	дрессировка (ж)	[dresirófka]
amaestrar (vt)	дрессировать (нсв, пх)	[dresirɔvátʲ]

154. La música. La música popular

música (f)	музыка (ж)	[múzika]
músico (m)	музыкант (м)	[muzikánt]
instrumento (m) musical	музыкальный инструмент (м)	[muzikálʲnij instrumént]
tocar …	играть на … (нсв)	[igrátʲ na …]

guitarra (f)	гитара (ж)	[gitára]
violín (m)	скрипка (ж)	[skrípka]
violonchelo (m)	виолончель (ж)	[viɔlɔntʃélʲ]
contrabajo (m)	контрабас (м)	[kɔntrabás]
arpa (f)	арфа (ж)	[árfa]

piano (m)	пианино (c)	[pianínɔ]
piano (m) de cola	рояль (м)	[rɔjálʲ]
órgano (m)	орган (м)	[ɔrgán]

instrumentos (m pl) de viento	духовые инструменты (м мн)	[duhɔvīe instruménti]
oboe (m)	гобой (м)	[gɔbój]
saxofón (m)	саксофон (м)	[saksɔfón]
clarinete (m)	кларнет (м)	[klarnét]
flauta (f)	флейта (ж)	[fléjta]

trompeta (f)	труба (ж)	[trubá]
acordeón (m)	аккордеон (м)	[akɔrdeón]
tambor (m)	барабан (м)	[barabán]

dúo (m)	дуэт (м)	[duǽt]
trío (m)	трио (с)	[tríɔ]
cuarteto (m)	квартет (м)	[kvartét]
coro (m)	хор (м)	[hór]
orquesta (f)	оркестр (м)	[ɔrkéstr]

música (f) pop	поп-музыка (ж)	[póp-múzɨka]
música (f) rock	рок-музыка (ж)	[rók-múzɨka]
grupo (m) de rock	рок-группа (ж)	[rɔk-grúpa]
jazz (m)	джаз (м)	[dʒás]

| ídolo (m) | кумир (м) | [kumír] |
| admirador (m) | поклонник (м) | [pɔklónnik] |

concierto (m)	концерт (м)	[kɔnʦǽrt]
sinfonía (f)	симфония (ж)	[simfónija]
composición (f)	сочинение (с)	[sɔʧinénie]
escribir (vt)	сочинить (св, пх)	[sɔʧinítʲ]

canto (m)	пение (с)	[pénie]
canción (f)	песня (ж)	[pésnʲa]
melodía (f)	мелодия (ж)	[melódija]
ritmo (m)	ритм (м)	[rítm]
blues (m)	блюз (м)	[blʲús]

notas (f pl)	ноты (ж мн)	[nóti]
batuta (f)	палочка (ж)	[pálɔʧka]
arco (m)	смычок (м)	[smiʧók]
cuerda (f)	струна (ж)	[struná]
estuche (m)	футляр (м)	[futlʲár]

Los restaurantes. El entretenimiento. El viaje

turismo (m)	туризм (м)	[turízm]
turista (m)	турист (м)	[turíst]
viaje (m)	путешествие (c)	[puteʃǽstvie]
aventura (f)	приключение (c)	[priklʲutʃénie]
viaje (m)	поездка (ж)	[pɔéstka]
vacaciones (f pl)	отпуск (м)	[ótpusk]
estar de vacaciones	быть в отпуске	[bītʲ v ótpuske]
descanso (m)	отдых (м)	[ótdih]
tren (m)	поезд (м)	[póezd]
en tren	поездом	[póezdɔm]
avión (m)	самолёт (м)	[samɔlǿt]
en avión	самолётом	[samɔlǿtɔm]
en coche	на автомобиле	[na aftɔmɔbíle]
en barco	на корабле	[na kɔrablé]
equipaje (m)	багаж (м)	[bagáʃ]
maleta (f)	чемодан (м)	[tʃemɔdán]
carrito (m) de equipaje	тележка (ж) для багажа	[teléʃka dlʲa bagaʒá]
pasaporte (m)	паспорт (м)	[páspɔrt]
visado (m)	виза (ж)	[víza]
billete (m)	билет (м)	[bilét]
billete (m) de avión	авиабилет (м)	[aviabilét]
guía (f) (libro)	путеводитель (м)	[putevɔdítelʲ]
mapa (m)	карта (ж)	[kárta]
área (m) (~ rural)	местность (ж)	[mésnɔstʲ]
lugar (m)	место (c)	[méstɔ]
exotismo (m)	экзотика (ж)	[ɛkzótika]
exótico (adj)	экзотический	[ɛkzɔtítʃeskij]
asombroso (adj)	удивительный	[udivítelʲnij]
grupo (m)	группа (ж)	[grúpa]
excursión (f)	экскурсия (ж)	[ɛkskúrsija]
guía (m) (persona)	экскурсовод (м)	[ɛkskursɔvód]

hotel (m)	гостиница (ж)	[gɔstínitsa]
motel (m)	мотель (м)	[mɔtǽlʲ]
de tres estrellas	3 звезды	[trí zvezdī]

| de cinco estrellas | 5 звёзд | [pʲátʲ zvǿzd] |
| hospedarse (vr) | остановиться (св, возв) | [ɔstanɔvítsa] |

habitación (f)	номер (м)	[nómer]
habitación (f) individual	одноместный номер (м)	[ɔdnɔ·mésnij nómer]
habitación (f) doble	двухместный номер (м)	[dvuh·mésnij nómer]
reservar una habitación	бронировать номер	[brɔnírɔvatʲ nómer]

| media pensión (f) | полупансион (м) | [pɔlu·pansión] |
| pensión (f) completa | полный пансион (м) | [pólnij pansión] |

con baño	с ванной	[s vánnɔj]
con ducha	с душем	[s dúʃɛm]
televisión (f) satélite	спутниковое телевидение (с)	[spútnikɔvɔe televídenie]
climatizador (m)	кондиционер (м)	[kɔnditsiɔnér]
toalla (f)	полотенце (с)	[pɔlɔténtse]
llave (f)	ключ (м)	[klʲútʃ]

administrador (m)	администратор (м)	[administrátɔr]
camarera (f)	горничная (ж)	[górnitʃnaja]
maletero (m)	носильщик (м)	[nɔsílʲʃik]
portero (m)	портье (с)	[pɔrtjé]

restaurante (m)	ресторан (м)	[restɔrán]
bar (m)	бар (м)	[bár]
desayuno (m)	завтрак (м)	[záftrak]
cena (f)	ужин (м)	[úʒin]
buffet (m) libre	шведский стол (м)	[ʃvétskij stól]

| vestíbulo (m) | вестибюль (м) | [vestibʲúlʲ] |
| ascensor (m) | лифт (м) | [líft] |

| NO MOLESTAR | НЕ БЕСПОКОИТЬ | [ne bespɔkóitʲ] |
| PROHIBIDO FUMAR | НЕ КУРИТЬ! | [ne kurítʲ] |

157. Los libros. La lectura

libro (m)	книга (ж)	[kníga]
autor (m)	автор (м)	[áftɔr]
escritor (m)	писатель (м)	[pisátelʲ]
escribir (~ un libro)	написать (св, пх)	[napisátʲ]

lector (m)	читатель (м)	[tʃitátelʲ]
leer (vi, vt)	читать (нсв, н/пх)	[tʃitátʲ]
lectura (f)	чтение (с)	[tʃténie]

| en silencio | про себя | [prɔ sebʲá] |
| en voz alta | вслух | [fslúh] |

editar (vt)	издавать (нсв, пх)	[izdavátʲ]
edición (f) (~ de libros)	издание (с)	[izdánie]
editor (m)	издатель (м)	[izdátelʲ]
editorial (f)	издательство (с)	[izdátelʲstvɔ]

salir (libro)	выйти (св, нпх)	[vījti]
salida (f) (de un libro)	выход (м)	[vīhɔd]
tirada (f)	тираж (м)	[tiráʃ]

| librería (f) | книжный магазин (м) | [kníʒnij magazín] |
| biblioteca (f) | библиотека (ж) | [bibliotéka] |

cuento (m)	повесть (ж)	[póvestʲ]
relato (m) corto	рассказ (м)	[raskás]
novela (f)	роман (м)	[rɔmán]
novela (f) policíaca	детектив (м)	[dɛtɛktíf]

memorias (f pl)	мемуары (мн)	[memuári]
leyenda (f)	легенда (ж)	[legénda]
mito (m)	миф (м)	[míf]

versos (m pl)	стихи (м мн)	[stihí]
autobiografía (f)	автобиография (ж)	[áftɔ·biográfija]
obras (f pl) escogidas	избранное (c)	[ízbrannɔe]
ciencia ficción (f)	фантастика (ж)	[fantástika]

título (m)	название (c)	[nazvánie]
introducción (f)	введение (c)	[vvedénie]
portada (f)	титульный лист (м)	[títulʲnij líst]

capítulo (m)	глава (ж)	[glavá]
extracto (m)	отрывок (м)	[ɔtrīvɔk]
episodio (m)	эпизод (м)	[ɛpizód]

sujeto (m)	сюжет (м)	[sʲuʒǽt]
contenido (m)	содержание (c)	[sɔderʒánie]
tabla (f) de contenidos	оглавление (c)	[ɔglavlénie]
héroe (m) principal	главный герой (м)	[glávnij gerój]

tomo (m)	том (м)	[tóm]
cubierta (f)	обложка (ж)	[ɔblóʃka]
encuadernado (m)	переплёт (м)	[pereplɵt]
marcador (m) de libro	закладка (ж)	[zaklátka]

página (f)	страница (ж)	[stranítsa]
hojear (vt)	листать (нсв, пх)	[listátʲ]
márgenes (m pl)	поля (ж)	[pɔlʲá]
anotación (f)	пометка (ж)	[pɔmétka]
nota (f) a pie de página	примечание (c)	[primeʧánie]

texto (m)	текст (м)	[tékst]
fuente (f)	шрифт (м)	[ʃríft]
errata (f)	опечатка (ж)	[ɔpeʧátka]

traducción (f)	перевод (м)	[perevód]
traducir (vt)	переводить (нсв, пх)	[perevɔdítʲ]
original (m)	подлинник (м)	[pódlinik]

famoso (adj)	знаменитый	[znamenítij]
desconocido (adj)	неизвестный	[neizvésnij]
interesante (adj)	интересный	[interésnij]

best-seller (m)	бестселлер (м)	[bessǽler]
diccionario (m)	словарь (м)	[slɔvári]
manual (m)	учебник (м)	[utʃébnik]
enciclopedia (f)	энциклопедия (ж)	[ɛntsiklɔpédija]

158. La caza. La pesca

caza (f)	охота (ж)	[ɔhóta]
cazar (vi, vt)	охотиться (нсв, возв)	[ɔhótitsa]
cazador (m)	охотник (м)	[ɔhótnik]

tirar (vi)	стрелять (нсв, нпх)	[strelʲátʲ]
fusil (m)	ружьё (с)	[ruʒjǿ]
cartucho (m)	патрон (м)	[patrón]
perdigón (m)	дробь (ж)	[drópʲ]

cepo (m)	капкан (м)	[kapkán]
trampa (f)	ловушка (ж)	[lɔvúʃka]
caer en la trampa	попасться в капкан	[pɔpástsa f kapkán]
poner una trampa	ставить капкан	[stávitʲ kapkán]

cazador (m) furtivo	браконьер (м)	[brakɔnjér]
caza (f) menor	дичь (ж)	[dítʃʲ]
perro (m) de caza	охотничья собака (ж)	[ɔhótnitʃja sɔbáka]
safari (m)	сафари (с)	[safári]
animal (m) disecado	чучело (с)	[tʃútʃelɔ]

pescador (m)	рыбак (м)	[ribák]
pesca (f)	рыбалка (ж)	[ribálka]
pescar (vi)	ловить рыбу	[lɔvítʲ ríbu]

caña (f) de pescar	удочка (ж)	[údɔtʃka]
sedal (m)	леска (ж)	[léska]
anzuelo (m)	крючок (м)	[krʲutʃók]

| flotador (m) | поплавок (м) | [pɔplavók] |
| cebo (m) | наживка (ж) | [naʒífka] |

| lanzar el anzuelo | забросить удочку | [zabrósitʲ údɔtʃku] |
| picar (vt) | клевать (нсв, нпх) | [klevátʲ] |

| pesca (f) (lo pescado) | улов (м) | [ulóf] |
| agujero (m) en el hielo | прорубь (ж) | [prórupʲ] |

| red (f) | сеть (ж) | [sétʲ] |
| barca (f) | лодка (ж) | [lótka] |

pescar con la red	ловить сетью	[lɔvítʲ sétju]
tirar la red	забрасывать сеть	[zabrásivatʲ sétʲ]
sacar la red	вытаскивать сеть	[vitáskivatʲ sétʲ]

ballenero (m) (persona)	китобой (м)	[kitɔbój]
ballenero (m) (barco)	китобойное судно (с)	[kitɔbójnɔe súdnɔ]
arpón (m)	гарпун (м)	[garpún]

159. Los juegos. El billar

billar (m)	бильярд (м)	[biljárd]
sala (f) de billar	бильярдная (ж)	[biljárdnaja]
bola (f) de billar	бильярдный шар (м)	[biljárdnij ʃár]

entronerar la bola	загнать шар	[zagnátʲ ʃár]
taco (m)	кий (м)	[kíj]
tronera (f)	луза (ж)	[lúza]

160. Los juegos. Las cartas

cuadrados (m pl)	бубны (мн)	[búbni]
picas (f pl)	пики (мн)	[píki]
corazones (m pl)	черви (мн)	[tʃérvi]
tréboles (m pl)	трефы (мн)	[tréfi]

as (m)	туз (м)	[tús]
rey (m)	король (м)	[korólʲ]
dama (f)	дама (ж)	[dáma]
sota (f)	валет (м)	[valét]

carta (f)	игральная карта (ж)	[igrálʲnaja kárta]
cartas (f pl)	карты (ж мн)	[kárti]
triunfo (m)	козырь (м)	[kózirʲ]
baraja (f)	колода (ж)	[kolóda]

punto (m)	очко (с)	[otʃkó]
dar (las cartas)	сдавать (нсв, н/пх)	[zdavátʲ]
barajar (vt)	тасовать (нсв, пх)	[tasovátʲ]
jugada (f)	ход (м)	[hód]
fullero (m)	шулер (м)	[ʃúler]

161. El casino. La ruleta

casino (m)	казино (с)	[kazinó]
ruleta (f)	рулетка (ж)	[rulétka]
puesta (f)	ставка (ж)	[stáfka]
apostar (vt)	делать ставки	[délatʲ stáfki]

rojo (m)	красное (с)	[krásnoe]
negro (m)	чёрное (с)	[tʃórnoe]
apostar al rojo	ставить на красное	[stávitʲ na krásnoe]
apostar al negro	ставить на чёрное	[stávitʲ na tʃórnoe]

crupier (m, f)	крупье (м, ж)	[krupjé]
girar la ruleta	вращать барабан	[vraʃátʲ barabán]
reglas (f pl) de juego	правила (с мн) игры	[právila igrī]
ficha (f)	фишка (ж)	[fíʃka]
ganar (vi, vt)	выиграть (св, н/пх)	[vīigratʲ]
ganancia (f)	выигрыш (м)	[vīigriʃ]

| perder (vi) | проиграть (св, пх) | [prɔigrátʲ] |
| pérdida (f) | проигрыш (м) | [próigriʃ] |

jugador (m)	игрок (м)	[igrók]
black jack (m)	блэк джек (м)	[blɛkdʒǽk]
juego (m) de dados	кости (мн)	[kósti]
dados (m pl)	кости (мн)	[kósti]
tragaperras (f)	игральный автомат (м)	[igrálʲnij aftɔmát]

162. El descanso. Los juegos. Miscelánea

pasear (vi)	гулять (нсв, нпх)	[gulʲátʲ]
paseo (m) (caminata)	прогулка (ж)	[prɔgúlka]
paseo (m) (en coche)	поездка (ж)	[pɔéstka]
aventura (f)	приключение (с)	[priklʲutʃénie]
picnic (m)	пикник (м)	[pikník]

juego (m)	игра (ж)	[igrá]
jugador (m)	игрок (м)	[igrók]
partido (m)	партия (ж)	[pártija]

coleccionista (m)	коллекционер (м)	[kɔlektsiɔnér]
coleccionar (vt)	коллекционировать (нсв, пх)	[kɔlektsiɔnírɔvatʲ]
colección (f)	коллекция (ж)	[kɔléktsija]

crucigrama (m)	кроссворд (м)	[krɔsvórd]
hipódromo (m)	ипподром (м)	[ipɔdróm]
discoteca (f)	дискотека (ж)	[diskɔtéka]

| sauna (f) | сауна (ж) | [sáuna] |
| lotería (f) | лотерея (ж) | [lɔteréja] |

marcha (f)	поход (м)	[pɔhód]
campo (m)	лагерь (м)	[lágerʲ]
tienda (f) de campaña	палатка (ж)	[palátka]
brújula (f)	компас (м)	[kómpas]
campista (m)	турист (м)	[turíst]

ver (la televisión)	смотреть (нсв, нпх)	[smɔtrétʲ]
telespectador (m)	телезритель (м)	[telezrítelʲ]
programa (m) de televisión	телепередача (ж)	[tele·peredátʃa]

163. La fotografía

| cámara (f) fotográfica | фотоаппарат (м) | [fɔtɔ·aparát] |
| fotografía (f) (una foto) | фото, фотография (ж) | [fótɔ], [fɔtɔgráfija] |

fotógrafo (m)	фотограф (м)	[fɔtógraf]
estudio (m) fotográfico	фотостудия (ж)	[fɔtɔ·stúdija]
álbum (m) de fotos	фотоальбом (м)	[fɔtɔ·alʲbóm]
objetivo (m)	объектив (м)	[ɔbjektíf]
teleobjetivo (m)	телеобъектив (м)	[tele·ɔbjektíf]

| filtro (m) | фильтр (м) | [fíljtr] |
| lente (m) | линза (ж) | [línza] |

óptica (f)	оптика (ж)	[óptika]
diafragma (m)	диафрагма (ж)	[diafrágma]
tiempo (m) de exposición	выдержка (ж)	[vĭderʃka]
visor (m)	видоискатель (м)	[vidɔ·iskátelj]

cámara (f) digital	цифровая камера (ж)	[ʦifrɔvája kámera]
trípode (m)	штатив (м)	[ʃtatíf]
flash (m)	вспышка (ж)	[fspĭʃka]

fotografiar (vt)	фотографировать (нсв, пх)	[fɔtɔgrafírɔvatj]
hacer fotos	снимать (нсв, пх)	[snimátj]
fotografiarse (vr)	фотографироваться (нсв, возв)	[fɔtɔgrafírɔvaʦa]

foco (m)	фокус (м)	[fókus]
enfocar (vt)	наводить на резкость	[navɔdítj na réskɔstj]
nítido (adj)	резкий	[réskij]
nitidez (f)	резкость (ж)	[réskɔstj]

| contraste (m) | контраст (м) | [kɔntrást] |
| contrastante (adj) | контрастный | [kɔntrásnij] |

foto (f)	снимок (м)	[snímɔk]
negativo (m)	негатив (м)	[negatíf]
película (f) fotográfica	фотоплёнка (ж)	[fotɔ·plǿnka]
fotograma (m)	кадр (м)	[kádr]
imprimir (vt)	печатать (нсв, пх)	[peʧátatj]

164. La playa. La natación

playa (f)	пляж (м)	[pljáʃ]
arena (f)	песок (м)	[pesók]
desierto (playa ~a)	пустынный	[pustĭnnij]

bronceado (m)	загар (м)	[zagár]
broncearse (vr)	загорать (нсв, нпх)	[zagɔrátj]
bronceado (adj)	загорелый	[zagɔrélij]
protector (m) solar	крем (м) для загара	[krém dlja zagára]

bikini (m)	бикини (с)	[bikíni]
traje (m) de baño	купальник (м)	[kupáljnik]
bañador (m)	плавки (мн)	[pláfki]

piscina (f)	бассейн (м)	[basæjn]
nadar (vi)	плавать (нсв, нпх)	[plávatj]
ducha (f)	душ (м)	[dúʃ]
cambiarse (vr)	переодеваться (нсв, возв)	[pereɔdevátsa]
toalla (f)	полотенце (с)	[pɔlɔténʦe]

| barca (f) | лодка (ж) | [lótka] |
| lancha (f) motora | катер (м) | [káter] |

esquís (m pl) acuáticos	водные лыжи (мн)	[vódnie líʒi]
bicicleta (f) acuática	водный велосипед (м)	[vódnij velɔsipéd]
surf (m)	серфинг (м)	[sǿrfing]
surfista (m)	серфингист (м)	[serfingíst]

equipo (m) de buceo	акваланг (м)	[akvaláng]
aletas (f pl)	ласты (ж мн)	[lásti]
máscara (f) de buceo	маска (ж)	[máska]
buceador (m)	ныряльщик (м)	[nirʲálʲʃik]
bucear (vi)	нырять (нсв, нпх)	[nirʲátʲ]
bajo el agua (adv)	под водой	[pɔd vɔdój]

sombrilla (f)	зонт (м)	[zónt]
tumbona (f)	шезлонг (м)	[ʃɛzlóng]
gafas (f pl) de sol	очки (мн)	[ɔʧkí]
colchoneta (f) inflable	плавательный матрац (м)	[plávatelʲnij matrás]

| jugar (divertirse) | играть (нсв, нпх) | [igrátʲ] |
| bañarse (vr) | купаться (нсв, возв) | [kupátsa] |

pelota (f) de playa	мяч (м)	[mʲátʃ]
inflar (vt)	надувать (нсв, пх)	[naduvátʲ]
inflable (colchoneta ~)	надувной	[naduvnój]

ola (f)	волна (ж)	[vɔlná]
boya (f)	буй (м)	[búj]
ahogarse (vr)	тонуть (нсв, нпх)	[tɔnútʲ]

salvar (vt)	спасать (нсв, пх)	[spasátʲ]
chaleco (m) salvavidas	спасательный жилет (м)	[spasátelʲnij ʒilét]
observar (vt)	наблюдать (нсв, нпх)	[nablʲudátʲ]
socorrista (m)	спасатель (м)	[spasátelʲ]

EL EQUIPO TÉCNICO. EL TRANSPORTE

El equipo técnico

165. El computador

ordenador (m)	компьютер (м)	[kɔmpjútɛr]
ordenador (m) portátil	ноутбук (м)	[nɔutbúk]
encender (vt)	включить (св, пх)	[fklʲutʃítʲ]
apagar (vt)	выключить (св, пх)	[vɨklʲutʃitʲ]
teclado (m)	клавиатура (ж)	[klaviatúra]
tecla (f)	клавиша (ж)	[kláviʃa]
ratón (m)	мышь (ж)	[mɨʃ]
alfombrilla (f) para ratón	коврик (м)	[kóvrik]
botón (m)	кнопка (ж)	[knópka]
cursor (m)	курсор (м)	[kursór]
monitor (m)	монитор (м)	[mɔnitór]
pantalla (f)	экран (м)	[ɛkrán]
disco (m) duro	жёсткий диск (м)	[ʒóstkij dísk]
volumen (m) de disco duro	объём (м) жёсткого диска	[ɔbjóm ʒóstkɔvɔ díska]
memoria (f)	память (ж)	[pámɪtʲ]
memoria (f) operativa	оперативная память (ж)	[ɔperatívnaja pámɪtʲ]
archivo, fichero (m)	файл (м)	[fájl]
carpeta (f)	папка (ж)	[pápka]
abrir (vt)	открыть (св, пх)	[ɔtkrɨtʲ]
cerrar (vt)	закрыть (св, пх)	[zakrɨtʲ]
guardar (un archivo)	сохранить (св, пх)	[sɔhranítʲ]
borrar (vt)	удалить (св, пх)	[udalítʲ]
copiar (vt)	скопировать (св, пх)	[skɔpírɔvatʲ]
ordenar (vt) (~ de A a Z, etc.)	сортировать (нсв, пх)	[sɔrtirɔvátʲ]
copiar (vt)	переписать (св, пх)	[perepisátʲ]
programa (m)	программа (ж)	[prɔgráma]
software (m)	программное обеспечение (с)	[prɔgrámnɔe ɔbespetʃénie]
programador (m)	программист (м)	[prɔgramíst]
programar (vt)	программировать (нсв, пх)	[prɔgramírɔvatʲ]
hacker (m)	хакер (м)	[háker]
contraseña (f)	пароль (м)	[parólʲ]
virus (m)	вирус (м)	[vírus]
detectar (vt)	обнаружить (св, пх)	[ɔbnarúʒitʲ]

| octeto (m) | байт (м) | [bájt] |
| megaocteto (m) | мегабайт (м) | [megabájt] |

| datos (m pl) | данные (мн) | [dánnie] |
| base (f) de datos | база (ж) данных | [báza dánnih] |

cable (m)	кабель (м)	[kábelʲ]
desconectar (vt)	отсоединить (св, пх)	[ɔtsɔedinítʲ]
conectar (vt)	подсоединить (св, пх)	[pɔtsɔedinítʲ]

166. El internet. El correo electrónico

internet (m), red (f)	интернет (м)	[intɛrnǽt]
navegador (m)	браузер (м)	[bráuzer]
buscador (m)	поисковый ресурс (м)	[pɔiskóvij resúrs]
proveedor (m)	провайдер (м)	[prɔvájder]

webmaster (m)	веб-мастер (м)	[vɛb-máster]
sitio (m) web	веб-сайт (м)	[vɛb-sájt]
página (f) web	веб-страница (ж)	[vɛb-stranítsa]

| dirección (f) | адрес (м) | [ádres] |
| libro (m) de direcciones | адресная книга (ж) | [ádresnaja kníga] |

buzón (m)	почтовый ящик (м)	[pɔtʃtóvij jáʃik]
correo (m)	почта (ж)	[pótʃta]
lleno (adj)	переполненный	[perepólnenij]

mensaje (m)	сообщение (с)	[sɔɔpʃénie]
correo (m) entrante	входящие сообщения (с мн)	[fhɔdʲáʃie sɔɔpʃénija]
correo (m) saliente	исходящие сообщения (с мн)	[isxɔdʲáʃie sɔɔpʃénija]

expedidor (m)	отправитель (м)	[ɔtpravítelʲ]
enviar (vt)	отправить (св, пх)	[ɔtprávitʲ]
envío (m)	отправка (ж)	[ɔtpráfka]

| destinatario (m) | получатель (м) | [pɔlutʃátelʲ] |
| recibir (vt) | получить (св, пх) | [pɔlutʃítʲ] |

| correspondencia (f) | переписка (ж) | [perepíska] |
| escribirse con … | переписываться (нсв, возв) | [perepísivatsa] |

archivo, fichero (m)	файл (м)	[fájl]
descargar (vt)	скачать (св, пх)	[skatʃátʲ]
crear (vt)	создать (св, пх)	[sɔzdátʲ]
borrar (vt)	удалить (св, пх)	[udalítʲ]
borrado (adj)	удалённый	[udalǿnnij]

conexión (f) (ADSL, etc.)	связь (ж)	[svʲásʲ]
velocidad (f)	скорость (ж)	[skórɔstʲ]
módem (m)	модем (м)	[mɔdǽm]
acceso (m)	доступ (м)	[dóstup]
puerto (m)	порт (м)	[pórt]

| conexión (f) (establecer la ~) | подключение (c) | [pɔtklʲutʃénie] |
| conectarse a ... | подключиться (св, возв) | [pɔtklʲutʃítsa] |

| seleccionar (vt) | выбрать (св, пх) | [vībratʲ] |
| buscar (vt) | искать ... (нсв, пх) | [iskátʲ ...] |

167. La electricidad

electricidad (f)	электричество (c)	[ɛlektrítʃestvɔ]
eléctrico (adj)	электрический	[ɛlektrítʃeskij]
central (f) eléctrica	электростанция (ж)	[ɛléktrɔ·stántsija]
energía (f)	энергия (ж)	[ɛnǽrgija]
energía (f) eléctrica	электроэнергия (ж)	[ɛléktrɔ·ɛnǽrgija]

bombilla (f)	лампочка (ж)	[lámpɔtʃka]
linterna (f)	фонарь (м)	[fɔnárʲ]
farola (f)	фонарь (м)	[fɔnárʲ]

luz (f)	свет (м)	[svét]
encender (vt)	включать (нсв, пх)	[fklʲutʃátʲ]
apagar (vt)	выключать (нсв, пх)	[viklʲutʃátʲ]
apagar la luz	погасить свет	[pɔgasítʲ svét]
quemarse (vr)	перегореть (св, нпх)	[peregɔrétʲ]
circuito (m) corto	короткое замыкание (c)	[kɔrótkɔe zamikánie]
ruptura (f)	обрыв (м)	[ɔbrīf]
contacto (m)	контакт (м)	[kɔntákt]

interruptor (m)	выключатель (м)	[viklʲutʃátelʲ]
enchufe (m)	розетка (ж)	[rɔzétka]
clavija (f)	вилка (ж)	[vílka]
alargador (m)	удлинитель (м)	[udlinítelʲ]
fusible (m)	предохранитель (м)	[predɔhranítelʲ]
hilo (m)	провод (м)	[próvɔd]
instalación (f) eléctrica	проводка (ж)	[prɔvótka]

amperio (m)	ампер (м)	[ampér]
amperaje (m)	сила (ж) тока	[síla tóka]
voltio (m)	вольт (м)	[vólʲt]
voltaje (m)	напряжение (c)	[naprɪʒǽnie]

| aparato (m) eléctrico | электроприбор (м) | [ɛléktrɔ·pribór] |
| indicador (m) | индикатор (м) | [indikátɔr] |

electricista (m)	электрик (м)	[ɛléktrik]
soldar (vt)	паять (нсв, пх)	[pajátʲ]
soldador (m)	паяльник (м)	[pajálʲnik]
corriente (f)	ток (м)	[tók]

168. Las herramientas

| instrumento (m) | инструмент (м) | [instrumént] |
| instrumentos (m pl) | инструменты (м мн) | [instruménti] |

maquinaria (f)	оборудование (c)	[ɔbɔrúdɔvanie]
martillo (m)	молоток (м)	[mɔlɔtók]
destornillador (m)	отвёртка (ж)	[ɔtvǿrtka]
hacha (f)	топор (м)	[tɔpór]

sierra (f)	пила (ж)	[pilá]
serrar (vt)	пилить (нсв, пх)	[pilítʲ]
cepillo (m)	рубанок (м)	[rubánɔk]
cepillar (vt)	строгать (нсв, пх)	[strɔgátʲ]
soldador (m)	паяльник (м)	[pajálʲnik]
soldar (vt)	паять (нсв, пх)	[pajátʲ]

lima (f)	напильник (м)	[napílʲnik]
tenazas (f pl)	клещи (мн)	[kléʃʲi]
alicates (m pl)	плоскогубцы (мн)	[plɔskɔ·gúptsi]
escoplo (m)	стамеска (ж)	[staméska]

broca (f)	сверло (c)	[sverló]
taladro (m)	дрель (ж)	[drélʲ]
taladrar (vi, vt)	сверлить (нсв, пх)	[sverlítʲ]

| cuchillo (m) | нож (м) | [nóʃ] |
| filo (m) | лезвие (c) | [lézvie] |

agudo (adj)	острый	[óstrij]
embotado (adj)	тупой	[tupój]
embotarse (vr)	затупиться (св, возв)	[zatupítsa]
afilar (vt)	точить (нсв, пх)	[tɔtʃítʲ]

perno (m)	болт (м)	[bólt]
tuerca (f)	гайка (ж)	[gájka]
filete (m)	резьба (ж)	[rezʲbá]
tornillo (m)	шуруп (м)	[ʃurúp]

| clavo (m) | гвоздь (м) | [gvóstʲ] |
| cabeza (f) del clavo | шляпка (ж) | [ʃlʲápka] |

regla (f)	линейка (ж)	[linéjka]
cinta (f) métrica	рулетка (ж)	[rulétka]
nivel (m) de burbuja	уровень (м)	[úrɔvenʲ]
lupa (f)	лупа (ж)	[lúpa]

aparato (m) de medida	измерительный прибор (м)	[izmerítelʲnij pribór]
medir (vt)	измерять (нсв, пх)	[izmerʲátʲ]
escala (f) (~ métrica)	шкала (ж)	[ʃkalá]
lectura (f)	показание (c)	[pɔkazánie]

| compresor (m) | компрессор (м) | [kɔmprésɔr] |
| microscopio (m) | микроскоп (м) | [mikrɔskóp] |

bomba (f) (~ de agua)	насос (м)	[nasós]
robot (m)	робот (м)	[róbɔt]
láser (m)	лазер (м)	[lázɛr]
llave (f) de tuerca	гаечный ключ (м)	[gáetʃnij klʲútʃ]
cinta (f) adhesiva	лента-скотч (м)	[lénta-skótʃ]

150

pegamento (m)	клей (м)	[kléj]
papel (m) de lija	наждачная бумага (ж)	[naʒdátʃnaja bumága]
resorte (m)	пружина (ж)	[pruʒína]
imán (m)	магнит (м)	[magnít]
guantes (m pl)	перчатки (ж мн)	[pertʃátki]

cuerda (f)	верёвка (ж)	[verǿfka]
cordón (m)	шнур (м)	[ʃnúr]
hilo (m) (~ eléctrico)	провод (м)	[próvɔd]
cable (m)	кабель (м)	[kábelʲ]

almádana (f)	кувалда (ж)	[kuválda]
barra (f)	лом (м)	[lóm]
escalera (f) portátil	лестница (ж)	[lésnitsa]
escalera (f) de tijera	стремянка (ж)	[stremʲánka]

atornillar (vt)	закручивать (нсв, пх)	[zakrútʃivatʲ]
destornillar (vt)	откручивать (нсв, пх)	[ɔtkrútʃivatʲ]
apretar (vt)	зажимать (нсв, пх)	[zaʒimátʲ]
pegar (vt)	приклеивать (нсв, пх)	[prikléivatʲ]
cortar (vt)	резать (нсв, пх)	[rézatʲ]

fallo (m)	неисправность (ж)	[neisprávnɔstʲ]
reparación (f)	починка (ж)	[pɔtʃínka]
reparar (vt)	ремонтировать (нсв, пх)	[remɔntírɔvatʲ]
regular, ajustar (vt)	регулировать (нсв, пх)	[regulírɔvatʲ]

verificar (vt)	проверять (нсв, пх)	[prɔverʲátʲ]
control (m)	проверка (ж)	[prɔvérka]
lectura (f) (~ del contador)	показание (с)	[pɔkazánie]

fiable (máquina)	надёжный	[nadǿʒnij]
complicado (adj)	сложный	[slóʒnij]

oxidarse (vr)	ржаветь (нсв, нпх)	[rʒavétʲ]
oxidado (adj)	ржавый	[rʒávij]
óxido (m)	ржавчина (ж)	[rʒáftʃina]

El transporte

avión (m)	самолёт (м)	[samɔlǿt]
billete (m) de avión	авиабилет (м)	[aviabilét]
compañía (f) aérea	авиакомпания (ж)	[avia·kɔmpánija]
aeropuerto (m)	аэропорт (м)	[aɛrɔpórt]
supersónico (adj)	сверхзвуковой	[sverh·zvukɔvój]
comandante (m)	командир (м) корабля	[kɔmandír kɔrablʲá]
tripulación (f)	экипаж (м)	[ɛkipáʃ]
piloto (m)	пилот (м)	[pilót]
azafata (f)	стюардесса (ж)	[stʲuardǽsa]
navegador (m)	штурман (м)	[ʃtúrman]
alas (f pl)	крылья (с мн)	[krīlja]
cola (f)	хвост (м)	[hvóst]
cabina (f)	кабина (ж)	[kabína]
motor (m)	двигатель (м)	[dvígatelʲ]
tren (m) de aterrizaje	шасси (с)	[ʃassí]
turbina (f)	турбина (ж)	[turbína]
hélice (f)	пропеллер (м)	[prɔpéller]
caja (f) negra	чёрный ящик (м)	[tʃórnij jáʃik]
timón (m)	штурвал (м)	[ʃturvál]
combustible (m)	горючее (с)	[gɔrʲútʃee]
instructivo (m) de seguridad	инструкция по безопасности	[instrúktsija pɔ bezɔpásnɔsti]
respirador (m) de oxígeno	кислородная маска (ж)	[kislɔródnaja máska]
uniforme (m)	униформа (ж)	[unifórma]
chaleco (m) salvavidas	спасательный жилет (м)	[spasátelʲnij ʒilét]
paracaídas (m)	парашют (м)	[paraʃút]
despegue (m)	взлёт (м)	[vzlǿt]
despegar (vi)	взлетать (нсв, нпх)	[vzletátʲ]
pista (f) de despegue	взлётная полоса (ж)	[vzlǿtnaja pɔlasá]
visibilidad (f)	видимость (ж)	[vídimɔstʲ]
vuelo (m)	полёт (м)	[pɔlǿt]
altura (f)	высота (ж)	[visɔtá]
pozo (m) de aire	воздушная яма (ж)	[vɔzdúʃnaja jáma]
asiento (m)	место (с)	[méstɔ]
auriculares (m pl)	наушники (м мн)	[naúʃniki]
mesita (f) plegable	откидной столик (м)	[ɔtkidnój stólik]
ventana (f)	иллюминатор (м)	[ilʲuminátɔr]
pasillo (m)	проход (м)	[prɔhód]

170. El tren

tren (m)	поезд (м)	[póezd]
tren (m) eléctrico	электричка (ж)	[ɛlektrítʃka]
tren (m) rápido	скорый поезд (м)	[skórij póezd]
locomotora (f) diésel	тепловоз (м)	[teplovós]
tren (m) de vapor	паровоз (м)	[parovós]
coche (m)	вагон (м)	[vagón]
coche (m) restaurante	вагон-ресторан (м)	[vagón-restorán]
rieles (m pl)	рельсы (мн)	[rélʲsi]
ferrocarril (m)	железная дорога (ж)	[ʒeléznaja doróga]
traviesa (f)	шпала (ж)	[ʃpála]
plataforma (f)	платформа (ж)	[platfórma]
vía (f)	путь (м)	[pútʲ]
semáforo (m)	семафор (м)	[semafór]
estación (f)	станция (ж)	[stántsija]
maquinista (m)	машинист (м)	[maʃiníst]
maletero (m)	носильщик (м)	[nosílʲʃik]
mozo (m) del vagón	проводник (м)	[provodník]
pasajero (m)	пассажир (м)	[pasaʒīr]
revisor (m)	контролёр (м)	[kontrolǿr]
corredor (m)	коридор (м)	[koridór]
freno (m) de urgencia	стоп-кран (м)	[stop-krán]
compartimiento (m)	купе (с)	[kupǽ]
litera (f)	полка (ж)	[pólka]
litera (f) de arriba	верхняя полка (ж)	[vérhnʲaja pólka]
litera (f) de abajo	нижняя полка (ж)	[níʒnʲaja pólka]
ropa (f) de cama	постельное бельё (с)	[postélʲnoe beljǿ]
billete (m)	билет (м)	[bilét]
horario (m)	расписание (с)	[raspisánie]
pantalla (f) de información	табло (с)	[tabló]
partir (vi)	отходить (нсв, нпх)	[otxodítʲ]
partida (f) (del tren)	отправление (с)	[otpravlénie]
llegar (tren)	прибывать (нсв, нпх)	[pribivátʲ]
llegada (f)	прибытие (с)	[pribītie]
llegar en tren	приехать поездом	[priéhatʲ póezdom]
tomar el tren	сесть на поезд	[séstʲ na póezd]
bajar del tren	сойти с поезда	[sojtí s póezda]
descarrilamiento (m)	крушение (с)	[kruʃǽnie]
descarrilarse (vr)	сойти с рельс	[sojtí s rélʲs]
tren (m) de vapor	паровоз (м)	[parovós]
fogonero (m)	кочегар (м)	[kotʃegár]
hogar (m)	топка (ж)	[tópka]
carbón (m)	уголь (м)	[úgolʲ]

171. El barco

| buque (m) | корабль (м) | [kɔráblʲ] |
| navío (m) | судно (c) | [súdnɔ] |

buque (m) de vapor	пароход (м)	[parɔhód]
motonave (m)	теплоход (м)	[teplɔhód]
trasatlántico (m)	лайнер (м)	[lájner]
crucero (m)	крейсер (м)	[kréjser]

yate (m)	яхта (ж)	[jáhta]
remolcador (m)	буксир (м)	[buksír]
barcaza (f)	баржа (ж)	[barʒá]
ferry (m)	паром (м)	[paróm]

| velero (m) | парусник (м) | [párusnik] |
| bergantín (m) | бригантина (ж) | [brigantína] |

| rompehielos (m) | ледокол (м) | [ledɔkól] |
| submarino (m) | подводная лодка (ж) | [pɔdvódnaja lótka] |

bote (m) de remo	лодка (ж)	[lótka]
bote (m)	шлюпка (ж)	[ʃlʲúpka]
bote (m) salvavidas	спасательная шлюпка (ж)	[spasátelʲnaja ʃlʲúpka]
lancha (f) motora	катер (м)	[káter]

capitán (m)	капитан (м)	[kapitán]
marinero (m)	матрос (м)	[matrós]
marino (m)	моряк (м)	[mɔrʲák]
tripulación (f)	экипаж (м)	[ɛkipáʃ]

contramaestre (m)	боцман (м)	[bótsman]
grumete (m)	юнга (м)	[júnga]
cocinero (m) de abordo	кок (м)	[kók]
médico (m) del buque	судовой врач (м)	[sudɔvój vrátʃ]

cubierta (f)	палуба (ж)	[páluba]
mástil (m)	мачта (ж)	[mátʃta]
vela (f)	парус (м)	[párus]

bodega (f)	трюм (м)	[trʲúm]
proa (f)	нос (м)	[nós]
popa (f)	корма (ж)	[kɔrmá]
remo (m)	весло (c)	[vesló]
hélice (f)	винт (м)	[vínt]

camarote (m)	каюта (ж)	[kajúta]
sala (f) de oficiales	кают-компания (ж)	[kajút-kɔmpánija]
sala (f) de máquinas	машинное отделение (c)	[maʃínnɔe ɔtdelénie]
puente (m) de mando	капитанский мостик (м)	[kapitánskij móstik]
sala (f) de radio	радиорубка (ж)	[radiɔ·rúpka]
onda (f)	волна (ж)	[vɔlná]
cuaderno (m) de bitácora	судовой журнал (м)	[sudɔvój ʒurnál]
anteojo (m)	подзорная труба (ж)	[pɔdzórnaja trubá]
campana (f)	колокол (м)	[kólɔkɔl]

bandera (f)	флаг (м)	[flág]
cabo (m) (maroma)	канат (м)	[kanát]
nudo (m)	узел (м)	[úzel]

| pasamano (m) | поручень (м) | [pórutʃenʲ] |
| pasarela (f) | трап (м) | [tráp] |

ancla (f)	якорь (м)	[jákorʲ]
levar ancla	поднять якорь	[podnʲátʲ jákorʲ]
echar ancla	бросить якорь	[brósitʲ jákorʲ]
cadena (f) del ancla	якорная цепь (ж)	[jákornaja tsæpʲ]

puerto (m)	порт (м)	[pórt]
embarcadero (m)	причал (м)	[pritʃál]
amarrar (vt)	причаливать (нсв, нпх)	[pritʃálivatʲ]
desamarrar (vt)	отчаливать (нсв, нпх)	[ottʃálivatʲ]

viaje (m)	путешествие (с)	[puteʃǽstvie]
crucero (m) (viaje)	круиз (м)	[kruís]
derrota (f) (rumbo)	курс (м)	[kúrs]
itinerario (m)	маршрут (м)	[marʃrút]

canal (m) navegable	фарватер (м)	[farvátɛr]
bajío (m)	мель (ж)	[mélʲ]
encallar (vi)	сесть на мель	[séstʲ na mélʲ]

tempestad (f)	буря (ж)	[búrʲa]
señal (f)	сигнал (м)	[signál]
hundirse (vr)	тонуть (нсв, нпх)	[tonútʲ]
¡Hombre al agua!	Человек за бортом!	[tʃelovék za bórtom]
SOS	SOS (м)	[sós]
aro (m) salvavidas	спасательный круг (м)	[spasátelʲnij krúg]

172. El aeropuerto

aeropuerto (m)	аэропорт (м)	[aɛropórt]
avión (m)	самолёт (м)	[samolǿt]
compañía (f) aérea	авиакомпания (ж)	[avia·kompánija]
controlador (m) aéreo	авиадиспетчер (м)	[avia·dispétʃer]

despegue (m)	вылет (м)	[vīlet]
llegada (f)	прилёт (м)	[prilǿt]
llegar (en avión)	прилететь (св, нпх)	[priletétʲ]

| hora (f) de salida | время (с) вылета | [vrémʲa vīleta] |
| hora (f) de llegada | время (с) прилёта | [vrémʲa prilǿta] |

| retrasarse (vr) | задерживаться (нсв, возв) | [zadérʒivatsa] |
| retraso (m) de vuelo | задержка (ж) вылета | [zadérʃka vīleta] |

pantalla (f) de información	информационное табло (с)	[informatsiónnoe tabló]
información (f)	информация (ж)	[informátsija]
anunciar (vt)	объявлять (нсв, пх)	[objivlʲátʲ]
vuelo (m)	рейс (м)	[réjs]

| aduana (f) | таможня (ж) | [tamóʒnʲa] |
| aduanero (m) | таможенник (м) | [tamóʒenik] |

declaración (f) de aduana	декларация (ж)	[deklarátsija]
rellenar (vt)	заполнить (св, пх)	[zapólnitʲ]
rellenar la declaración	заполнить декларацию	[zapólnitʲ deklarátsiju]
control (m) de pasaportes	паспортный контроль (м)	[pásportnij kontrólʲ]

equipaje (m)	багаж (м)	[bagáʃ]
equipaje (m) de mano	ручная кладь (ж)	[rutʃnája klátʲ]
carrito (m) de equipaje	тележка (ж) для багажа	[teléʃka dlʲa bagaʒá]

aterrizaje (m)	посадка (ж)	[posátka]
pista (f) de aterrizaje	посадочная полоса (ж)	[posádotʃnaja polosá]
aterrizar (vi)	садиться (нсв, возв)	[sadítsa]
escaleras (f pl) (de avión)	трап (м)	[tráp]

facturación (f) (check-in)	регистрация (ж)	[registrátsija]
mostrador (m) de facturación	стойка (ж) регистрации	[stójka registrátsii]
hacer el check-in	зарегистрироваться (св, возв)	[zaregistrírovatsa]

| tarjeta (f) de embarque | посадочный талон (м) | [posádotʃnij talón] |
| puerta (f) de embarque | выход (м) | [vīhod] |

tránsito (m)	транзит (м)	[tranzít]
esperar (aguardar)	ждать (нсв, пх)	[ʒdátʲ]
zona (f) de preembarque	зал (м) ожидания	[zál oʒidánija]
despedir (vt)	провожать (нсв, пх)	[provoʒátʲ]
despedirse (vr)	прощаться (нсв, возв)	[proʃátsa]

173. La bicicleta. La motocicleta

bicicleta (f)	велосипед (м)	[velosipéd]
scooter (f)	мотороллер (м)	[motoróler]
motocicleta (f)	мотоцикл (м)	[mototsīkl]

ir en bicicleta	ехать на велосипеде	[éhatʲ na velosipéde]
manillar (m)	руль (м)	[rúlʲ]
pedal (m)	педаль (ж)	[pedálʲ]
frenos (m pl)	тормоза (м мн)	[tormozá]
sillín (m)	седло (с)	[sedló]

bomba (f)	насос (м)	[nasós]
portaequipajes (m)	багажник (м)	[bagáʒnik]
faro (m)	фонарь (м)	[fonárʲ]
casco (m)	шлем (м)	[ʃlém]

rueda (f)	колесо (с)	[kolesó]
guardabarros (m)	крыло (с)	[kriló]
llanta (f)	обод (м)	[óbod]
rayo (m)	спица (ж)	[spítsa]

Los coches

coche (m)	автомобиль (м)	[aftomobíľ]
coche (m) deportivo	спортивный автомобиль (м)	[sportívnij aftomobíľ]
limusina (f)	лимузин (м)	[limuzín]
todoterreno (m)	внедорожник (м)	[vnedoróʒnik]
cabriolé (m)	кабриолет (м)	[kabriolét]
microbús (m)	микроавтобус (м)	[mikro·aftóbus]
ambulancia (f)	скорая помощь (ж)	[skóraja pómoʃ]
quitanieves (m)	снегоуборочная машина (ж)	[snego·ubórotʃnaja maʃína]
camión (m)	грузовик (м)	[gruzovík]
camión (m) cisterna	бензовоз (м)	[benzovós]
camioneta (f)	фургон (м)	[furgón]
remolcador (m)	тягач (м)	[tɪgátʃ]
remolque (m)	прицеп (м)	[pritsǽp]
confortable (adj)	комфортабельный	[komfortábelʲnij]
de ocasión (adj)	подержанный	[podérʒenij]

capó (m)	капот (м)	[kapót]
guardabarros (m)	крыло (с)	[krɪló]
techo (m)	крыша (ж)	[krɪ̃ʃa]
parabrisas (m)	ветровое стекло (с)	[vetrovóe stekló]
espejo (m) retrovisor	зеркало (с) заднего вида	[zérkalo zádnevo vída]
limpiador (m)	омыватель (м)	[omivátelʲ]
limpiaparabrisas (m)	дворники (мн)	[dvórniki]
ventana (f) lateral	боковое стекло (с)	[bokovóe stekló]
elevalunas (m)	стеклоподъёмник (м)	[steklo·podjómnik]
antena (f)	антенна (ж)	[antǽna]
techo (m) solar	люк (м)	[lʲúk]
parachoques (m)	бампер (м)	[bámper]
maletero (m)	багажник (м)	[bagáʒnik]
baca (f) (portaequipajes)	багажник (м)	[bagáʒnik]
puerta (f)	дверца (ж)	[dvértsa]
tirador (m) de puerta	ручка (ж)	[rútʃka]
cerradura (f)	замок (м)	[zámok]

matrícula (f)	номер (м)	[nómer]
silenciador (m)	глушитель (м)	[gluʃteĺ]
tanque (m) de gasolina	бензобак (м)	[benzobák]
tubo (m) de escape	выхлопная труба (ж)	[vihlɔpnája trubá]

acelerador (m)	газ (м)	[gás]
pedal (m)	педаль (ж)	[pedáĺ]
pedal (m) de acelerador	педаль (ж) газа	[pedáĺ gáza]

freno (m)	тормоз (м)	[tórmɔs]
pedal (m) de freno	педаль (ж) тормоза	[pedáĺ tórmɔza]
frenar (vi)	тормозить (нсв, нпх)	[tɔrmɔzítʲ]
freno (m) de mano	стояночный тормоз (м)	[stɔjánɔtʃnij tórmɔs]

embrague (m)	сцепление (с)	[stsɛplénie]
pedal (m) de embrague	педаль (ж) сцепления	[pedáĺ stsɛplénija]
disco (m) de embrague	диск (м) сцепления	[dísk stsɛplénija]
amortiguador (m)	амортизатор (м)	[amɔrtizátɔr]

rueda (f)	колесо (с)	[kɔlesó]
rueda (f) de repuesto	запасное колесо (с)	[zapasnóe kɔlesó]
tapacubo (m)	колпак (м)	[kɔlpák]

ruedas (f pl) motrices	ведущие колёса (с мн)	[vedúʃie kɔlǿsa]
de tracción delantera	переднеприводный	[perédne·prívɔdnij]
de tracción trasera	заднеприводный	[zádne·prívɔdnij]
de tracción integral	полноприводный	[pólnɔ·prívɔdnij]

caja (f) de cambios	коробка (ж) передач	[kɔrópka peredátʃ]
automático (adj)	автоматическая	[aftɔmatítʃeskaja]
mecánico (adj)	механическая	[mehanítʃeskaja]
palanca (f) de cambios	рычаг (м) коробки передач	[ritʃág kɔrópki peredátʃ]

| faro (m) delantero | фара (ж) | [fára] |
| faros (m pl) | фары (ж мн) | [fári] |

luz (f) de cruce	ближний свет (м)	[blíʒnij svet]
luz (f) de carretera	дальний свет (м)	[dáĺnij svet]
luz (f) de freno	стоп-сигнал (м)	[stóp-signál]

luz (f) de posición	габаритные огни (мн)	[gabarítnie ɔgní]
luces (f pl) de emergencia	аварийные огни (мн)	[avarínjie ɔgní]
luces (f pl) antiniebla	противотуманные фары (ж мн)	[prótivɔ·tumánnie fári]

| intermitente (m) | поворотник (м) | [pɔvɔrótnik] |
| luz (f) de marcha atrás | задний ход (м) | [zádnij hód] |

176. Los carros. El compartimento de pasajeros

habitáculo (m)	салон (м)	[salón]
de cuero (adj)	кожаный	[kóʒanij]
de felpa (adj)	велюровый	[veĺúrɔvij]
revestimiento (m)	обивка (ж)	[ɔbífka]
instrumento (m)	прибор (м)	[pribór]

salpicadero (m)	приборный щиток (м)	[pribórnij ʃitók]
velocímetro (m)	спидометр (м)	[spidómetr]
aguja (f)	стрелка (ж)	[strélka]

cuentakilómetros (m)	счётчик (м)	[ʃǿttʃik]
indicador (m)	датчик (м)	[dáttʃik]
nivel (m)	уровень (м)	[úrɔvenʲ]
testigo (m) (~ luminoso)	лампочка (ж)	[lámpɔtʃka]

volante (m)	руль (м)	[rúlʲ]
bocina (f)	сигнал (м)	[signál]
botón (m)	кнопка (ж)	[knópka]
interruptor (m)	переключатель (м)	[pereklʲutʃátelʲ]

asiento (m)	сиденье (с)	[sidénje]
respaldo (m)	спинка (ж)	[spínka]
reposacabezas (m)	подголовник (м)	[pɔdgɔlóvnik]
cinturón (m) de seguridad	ремень (м) безопасности	[reménʲ bezɔpásnɔsti]
abrocharse el cinturón	пристегнуть ремень	[pristegnútʲ reménʲ]
reglaje (m)	регулировка (ж)	[regulirófka]

| bolsa (f) de aire (airbag) | воздушная подушка (ж) | [vɔzdúʃnaja pɔdúʃka] |
| climatizador (m) | кондиционер (м) | [kɔnditsiɔnér] |

radio (f)	радио (с)	[rádiɔ]
reproductor (m) de CD	CD-проигрыватель (м)	[si·dí-prɔígrivatelʲ]
encender (vt)	включить (св, пх)	[fklʲutʃítʲ]
antena (f)	антенна (ж)	[antǽna]
guantera (f)	бардачок (м)	[bardatʃók]
cenicero (m)	пепельница (ж)	[pépelʲnitsa]

177. Los carros. El motor

motor (m)	двигатель (м)	[dvígatelʲ]
motor (m)	мотор (м)	[mɔtór]
motor (m)	мотор, двигатель (м)	[mɔtór], [dvígatelʲ]
diesel (adj)	дизельный	[dízelʲnij]
a gasolina (adj)	бензиновый	[benzínɔvij]

volumen (m) del motor	объём (м) двигателя	[ɔbjóm dvígatelʲa]
potencia (f)	мощность (ж)	[móʃnɔstʲ]
caballo (m) de fuerza	лошадиная сила (ж)	[lɔʃidínaja síla]
pistón (m)	поршень (м)	[pórʃɛnʲ]
cilindro (m)	цилиндр (м)	[tsilíndr]
válvula (f)	клапан (м)	[klápan]

inyector (m)	инжектор (м)	[inʒǽktɔr]
generador (m)	генератор (м)	[generátɔr]
carburador (m)	карбюратор (м)	[karbʲurátɔr]
aceite (m) de motor	моторное масло (с)	[mɔtórnɔe máslɔ]

| radiador (m) | радиатор (м) | [radiátɔr] |
| liquido (m) refrigerante | охлаждающая жидкость (ж) | [ɔhlaʒdájuʃaja ʒītkɔstʲ] |

ventilador (m)	вентилятор (м)	[ventilʲátɔr]
batería (f)	аккумулятор (м)	[akumulʲátɔr]
estárter (m)	стартер (м)	[stárter]
encendido (m)	зажигание (с)	[zaʒigánie]
bujía (f) de ignición	свеча (ж) зажигания	[svetʃá zaʒigánija]

terminal (f)	клемма (ж)	[klémma]
terminal (f) positiva	плюс (м)	[plʲús]
terminal (f) negativa	минус (м)	[mínus]
fusible (m)	предохранитель (м)	[predɔhranítelʲ]

filtro (m) de aire	воздушный фильтр (м)	[vɔzdúʃnij fílʲtr]
filtro (m) de aceite	масляный фильтр (м)	[máslɪnij fílʲtr]
filtro (m) de combustible	топливный фильтр (м)	[tóplivnij fílʲtr]

178. Los carros. Los choques. La reparación

accidente (m)	авария (ж)	[avárija]
accidente (m) de tráfico	дорожное происшествие (с)	[dɔróʒnɔe prɔiʃǽstvie]
chocar contra …	врезаться (нсв, возв)	[vrézatsa]
tener un accidente	разбиться (св, возв)	[razbítsa]
daño (m)	повреждение (с)	[pɔvreʒdénie]
intacto (adj)	целый	[tsǽlij]

pana (f)	поломка (ж)	[pɔlómka]
averiarse (vr)	сломаться (св, возв)	[slɔmátsa]
remolque (m) (cuerda)	буксировочный трос (м)	[buksiróvɔtʃnij trós]

pinchazo (m)	прокол (м)	[prɔkól]
desinflarse (vr)	спустить (св, нпх)	[spustítʲ]
inflar (vt)	накачивать (нсв, пх)	[nakátʃivatʲ]
presión (f)	давление (с)	[davlénie]
verificar (vt)	проверить (св, пх)	[prɔvéritʲ]

reparación (f)	ремонт (м)	[remónt]
taller (m)	автосервис (м)	[aftɔˑsǽrvis]
parte (f) de repuesto	запчасть (ж)	[zaptʃástʲ]
parte (f)	деталь (ж)	[detálʲ]

perno (m)	болт (м)	[bólt]
tornillo (m)	винт (м)	[vínt]
tuerca (f)	гайка (ж)	[gájka]
arandela (f)	шайба (ж)	[ʃájba]
rodamiento (m)	подшипник (м)	[pɔdʃípnik]

tubo (m)	трубка (ж)	[trúpka]
junta (f)	прокладка (ж)	[prɔklátka]
hilo (m)	провод (м)	[próvɔd]

gato (m)	домкрат (м)	[dɔmkrát]
llave (f) de tuerca	гаечный ключ (м)	[gáetʃnij klʲútʃ]
martillo (m)	молоток (м)	[mɔlɔtók]
bomba (f)	насос (м)	[nasós]

destornillador (m)	отвёртка (ж)	[ɔtvǿrtka]
extintor (m)	огнетушитель (м)	[ɔgnetuʃʲtelʲ]
triángulo (m) de avería	аварийный треугольник (м)	[avaríjnij treugólʲnik]

calarse (vr)	глохнуть (нсв, нпх)	[glóhnutʲ]
parada (f) (del motor)	остановка (ж)	[ɔstanófka]
estar averiado	быть сломанным	[bītʲ slómannim]

recalentarse (vr)	перегреться (св, возв)	[peregrétsa]
estar atascado	засориться (св, возв)	[zasɔrítsa]
congelarse (vr)	замёрзнуть (св, нпх)	[zamǿrznutʲ]
reventar (vi)	лопнуть (св, нпх)	[lópnutʲ]

presión (f)	давление (с)	[davlénie]
nivel (m)	уровень (м)	[úrɔvenʲ]
flojo (correa ~a)	слабый	[slábij]

abolladura (f)	вмятина (ж)	[vmʲátina]
ruido (m) (en el motor)	стук (м)	[stúk]
grieta (f)	трещина (ж)	[tréʃʲina]
rozadura (f)	царапина (ж)	[tsarápina]

179. Los carros. La calle

camino (m)	дорога (ж)	[dɔróga]
autovía (f)	автомагистраль (ж)	[áftɔ·magistrálʲ]
carretera (f)	шоссе (с)	[ʃɔssǽ]
dirección (f)	направление (с)	[napravlénie]
distancia (f)	расстояние (с)	[rastɔjánie]

puente (m)	мост (м)	[móst]
aparcamiento (m)	паркинг (м)	[párking]
plaza (f)	площадь (ж)	[plóʃʲatʲ]
intercambiador (m)	развязка (ж)	[razvʲáska]
túnel (m)	тоннель (м)	[tɔnǽlʲ]

gasolinera (f)	автозаправка (ж)	[aftɔ·zapráfka]
aparcamiento (m)	автостоянка (ж)	[aftɔ·stɔjánka]
surtidor (m)	колонка (ж)	[kɔlónka]
taller (m)	гараж (м)	[garáʃ]
cargar gasolina	заправить (св, пх)	[zaprávitʲ]
combustible (m)	топливо (с)	[tóplivɔ]
bidón (m) de gasolina	канистра (ж)	[kanístra]

asfalto (m)	асфальт (м)	[asfálʲt]
señalización (f) vial	разметка (ж)	[razmétka]
bordillo (m)	бордюр (м)	[bɔrdʲúr]
barrera (f) de seguridad	ограждение (с)	[ɔgraʒdénie]
cuneta (f)	кювет (м)	[kʲuvét]
borde (m) de la carretera	обочина (ж)	[ɔbótʃina]
farola (f)	столб (м)	[stólb]
conducir (vi, vt)	вести (нсв, пх)	[vestí]
girar (~ a la izquierda)	поворачивать (нсв, нпх)	[pɔvɔrátʃivatʲ]

161

| dar la vuelta en U | разворачиваться (нсв, возв) | [razvɔrátʃivatsa] |
| marcha (f) atrás | задний ход (м) | [zádnij hód] |

tocar la bocina	сигналить (нсв, нпх)	[signálitʲ]
bocinazo (m)	звуковой сигнал (м)	[zvukɔvój signál]
atascarse (vr)	застрять (св, нпх)	[zastrʲátʲ]
patinar (vi)	буксовать (нсв, нпх)	[buksɔvátʲ]
parar (el motor)	глушить (нсв, пх)	[gluʃítʲ]

velocidad (f)	скорость (ж)	[skórɔstʲ]
exceder la velocidad	превысить скорость	[prevīsitʲ skórɔstʲ]
multar (vt)	штрафовать (нсв, пх)	[ʃtrafɔvátʲ]
semáforo (m)	светофор (м)	[svetɔfór]
permiso (m) de conducir	водительские права (мн)	[vɔdítelʲskie pravá]

paso (m) a nivel	переезд (м)	[pereézd]
cruce (m)	перекрёсток (м)	[perekrǿstɔk]
paso (m) de peatones	пешеходный переход (м)	[peʃɛhódnij perehód]
curva (f)	поворот (м)	[pɔvɔrót]
zona (f) de peatones	пешеходная зона (ж)	[peʃɛhódnaja zóna]

180. Las señales de tráfico

reglas (f pl) de tránsito	правила дорожного движения (ж)	[právila dɔróʒnɔvɔ dviʒǽnija]
señal (m) de tráfico	знак (м)	[znák]
adelantamiento (m)	обгон (м)	[ɔbgón]
curva (f)	поворот (м)	[pɔvɔrót]
vuelta (f) en U	разворот (м)	[razvɔrót]
rotonda (f)	круговое движение (с)	[krugɔvóe dviʒǽnie]

prohibido el paso	въезд запрещён	[vjézt zapreʃǿn]
circulación prohibida	движение запрещено	[dviʒǽnie zapreʃɛnó]
prohibido adelantar	обгон (м) запрещён	[ɔbgón zapreʃǿn]
prohibido aparcar	стоянка (ж) запрещена	[stɔjánka zapreʃɛná]
prohibido parar	остановка (ж) запрещена	[ɔstanófka zapreʃɛná]

curva (f) peligrosa	крутой поворот (м)	[krutój pɔvɔrót]
bajada con fuerte pendiente	крутой спуск (м)	[krutój spúsk]
sentido (m) único	одностороннее движение (с)	[ɔdnɔstɔrónnee dviʒǽnie]
paso (m) de peatones	пешеходный переход (м)	[peʃɛhódnij perehód]
pavimento (m) deslizante	скользкая дорога (ж)	[skólʲskaja dɔróga]
ceda el paso	уступи дорогу	[ustupí dɔrógu]

LA GENTE. ACONTECIMIENTOS DE LA VIDA

Acontecimentos de la vida

181. Los días festivos. Los eventos

fiesta (f)	праздник (м)	[práznik]
fiesta (f) nacional	национальный праздник (м)	[natsionálʲnij práznik]
día (m) de fiesta	праздничный день (м)	[práznitʃnij dénʲ]
festejar (vt)	праздновать (нсв, пх)	[práznɔvatʲ]
evento (m)	событие (с)	[sɔbĩtie]
medida (f)	мероприятие (с)	[merɔprijátie]
banquete (m)	банкет (м)	[bankét]
recepción (f)	приём (м)	[prijóm]
festín (m)	пир (м)	[pír]
aniversario (m)	годовщина (ж)	[gɔdɔfʲína]
jubileo (m)	юбилей (м)	[jubiléj]
celebrar (vt)	отметить (св, пх)	[ɔtmétitʲ]
Año (m) Nuevo	Новый год (м)	[nóvij gód]
¡Feliz Año Nuevo!	С Новым Годом!	[s nóvim gódɔm]
Navidad (f)	Рождество (с)	[rɔʒdestvó]
¡Feliz Navidad!	Весёлого Рождества!	[vesɵlɔvɔ rɔʒdestvá]
árbol (m) de Navidad	Новогодняя ёлка (ж)	[nɔvɔgódnʲaja jólka]
fuegos (m pl) artificiales	салют (м)	[salʲút]
boda (f)	свадьба (ж)	[svátʲba]
novio (m)	жених (м)	[ʒeníh]
novia (f)	невеста (ж)	[nevésta]
invitar (vt)	приглашать (нсв, пх)	[priglaʃátʲ]
tarjeta (f) de invitación	приглашение (с)	[priglaʃǽnie]
invitado (m)	гость (м)	[góstʲ]
visitar (vt) (a los amigos)	идти в гости	[itʲtí v gósti]
recibir a los invitados	встречать гостей	[fstretʃátʲ gɔstéj]
regalo (m)	подарок (м)	[pɔdárɔk]
regalar (vt)	дарить (нсв, пх)	[darítʲ]
recibir regalos	получать подарки	[pɔlutʃátʲ pɔdárki]
ramo (m) de flores	букет (м)	[bukét]
felicitación (f)	поздравление (с)	[pɔzdravlénie]
felicitar (vt)	поздравлять (нсв, пх)	[pɔzdravlʲátʲ]
tarjeta (f) de felicitación	поздравительная открытка (ж)	[pɔzdravítelʲnaja ɔtkrĩtka]

| enviar una tarjeta | отправить открытку | [ɔtprávitʲ ɔtkrĩtku] |
| recibir una tarjeta | получить открытку | [pɔlutʃítʲ ɔtkrĩtku] |

brindis (m)	тост (м)	[tóst]
ofrecer (~ una copa)	угощать (нсв, пх)	[ugɔʃátʲ]
champaña (f)	шампанское (с)	[ʃampánskɔe]

divertirse (vr)	веселиться (нсв, возв)	[veselítsa]
diversión (f)	веселье (с)	[vesélje]
alegría (f) (emoción)	радость (ж)	[rádɔstʲ]

| baile (m) | танец (м) | [tánets] |
| bailar (vi, vt) | танцевать (нсв, н/пх) | [tantsɛvátʲ] |

| vals (m) | вальс (м) | [válʲs] |
| tango (m) | танго (с) | [tángɔ] |

182. Los funerales. El entierro

cementerio (m)	кладбище (с)	[kládbiʃe]
tumba (f)	могила (ж)	[mɔgíla]
cruz (f)	крест (м)	[krést]
lápida (f)	надгробие (с)	[nadgróbie]
verja (f)	ограда (ж)	[ɔgráda]
capilla (f)	часовня (ж)	[tʃasóvnʲa]

muerte (f)	смерть (ж)	[smértʲ]
morir (vi)	умереть (св, нпх)	[umerétʲ]
difunto (m)	покойник (м)	[pɔkójnik]
luto (m)	траур (м)	[tráur]

enterrar (vt)	хоронить (нсв, пх)	[hɔrɔnítʲ]
funeraria (f)	похоронное бюро (с)	[pɔhɔrónnɔe bʲuró]
entierro (m)	похороны (мн)	[póhɔrɔni]

corona (f) funeraria	венок (м)	[venók]
ataúd (m)	гроб (м)	[grób]
coche (m) fúnebre	катафалк (м)	[katafálk]
mortaja (f)	саван (м)	[sávan]

cortejo (m) fúnebre	траурная процессия (ж)	[tráurnaja prɔtsǽsija]
urna (f) funeraria	урна (ж)	[úrna]
crematorio (m)	крематорий (м)	[krematórij]

necrología (f)	некролог (м)	[nekrɔlóg]
llorar (vi)	плакать (нсв, нпх)	[plákatʲ]
sollozar (vi)	рыдать (нсв, нпх)	[ridátʲ]

183. La guerra. Los soldados

| sección (f) | взвод (м) | [vzvód] |
| compañía (f) | рота (ж) | [róta] |

regimiento (m)	полк (м)	[pólk]
ejército (m)	армия (ж)	[ármija]
división (f)	дивизия (ж)	[divízija]

destacamento (m)	отряд (м)	[ɔtrʲád]
hueste (f)	войско (с)	[vójskɔ]

soldado (m)	солдат (м)	[sɔldát]
oficial (m)	офицер (м)	[ɔfitsǽr]

soldado (m) raso	рядовой (м)	[rɪdɔvój]
sargento (m)	сержант (м)	[serʒánt]
teniente (m)	лейтенант (м)	[lejtenánt]
capitán (m)	капитан (м)	[kapitán]
mayor (m)	майор (м)	[majór]
coronel (m)	полковник (м)	[pɔlkóvnik]
general (m)	генерал (м)	[generál]

marino (m)	моряк (м)	[mɔrʲák]
capitán (m)	капитан (м)	[kapitán]
contramaestre (m)	боцман (м)	[bófsman]

artillero (m)	артиллерист (м)	[artileríst]
paracaidista (m)	десантник (м)	[desántnik]
piloto (m)	лётчик (м)	[lǿtʧik]

navegador (m)	штурман (м)	[ʃtúrman]
mecánico (m)	механик (м)	[mehánik]

zapador (m)	сапёр (м)	[sapǿr]
paracaidista (m)	парашютист (м)	[paraʃutíst]

explorador (m)	разведчик (м)	[razvétʧik]
francotirador (m)	снайпер (м)	[snájper]

patrulla (f)	патруль (м)	[patrúlʲ]
patrullar (vi, vt)	патрулировать (нсв, н/пх)	[patrulírɔvatʲ]
centinela (m)	часовой (м)	[ʧasɔvój]

guerrero (m)	воин (м)	[vóin]
patriota (m)	патриот (м)	[patriót]

héroe (m)	герой (м)	[gerój]
heroína (f)	героиня (ж)	[gerɔínʲa]

traidor (m)	предатель (м)	[predátelʲ]
desertor (m)	дезертир (м)	[dezertír]
desertar (vi)	дезертировать (нсв, нпх)	[dezertírɔvatʲ]

mercenario (m)	наёмник (м)	[najómnik]
recluta (m)	новобранец (м)	[nɔvɔbránets]
voluntario (m)	доброволец (м)	[dɔbrɔvólefs]

muerto (m)	убитый (м)	[ubítij]
herido (m)	раненый (м)	[ránenij]
prisionero (m)	пленный (м)	[plénnij]

184. La guerra. Las maniobras militares. Unidad 1

guerra (f)	война (ж)	[vɔjná]
estar en guerra	воевать (нсв, нпх)	[vɔevátʲ]
guerra (f) civil	гражданская война (ж)	[graʒdánskaja vɔjná]
pérfidamente (adv)	вероломно	[verɔlómnɔ]
declaración (f) de guerra	объявление войны	[ɔbjɪvlénie vɔjnˈɪ]
declarar (~ la guerra)	объявить (св, пх)	[ɔbjɪvítʲ]
agresión (f)	агрессия (ж)	[agrǽsija]
atacar (~ a un país)	нападать (нсв, нпх)	[napadátʲ]
invadir (vt)	захватывать (нсв, пх)	[zahvátivatʲ]
invasor (m)	захватчик (м)	[zahvátʧik]
conquistador (m)	завоеватель (м)	[zavɔevátelʲ]
defensa (f)	оборона (ж)	[ɔbɔróna]
defender (vt)	оборонять (нсв, пх)	[ɔbɔrɔnʲátʲ]
defenderse (vr)	обороняться (нсв, возв)	[ɔbɔrɔnʲátsa]
enemigo (m)	враг (м)	[vrág]
adversario (m)	противник (м)	[prɔtívnik]
enemigo (adj)	вражеский	[vráʒeskij]
estrategia (f)	стратегия (ж)	[stratǽgija]
táctica (f)	тактика (ж)	[táktika]
orden (f)	приказ (м)	[prikás]
comando (m)	команда (ж)	[kɔmánda]
ordenar (vt)	приказывать (нсв, пх)	[prikázivatʲ]
misión (f)	задание (с)	[zadánie]
secreto (adj)	секретный	[sekrétnij]
batalla (f)	сражение (с)	[sraʒǽnie]
combate (m)	бой (м)	[bój]
ataque (m)	атака (ж)	[atáka]
asalto (m)	штурм (м)	[ʃtúrm]
tomar por asalto	штурмовать (нсв, пх)	[ʃturmɔvátʲ]
asedio (m), sitio (m)	осада (ж)	[ɔsáda]
ofensiva (f)	наступление (с)	[nastuplénie]
tomar la ofensiva	наступать (нсв, нпх)	[nastupátʲ]
retirada (f)	отступление (с)	[ɔtstuplénie]
retirarse (vr)	отступать (нсв, нпх)	[ɔtstupátʲ]
envolvimiento (m)	окружение (с)	[ɔkruʒǽnie]
cercar (vt)	окружать (нсв, пх)	[ɔkruʒátʲ]
bombardeo (m)	бомбёжка (ж)	[bɔmbǿʒka]
lanzar una bomba	сбросить бомбу	[zbrósitʲ bómbu]
bombear (vt)	бомбить (нсв, пх)	[bɔmbítʲ]
explosión (f)	взрыв (м)	[vzrˈɪf]
tiro (m), disparo (m)	выстрел (м)	[vˈɪstrel]

| disparar (vi) | выстрелить (св, нпх) | [vīstrelitʲ] |
| tiroteo (m) | стрельба (ж) | [strelʲbá] |

apuntar a …	целиться (нсв, возв)	[tsǽlitsa]
encarar (apuntar)	навести (св, пх)	[navestí]
alcanzar (el objetivo)	попасть (св, нпх)	[pɔpástʲ]

hundir (vt)	потопить (св, пх)	[pɔtɔpítʲ]
brecha (f) (~ en el casco)	пробоина (ж)	[prɔbóina]
hundirse (vr)	идти ко дну (нсв)	[itʲtí kɔ dnú]

frente (m)	фронт (м)	[frónt]
evacuación (f)	эвакуация (ж)	[ɛvakuátsija]
evacuar (vt)	эвакуировать (н/св, пх)	[ɛvakuírɔvatʲ]

trinchera (f)	окоп (м)	[ɔkóp]
alambre (m) de púas	колючая проволока (ж)	[kɔlʲútʃaja próvɔlka]
barrera (f) (~ antitanque)	заграждение (с)	[zagraʒdénie]
torre (f) de vigilancia	вышка (ж)	[vīʃka]

hospital (m)	госпиталь (м)	[góspitalʲ]
herir (vt)	ранить (н/св, пх)	[ránitʲ]
herida (f)	рана (ж)	[rána]
herido (m)	раненый (м)	[ránenij]
recibir una herida	получить ранение	[pɔlutʃítʲ ranénie]
grave (herida)	тяжёлый	[tɪʒólij]

185. La guerra. Las maniobras militares. Unidad 2

cautiverio (m)	плен (м)	[plén]
capturar (vt)	взять в плен	[vzʲátʲ f plén]
estar en cautiverio	быть в плену	[bītʲ f plenú]
caer prisionero	попасть в плен	[pɔpástʲ f plén]

campo (m) de concentración	концлагерь (м)	[kɔntsláger]
prisionero (m)	пленный (м)	[plénnij]
escapar (de cautiverio)	бежать (св, нпх)	[beʒátʲ]

traicionar (vt)	предать (св, пх)	[predátʲ]
traidor (m)	предатель (м)	[predátelʲ]
traición (f)	предательство (с)	[predátelʲstvɔ]

| fusilar (vt) | расстрелять (св, пх) | [rastrelʲátʲ] |
| fusilamiento (m) | расстрел (м) | [rastrél] |

equipo (m) (uniforme, etc.)	обмундирование (с)	[ɔbmundirɔvánie]
hombrera (f)	погон (м)	[pɔgón]
máscara (f) antigás	противогаз (м)	[prɔtivɔgás]

radio transmisor (m)	рация (ж)	[rátsija]
cifra (f) (código)	шифр (м)	[ʃīfr]
conspiración (f)	конспирация (ж)	[kɔnspirátsija]
contraseña (f)	пароль (м)	[parólʲ]
mina (f) terrestre	мина (ж)	[mína]

| minar (poner minas) | заминировать (св, пх) | [zamínírɔvatʲ] |
| campo (m) minado | минное поле (c) | [mínnɔe póle] |

alarma (f) aérea	воздушная тревога (ж)	[vɔzdúʃnaja trevóga]
alarma (f)	тревога (ж)	[trevóga]
señal (f)	сигнал (м)	[signál]
cohete (m) de señales	сигнальная ракета (ж)	[signálʲnaja rakéta]

estado (m) mayor	штаб (м)	[ʃtáb]
reconocimiento (m)	разведка (ж)	[razvétka]
situación (f)	обстановка (ж)	[ɔpstanófka]
informe (m)	рапорт (м)	[rápɔrt]
emboscada (f)	засада (ж)	[zasáda]
refuerzo (m)	подкрепление (c)	[pɔtkreplénie]

blanco (m)	мишень (ж)	[miʃǽnʲ]
terreno (m) de prueba	полигон (м)	[pɔligón]
maniobras (f pl)	манёвры (м мн)	[manǿvri]

pánico (m)	паника (ж)	[pánika]
devastación (f)	разруха (ж)	[razrúha]
destrucciones (f pl)	разрушения (ж)	[razruʃǽnija]
destruir (vt)	разрушать (нсв, пх)	[razruʃátʲ]

sobrevivir (vi, vt)	выжить (св, нпх)	[vɯ̄ʒitʲ]
desarmar (vt)	обезоружить (св, пх)	[ɔbezɔrúʒitʲ]
manejar (un arma)	обращаться (нсв, возв)	[ɔbraʃátsa]

| ¡Firmes! | Смирно! | [smírnɔ] |
| ¡Descanso! | Вольно! | [vólʲnɔ] |

hazaña (f)	подвиг (м)	[pódvig]
juramento (m)	клятва (ж)	[klʲátva]
jurar (vt)	клясться (нсв, возв)	[klʲástsa]

condecoración (f)	награда (ж)	[nagráda]
condecorar (vt)	награждать (нсв, пх)	[nagraʒdátʲ]
medalla (f)	медаль (ж)	[medálʲ]
orden (f) (~ de Merito)	орден (м)	[órden]

victoria (f)	победа (ж)	[pɔbéda]
derrota (f)	поражение (c)	[pɔraʒǽnie]
armisticio (m)	перемирие (c)	[peremírie]

bandera (f)	знамя (ж)	[známʲa]
gloria (f)	слава (ж)	[sláva]
desfile (m) militar	парад (м)	[parád]
marchar (desfilar)	маршировать (нсв, нпх)	[marʃirɔvátʲ]

186. Las armas

arma (f)	оружие (c)	[ɔrúʒie]
arma (f) de fuego	огнестрельное оружие (c)	[ɔgnestrélʲnɔe ɔrúʒie]
arma (f) blanca	холодное оружие (c)	[hɔlódnɔe ɔrúʒie]

arma (f) química	химическое оружие (c)	[himítʃeskɔe ɔrúʒie]
nuclear (adj)	ядерный	[jádernij]
arma (f) nuclear	ядерное оружие (c)	[jádernɔe ɔrúʒie]
bomba (f)	бомба (ж)	[bómba]
bomba (f) atómica	атомная бомба (ж)	[átɔmnaja bómba]
pistola (f)	пистолет (м)	[pistɔlét]
fusil (m)	ружьё (c)	[ruʒjǿ]
metralleta (f)	автомат (м)	[aftɔmát]
ametralladora (f)	пулемёт (м)	[pulemǿt]
boca (f)	дуло (c)	[dúlɔ]
cañón (m) (del arma)	ствол (м)	[stvól]
calibre (m)	калибр (м)	[kalíbr]
gatillo (m)	курок (м)	[kurók]
alza (f)	прицел (м)	[pritsǽl]
cargador (m)	магазин (м)	[magazín]
culata (f)	приклад (м)	[priklád]
granada (f) de mano	граната (ж)	[granáta]
explosivo (m)	взрывчатка (ж)	[vzrifʧátka]
bala (f)	пуля (ж)	[púlʲa]
cartucho (m)	патрон (м)	[patrón]
carga (f)	заряд (м)	[zarʲád]
pertrechos (m pl)	боеприпасы (мн)	[bɔepripási]
bombardero (m)	бомбардировщик (м)	[bɔmbardiróffʲik]
avión (m) de caza	истребитель (м)	[istrebítelʲ]
helicóptero (m)	вертолёт (м)	[vertɔlǿt]
antiaéreo (m)	зенитка (ж)	[zenítka]
tanque (m)	танк (м)	[tánk]
cañón (m) (de un tanque)	пушка (ж)	[púʃka]
artillería (f)	артиллерия (ж)	[artilérija]
dirigir (un misil, etc.)	навести на ... (св)	[navestí na ...]
obús (m)	снаряд (м)	[snarʲád]
bomba (f) de mortero	мина (ж)	[mína]
mortero (m)	миномёт (м)	[minɔmǿt]
trozo (m) de obús	осколок (м)	[ɔskólɔk]
submarino (m)	подводная лодка (ж)	[pɔdvódnaja lótka]
torpedo (m)	торпеда (ж)	[tɔrpéda]
misil (m)	ракета (ж)	[rakéta]
cargar (pistola)	заряжать (нсв, пх)	[zarɪʒátʲ]
tirar (vi)	стрелять (нсв, нпх)	[strelʲátʲ]
apuntar a ...	целиться (нсв, возв)	[tsǽlitsa]
bayoneta (f)	штык (м)	[ʃtĭk]
espada (f) (duelo a ~)	шпага (ж)	[ʃpága]
sable (m)	сабля (ж)	[sáblʲa]

169

lanza (f)	копьё (c)	[kɔpjǿ]
arco (m)	лук (м)	[lúk]
flecha (f)	стрела (ж)	[strelá]
mosquete (m)	мушкет (м)	[muʃkét]
ballesta (f)	арбалет (м)	[arbalét]

187. Los pueblos antiguos

primitivo (adj)	первобытный	[pervɔbîtnij]
prehistórico (adj)	доисторический	[dɔistɔrítʃeskij]
antiguo (adj)	древний	[drévnij]
Edad (f) de Piedra	Каменный Век (м)	[kámennij vek]
Edad (f) de Bronce	Бронзовый Век (м)	[brónzɔvij vek]
Edad (f) de Hielo	ледниковый период (м)	[lednikóvij períud]
tribu (f)	племя (c)	[plémʲa]
caníbal (m)	людоед (м)	[lʲudɔéd]
cazador (m)	охотник (м)	[ɔhótnik]
cazar (vi, vt)	охотиться (нсв, возв)	[ɔhótitsa]
mamut (m)	мамонт (м)	[mámɔnt]
caverna (f)	пещера (ж)	[peʃéra]
fuego (m)	огонь (м)	[ɔgónʲ]
hoguera (f)	костёр (м)	[kɔstǿr]
pintura (f) rupestre	наскальный рисунок (м)	[naskálʲnij risúnɔk]
útil (m)	орудие (c) труда	[ɔrúdie trudá]
lanza (f)	копьё (c)	[kɔpjǿ]
hacha (f) de piedra	каменный топор (м)	[kámennij tɔpór]
estar en guerra	воевать (нсв, нпх)	[vɔevátʲ]
domesticar (vt)	приручать (нсв, пх)	[prirutʃátʲ]
ídolo (m)	идол (м)	[ídɔl]
adorar (vt)	поклоняться (нсв, возв)	[pɔklɔnʲátsa]
superstición (f)	суеверие (c)	[suevérie]
evolución (f)	эволюция (ж)	[ɛvɔlʲútsija]
desarrollo (m)	развитие (c)	[razvítie]
desaparición (f)	исчезновение (c)	[isʃeznɔvénie]
adaptarse (vr)	приспосабливаться (нсв, возв)	[prispɔsáblivatsa]
arqueología (f)	археология (ж)	[arheɔlógija]
arqueólogo (m)	археолог (м)	[arheólɔg]
arqueológico (adj)	археологический	[arheɔlɔgítʃeskij]
sitio (m) de excavación	раскопки (мн)	[raskópki]
excavaciones (f pl)	раскопки (мн)	[raskópki]
hallazgo (m)	находка (ж)	[nahótka]
fragmento (m)	фрагмент (м)	[fragmént]

188. La edad media

pueblo (m)	народ (м)	[naród]
pueblos (m pl)	народы (м мн)	[naródi]
tribu (f)	племя (с)	[plémʲa]
tribus (f pl)	племена (с мн)	[plemená]

bárbaros (m pl)	варвары (м мн)	[várvari]
galos (m pl)	галлы (м мн)	[gáli]
godos (m pl)	готы (м мн)	[góti]
eslavos (m pl)	славяне (мн)	[slavʲáne]
vikingos (m pl)	викинги (м мн)	[víkingi]

romanos (m pl)	римляне (мн)	[rímlɪne]
romano (adj)	римский	[rímskij]

bizantinos (m pl)	византийцы (м мн)	[vizantíjtsi]
Bizancio (m)	Византия (ж)	[vizantíja]
bizantino (adj)	византийский	[vizantíjskij]

emperador (m)	император (м)	[imperátɔr]
jefe (m)	вождь (м)	[vóʃtʲ]
poderoso (adj)	могущественный	[mɔgúʃʲestvenij]
rey (m)	король (м)	[kɔrólʲ]
gobernador (m)	правитель (м)	[pravítelʲ]

caballero (m)	рыцарь (м)	[rĩtsarʲ]
señor (m) feudal	феодал (м)	[feɔdál]
feudal (adj)	феодальный	[feɔdálʲnij]
vasallo (m)	вассал (м)	[vasál]

duque (m)	герцог (м)	[gértsɔg]
conde (m)	граф (м)	[gráf]
barón (m)	барон (м)	[barón]
obispo (m)	епископ (м)	[epískɔp]

armadura (f)	доспехи (мн)	[dɔspéhi]
escudo (m)	щит (м)	[ʃʲít]
espada (f) (danza de ~s)	меч (м)	[métʃ]
visera (f)	забрало (с)	[zabrálɔ]
cota (f) de malla	кольчуга (ж)	[kɔlʲtʃúga]

cruzada (f)	крестовый поход (м)	[krestóvij pɔhód]
cruzado (m)	крестоносец (м)	[krestɔnósets]

territorio (m)	территория (ж)	[teritórija]
atacar (~ a un país)	нападать (нсв, нпх)	[napadátʲ]
conquistar (vt)	завоевать (св, пх)	[zavɔevátʲ]
ocupar (invadir)	захватить (св, пх)	[zahvatítʲ]

asedio (m), sitio (m)	осада (ж)	[ɔsáda]
sitiado (adj)	осаждённый	[ɔsaʒdǿnnij]
asediar, sitiar (vt)	осаждать (нсв, пх)	[ɔsaʒdátʲ]
inquisición (f)	инквизиция (ж)	[inkvizítsija]
inquisidor (m)	инквизитор (м)	[inkvizítɔr]

tortura (f)	пытка (ж)	[pĭtka]
cruel (adj)	жестокий	[ʒestókij]
hereje (m)	еретик (м)	[eretík]
herejía (f)	ересь (ж)	[éresʲ]

navegación (f) marítima	мореплавание (c)	[mɔre·plávanie]
pirata (m)	пират (м)	[pirát]
piratería (f)	пиратство (c)	[pirátstvɔ]
abordaje (m)	абордаж (м)	[abɔrdáʃ]
botín (m)	добыча (ж)	[dɔbĭʧa]
tesoros (m pl)	сокровища (мн)	[sɔkróviʃa]

descubrimiento (m)	открытие (c)	[ɔtkrĭtie]
descubrir (tierras nuevas)	открыть (св, пх)	[ɔtkrĭtʲ]
expedición (f)	экспедиция (ж)	[ɛkspedíʦija]

mosquetero (m)	мушкетёр (м)	[muʃketǿr]
cardenal (m)	кардинал (м)	[kardinál]
heráldica (f)	геральдика (ж)	[gerálʲdika]
heráldico (adj)	геральдический	[geralʲdíʧeskij]

189. El líder. El jefe. Las autoridades

rey (m)	король (м)	[kɔrólʲ]
reina (f)	королева (ж)	[kɔrɔléva]
real (adj)	королевский	[kɔrɔléfskij]
reino (m)	королевство (c)	[kɔrɔléfstvɔ]

| príncipe (m) | принц (м) | [prínʦ] |
| princesa (f) | принцесса (ж) | [prinʦǽsa] |

presidente (m)	президент (м)	[prezidént]
vicepresidente (m)	вице-президент (м)	[víʦɛ-prezidént]
senador (m)	сенатор (м)	[senátɔr]

monarca (m)	монарх (м)	[mɔnárh]
gobernador (m)	правитель (м)	[pravítelʲ]
dictador (m)	диктатор (м)	[diktátɔr]
tirano (m)	тиран (м)	[tirán]
magnate (m)	магнат (м)	[magnát]

director (m)	директор (м)	[diréktɔr]
jefe (m)	шеф (м)	[ʃǽf]
gerente (m)	управляющий (м)	[upravlʲájuʃij]
amo (m)	босс (м)	[bós]
dueño (m)	хозяин (м)	[hɔzʲáin]

jefe (m) (~ de delegación)	глава (ж)	[glavá]
autoridades (f pl)	власти (мн)	[vlásti]
superiores (m pl)	начальство (c)	[naʧálʲstvɔ]

gobernador (m)	губернатор (м)	[gubernátɔr]
cónsul (m)	консул (м)	[kónsul]
diplomático (m)	дипломат (м)	[diplɔmát]

| alcalde (m) | мэр (м) | [mǽr] |
| sheriff (m) | шериф (м) | [ʃɛríf] |

emperador (m)	император (м)	[imperátɔr]
zar (m)	царь (м)	[tsárʲ]
faraón (m)	фараон (м)	[faraón]
jan (m), kan (m)	хан (м)	[hán]

190. La calle. El camino. Las direcciones

| camino (m) | дорога (ж) | [dɔróga] |
| vía (f) | путь (м) | [pútʲ] |

carretera (f)	шоссе (с)	[ʃɔssǽ]
autovía (f)	автомагистраль (ж)	[áftɔ·magistrálʲ]
camino (m) nacional	национальная дорога (ж)	[natsiɔnálʲnaja dɔróga]

| camino (m) principal | главная дорога (ж) | [glávnaja dɔróga] |
| camino (m) de tierra | просёлочная дорога (ж) | [prɔsǿlɔtʃnaja dɔróga] |

| sendero (m) | тропа (ж) | [trɔpá] |
| senda (f) | тропинка (ж) | [trɔpínka] |

¿Dónde?	Где?	[gdé?]
¿A dónde?	Куда?	[kudá?]
¿De dónde?	Откуда?	[ɔtkúda?]

| dirección (f) | направление (с) | [napravlénie] |
| mostrar (~ el camino) | указать (св, пх) | [ukazátʲ] |

a la izquierda (girar ~)	налево	[nalévɔ]
a la derecha (girar)	направо	[naprávɔ]
todo recto (adv)	прямо	[prʲámɔ]
atrás (adv)	назад	[nazád]

curva (f)	поворот (м)	[pɔvɔrót]
girar (~ a la izquierda)	поворачивать (нсв, нпх)	[pɔvɔrátʃivatʲ]
dar la vuelta en U	разворачиваться (нсв, возв)	[razvɔrátʃivatsa]

| divisarse (vr) | виднеться (нсв, возв) | [vidnétsa] |
| aparecer (vi) | показаться (св, возв) | [pɔkazátsa] |

alto (m)	остановка (ж)	[ɔstanófka]
descansar (vi)	отдохнуть (св, нпх)	[ɔtdɔhnútʲ]
reposo (m)	отдых (м)	[ótdih]

perderse (vr)	заблудиться (св, возв)	[zabludítsa]
llevar a … (el camino)	вести к … (нсв)	[vestí k …]
llegar a …	выйти к … (св)	[vɨjti k …]
tramo (m) (~ del camino)	отрезок (м)	[ɔtrézɔk]

asfalto (m)	асфальт (м)	[asfálʲt]
bordillo (m)	бордюр (м)	[bɔrdʲúr]
cuneta (f)	канава (ж)	[kanáva]

173

pozo (m) de alcantarillado	люк (м)	[ljúk]
arcén (m)	обочина (ж)	[obótʃina]
bache (m)	яма (ж)	[jáma]

| ir (a pie) | идти (нсв, нпх) | [itʲtí] |
| adelantar (vt) | обогнать (св, пх) | [obognátʲ] |

| paso (m) | шаг (м) | [ʃág] |
| a pie | пешком | [peʃkóm] |

bloquear (vt)	перегородить (св, пх)	[peregorodítʲ]
barrera (f) (~ automática)	шлагбаум (м)	[ʃlagbáum]
callejón (m) sin salida	тупик (м)	[tupík]

191. Violar la ley. Los criminales. Unidad 1

bandido (m)	бандит (м)	[bandít]
crimen (m)	преступление (с)	[prestuplénie]
criminal (m)	преступник (м)	[prestúpnik]

ladrón (m)	вор (м)	[vór]
robo (m) (actividad)	воровство (с)	[vorofstvó]
robo (m) (hurto)	кража (ж)	[kráʒa]

secuestrar (vt)	похитить (св, пх)	[pohítitʲ]
secuestro (m)	похищение (с)	[pohiʃénie]
secuestrador (m)	похититель (м)	[pohitítelʲ]

| rescate (m) | выкуп (м) | [vīkup] |
| exigir un rescate | требовать выкуп | [trébovatʲ vīkup] |

| robar (vt) | грабить (нсв, пх) | [grábitʲ] |
| atracador (m) | грабитель (м) | [grabítelʲ] |

extorsionar (vt)	вымогать (нсв, пх)	[vimogátʲ]
extorsionista (m)	вымогатель (м)	[vimogátelʲ]
extorsión (f)	вымогательство (с)	[vimogátelʲstvo]

matar, asesinar (vt)	убить (св, пх)	[ubítʲ]
asesinato (m)	убийство (с)	[ubíjstvo]
asesino (m)	убийца (ж)	[ubíjtsa]

tiro (m), disparo (m)	выстрел (м)	[vīstrel]
disparar (vi)	выстрелить (св, нпх)	[vīstrelitʲ]
matar (a tiros)	застрелить (св, пх)	[zastrelítʲ]
tirar (vi)	стрелять (нсв, нпх)	[strelʲátʲ]
tiroteo (m)	стрельба (ж)	[strelʲbá]

incidente (m)	происшествие (с)	[proiʃæstvie]
pelea (f)	драка (ж)	[dráka]
víctima (f)	жертва (ж)	[ʒǽrtva]

| perjudicar (vt) | повредить (св, пх) | [povredítʲ] |
| daño (m) | ущерб (м) | [uʃérb] |

| cadáver (m) | труп (м) | [trúp] |
| grave (un delito ~) | тяжкий | [tʲáʃkij] |

atacar (vt)	напасть (св, нпх)	[napástʲ]
pegar (golpear)	бить (нсв, пх)	[bítʲ]
apporear (vt)	избить (св, пх)	[izbítʲ]
quitar (robar)	отнять (св, пх)	[otnʲátʲ]
acuchillar (vt)	зарезать (св, пх)	[zarézatʲ]
mutilar (vt)	изувечить (св, пх)	[izuvétʃitʲ]
herir (vt)	ранить (н/св, пх)	[ránitʲ]

chantaje (m)	шантаж (м)	[ʃantáʃ]
hacer chantaje	шантажировать (нсв, пх)	[ʃantaʒírovatʲ]
chantajista (m)	шантажист (м)	[ʃantaʒíst]

extorsión (f)	рэкет (м)	[ræket]
extorsionador (m)	рэкетир (м)	[rɛketír]
gángster (m)	гангстер (м)	[gángstɛr]
mafia (f)	мафия (ж)	[máfija]

carterista (m)	карманник (м)	[karmánnik]
ladrón (m) de viviendas	взломщик (м)	[vzlómʃik]
contrabandismo (m)	контрабанда (ж)	[kɔntrabánda]
contrabandista (m)	контрабандист (м)	[kɔntrabandíst]

falsificación (f)	подделка (ж)	[pɔddélka]
falsificar (vt)	подделывать (нсв, пх)	[pɔddélivatʲ]
falso (falsificado)	фальшивый	[falʲʃívij]

192. Violar la ley. Los criminales. Unidad 2

violación (f)	изнасилование (c)	[iznasílɔvanie]
violar (vt)	изнасиловать (св, пх)	[iznasílɔvatʲ]
violador (m)	насильник (м)	[nasílʲnik]
maníaco (m)	маньяк (м)	[manják]

prostituta (f)	проститутка (ж)	[prɔstitútka]
prostitución (f)	проституция (ж)	[prɔstitútsija]
chulo (m), proxeneta (m)	сутенёр (м)	[sutenǿr]

| drogadicto (m) | наркоман (м) | [narkɔmán] |
| narcotraficante (m) | торговец (м) наркотиками | [tɔrgóveʦ narkótikami] |

hacer explotar	взорвать (св, пх)	[vzɔrvátʲ]
explosión (f)	взрыв (м)	[vzrïf]
incendiar (vt)	поджечь (св, пх)	[pɔdʒǽtʃ]
incendiario (m)	поджигатель (м)	[pɔdʒigátelʲ]

terrorismo (m)	терроризм (м)	[terɔrízm]
terrorista (m)	террорист (м)	[terɔríst]
rehén (m)	заложник (м)	[zalóʒnik]

| estafar (vt) | обмануть (св, пх) | [ɔbmanútʲ] |
| estafa (f) | обман (м) | [ɔbmán] |

175

estafador (m)	мошенник (м)	[mɔʃǽnnik]
sobornar (vt)	подкупить (св, пх)	[pɔtkupítʲ]
soborno (m) (delito)	подкуп (м)	[pótkup]
soborno (m) (dinero, etc.)	взятка (ж)	[vzʲátka]

veneno (m)	яд (м)	[jád]
envenenar (vt)	отравить (св, пх)	[ɔtravítʲ]
envenenarse (vr)	отравиться (св, возв)	[ɔtravítsa]

| suicidio (m) | самоубийство (с) | [samɔubíjstvɔ] |
| suicida (m, f) | самоубийца (м, ж) | [samɔubíjtsa] |

amenazar (vt)	угрожать (нсв, пх)	[ugrɔʒátʲ]
amenaza (f)	угроза (ж)	[ugróza]
atentar (vi)	покушаться (нсв, возв)	[pɔkuʃátsa]
atentado (m)	покушение (с)	[pɔkuʃǽnie]

| robar (un coche) | угнать (св, пх) | [ugnátʲ] |
| secuestrar (un avión) | угнать (св, пх) | [ugnátʲ] |

| venganza (f) | месть (ж) | [méstʲ] |
| vengar (vt) | мстить (нсв, пх) | [mstítʲ] |

torturar (vt)	пытать (нсв, пх)	[pitátʲ]
tortura (f)	пытка (ж)	[pĩtka]
atormentar (vt)	мучить (нсв, пх)	[mútʃitʲ]

pirata (m)	пират (м)	[pirát]
gamberro (m)	хулиган (м)	[huligán]
armado (adj)	вооружённый	[vɔɔruʒónnij]
violencia (f)	насилие (с)	[nasílie]
ilegal (adj)	нелегальный	[nelegálʲnij]

| espionaje (m) | шпионаж (м) | [ʃpiɔnáʃ] |
| espiar (vi, vt) | шпионить (нсв, нпх) | [ʃpiónitʲ] |

193. La policía. La ley. Unidad 1

| justicia (f) | правосудие (с) | [pravɔsúdie] |
| tribunal (m) | суд (м) | [súd] |

juez (m)	судья (ж)	[sudjá]
jurados (m pl)	присяжные (мн)	[prisʲáʒnie]
tribunal (m) de jurados	суд (м) присяжных	[sút prisʲáʒnih]
juzgar (vt)	судить (нсв, пх)	[sudítʲ]

abogado (m)	адвокат (м)	[advɔkát]
acusado (m)	подсудимый (м)	[pɔtsudímij]
banquillo (m) de los acusados	скамья (ж) подсудимых	[skamjá pɔtsudímih]

inculpación (f)	обвинение (с)	[ɔbvinénie]
inculpado (m)	обвиняемый (м)	[ɔbvinʲáemij]
sentencia (f)	приговор (м)	[prigɔvór]
sentenciar (vt)	приговорить (св, пх)	[prigɔvorítʲ]

culpable (m)	виновник (м)	[vinóvnik]
castigar (vt)	наказать (св, пх)	[nakazátʲ]
castigo (m)	наказание (с)	[nakazánie]

multa (f)	штраф (м)	[ʃtráf]
cadena (f) perpetua	пожизненное заключение (с)	[pɔʒɨznenɔe zaklʲutʃénie]
pena (f) de muerte	смертная казнь (ж)	[smértnaja káznʲ]
silla (f) eléctrica	электрический стул (м)	[ɛlektrítʃeskij stúl]
horca (f)	виселица (ж)	[víselitsa]

| ejecutar (vt) | казнить (н/св, пх) | [kaznítʲ] |
| ejecución (f) | казнь (ж) | [káznʲ] |

| prisión (f) | тюрьма (ж) | [tʲurʲmá] |
| celda (f) | камера (ж) | [kámera] |

escolta (f)	конвой (м)	[kɔnvój]
guardia (m) de prisiones	надзиратель (м)	[nadzirátelʲ]
prisionero (m)	заключённый (м)	[zaklʲutʃónnij]

| esposas (f pl) | наручники (мн) | [narútʃniki] |
| esposar (vt) | надеть наручники | [nadétʲ narútʃniki] |

escape (m)	побег (м)	[pɔbég]
escaparse (vr)	убежать (св, нпх)	[ubeʒátʲ]
desaparecer (vi)	исчезнуть (св, нпх)	[isʃéznutʲ]
liberar (vt)	освободить (св, пх)	[ɔsvɔbɔdítʲ]
amnistía (f)	амнистия (ж)	[amnístija]

policía (f) (~ nacional)	полиция (ж)	[pɔlítsija]
policía (m)	полицейский (м)	[pɔlitsæjskij]
comisaría (f) de policía	полицейский участок (м)	[pɔlitsæjskij utʃástɔk]
porra (f)	резиновая дубинка (ж)	[rezínɔvaja dubínka]
megáfono (m)	рупор (м)	[rúpɔr]

coche (m) patrulla	патрульная машина (ж)	[patrúlʲnaja maʃína]
sirena (f)	сирена (ж)	[siréna]
poner la sirena	включить сирену	[fklʲutʃítʲ sirénu]
canto (m) de la sirena	вой (м) сирены	[vój siréni]

escena (f) del delito	место (с) преступления	[méstɔ prestuplénija]
testigo (m)	свидетель (м)	[svidételʲ]
libertad (f)	свобода (ж)	[svɔbóda]
cómplice (m)	сообщник (м)	[sɔópʃnik]
escapar de ...	скрыться (св, возв)	[skrítsa]
rastro (m)	след (м)	[sléd]

194. La policía. La ley. Unidad 2

búsqueda (f)	розыск (м)	[rózisk]
buscar (~ el criminal)	разыскивать ... (нсв, пх)	[razískivatʲ ...]
sospecha (f)	подозрение (с)	[pɔdɔzrénie]
sospechoso (adj)	подозрительный	[pɔdɔzrítelʲnij]

| parar (~ en la calle) | остановить (св, пх) | [ɔstanɔvítʲ] |
| retener (vt) | задержать (св, пх) | [zaderʒátʲ] |

causa (f) (~ penal)	дело (c)	[délɔ]
investigación (f)	следствие (c)	[slétstvie]
detective (m)	детектив, сыщик (м)	[dɛtɛktíf], [síʃʲik]
investigador (m)	следователь (м)	[slédɔvatelʲ]
versión (f)	версия (ж)	[vérsija]

motivo (m)	мотив (м)	[mɔtíf]
interrogatorio (m)	допрос (м)	[dɔprós]
interrogar (vt)	допрашивать (нсв, пх)	[dɔpráʃivatʲ]
interrogar (al testigo)	опрашивать (нсв, пх)	[ɔpráʃivatʲ]
control (m) (de vehículos, etc.)	проверка (ж)	[prɔvérka]

redada (f)	облава (ж)	[ɔbláva]
registro (m) (~ de la casa)	обыск (м)	[óbisk]
persecución (f)	погоня (ж)	[pɔgónʲa]
perseguir (vt)	преследовать (нсв, пх)	[preslédɔvatʲ]
rastrear (~ al criminal)	следить (нсв, нпх)	[sledítʲ]

arresto (m)	арест (м)	[arést]
arrestar (vt)	арестовать (св, пх)	[arestɔvátʲ]
capturar (vt)	поймать (св, пх)	[pɔjmátʲ]
captura (f)	поимка (ж)	[pɔímka]

documento (m)	документ (м)	[dɔkumént]
prueba (f)	доказательство (c)	[dɔkazátelʲstvɔ]
probar (vt)	доказывать (нсв, пх)	[dɔkázivatʲ]
huella (f) (pisada)	след (м)	[sléd]
huellas (f pl) digitales	отпечатки (м мн) пальцев	[ɔtpeʧátki pálʲʦɛf]
elemento (m) de prueba	улика (ж)	[ulíka]

coartada (f)	алиби (c)	[álibi]
inocente (no culpable)	невиновный	[nevinóvnij]
injusticia (f)	несправедливость (ж)	[nespravedlívostʲ]
injusto (adj)	несправедливый	[nespravedlívij]

criminal (adj)	криминальный	[kriminálʲnij]
confiscar (vt)	конфисковать (св, пх)	[kɔnfiskɔvátʲ]
narcótico (f)	наркотик (м)	[narkótik]
arma (f)	оружие (c)	[ɔrúʒie]
desarmar (vt)	обезоружить (св, пх)	[ɔbezɔrúʒitʲ]
ordenar (vt)	приказывать (нсв, пх)	[prikázivatʲ]
desaparecer (vi)	исчезнуть (св, нпх)	[isʃéznutʲ]

ley (f)	закон (м)	[zakón]
legal (adj)	законный	[zakónnij]
ilegal (adj)	незаконный	[nezakónnij]

| responsabilidad (f) | ответственность (ж) | [ɔtvétstvenostʲ] |
| responsable (adj) | ответственный | [ɔtvétstvenij] |

LA NATURALEZA

La tierra. Unidad 1

195. El espacio

cosmos (m)	космос (м)	[kósmɔs]
espacial, cósmico (adj)	космический	[kɔsmítʃeskij]
espacio (m) cósmico	космическое пространство	[kɔsmítʃeskɔe prɔstránstvɔ]
mundo (m)	мир (м)	[mír]
universo (m)	вселенная (ж)	[fselénnaja]
galaxia (f)	галактика (ж)	[galáktika]
estrella (f)	звезда (ж)	[zvezdá]
constelación (f)	созвездие (с)	[sɔzvézdie]
planeta (m)	планета (ж)	[planéta]
satélite (m)	спутник (м)	[spútnik]
meteorito (m)	метеорит (м)	[meteɔrít]
cometa (f)	комета (ж)	[kɔméta]
asteroide (m)	астероид (м)	[astɛróid]
órbita (f)	орбита (ж)	[ɔrbíta]
girar (vi)	вращаться (нсв, возв)	[vraʃátsa]
atmósfera (f)	атмосфера (ж)	[atmɔsféra]
Sol (m)	Солнце (с)	[sóntse]
Sistema (m) Solar	Солнечная система (ж)	[sólnetʃnaja sistéma]
eclipse (m) de Sol	солнечное затмение (с)	[sólnetʃnɔe zatménie]
Tierra (f)	Земля (ж)	[zemlʲá]
Luna (f)	Луна (ж)	[luná]
Marte (m)	Марс (м)	[márs]
Venus (f)	Венера (ж)	[venéra]
Júpiter (m)	Юпитер (м)	[jupíter]
Saturno (m)	Сатурн (м)	[satúrn]
Mercurio (m)	Меркурий (м)	[merkúrij]
Urano (m)	Уран (м)	[urán]
Neptuno (m)	Нептун (м)	[neptún]
Plutón (m)	Плутон (м)	[plutón]
la Vía Láctea	Млечный Путь (м)	[mlétʃnij pútʲ]
la Osa Mayor	Большая Медведица (ж)	[bɔlʲʃája medvéditsa]
la Estrella Polar	Полярная Звезда (ж)	[pɔlʲárnaja zvezdá]
marciano (m)	марсианин (м)	[marsiánin]

extraterrestre (m)
planetícola (m)
platillo (m) volante

инопланетянин (м)
пришелец (м)
летающая тарелка (ж)

[inɔplanetʲánin]
[priʃǽlets]
[letájuʃaja tarélka]

nave (f) espacial
estación (f) orbital
despegue (m)

космический корабль (м)
орбитальная станция (ж)
старт (м)

[kɔsmítʃeskij kɔráblʲ]
[ɔrbitálʲnaja stántsija]
[stárt]

motor (m)
tobera (f)
combustible (m)

двигатель (м)
сопло (c)
топливо (c)

[dvígatelʲ]
[sɔpló]
[tóplivɔ]

carlinga (f)
antena (f)
ventana (f)
batería (f) solar
escafandra (f)

кабина (ж)
антенна (ж)
иллюминатор (м)
солнечная батарея (ж)
скафандр (м)

[kabína]
[antǽna]
[ilʲuminátɔr]
[sólnetʃnaja bataréja]
[skafándr]

ingravidez (f)
oxígeno (m)

невесомость (ж)
кислород (м)

[nevesómɔstʲ]
[kislɔród]

atraque (m)
realizar el atraque

стыковка (ж)
производить стыковку

[stikófka]
[prɔizvɔdítʲ stikófku]

observatorio (m)
telescopio (m)
observar (vt)
explorar (~ el universo)

обсерватория (ж)
телескоп (м)
наблюдать (нсв, нпх)
исследовать (н/св, пх)

[ɔpservatórija]
[teleskóp]
[nablʲudátʲ]
[islédɔvatʲ]

196. La tierra

Tierra (f)
globo (m) terrestre
planeta (m)

Земля (ж)
земной шар (м)
планета (ж)

[zemlʲá]
[zemnój ʃár]
[planéta]

atmósfera (f)
geografía (f)
naturaleza (f)

атмосфера (ж)
география (ж)
природа (ж)

[atmɔsféra]
[geɔgráfija]
[priróda]

globo (m) terráqueo
mapa (m)
atlas (m)

глобус (м)
карта (ж)
атлас (м)

[glóbus]
[kárta]
[átlas]

Europa (f)
Asia (f)
África (f)
Australia (f)

Европа (ж)
Азия (ж)
Африка (ж)
Австралия (ж)

[evrópa]
[ázija]
[áfrika]
[afstrálija]

América (f)
América (f) del Norte
América (f) del Sur

Америка (ж)
Северная Америка (ж)
Южная Америка (ж)

[amérika]
[sévernaja amérika]
[júʒnaja amérika]

Antártida (f)
Ártico (m)

Антарктида (ж)
Арктика (ж)

[antarktída]
[árktika]

197. Los puntos cardinales

norte (m)	север (м)	[séver]
al norte	на север	[na séver]
en el norte	на севере	[na sévere]
del norte (adj)	северный	[sévernij]
sur (m)	юг (м)	[júg]
al sur	на юг	[na júg]
en el sur	на юге	[na júge]
del sur (adj)	южный	[júʒnij]
oeste (m)	запад (м)	[západ]
al oeste	на запад	[na západ]
en el oeste	на западе	[na západe]
del oeste (adj)	западный	[západnij]
este (m)	восток (м)	[vɔstók]
al este	на восток	[na vɔstók]
en el este	на востоке	[na vɔstóke]
del este (adj)	восточный	[vɔstótʃnij]

198. El mar. El océano

mar (m)	море (c)	[móre]
océano (m)	океан (м)	[ɔkeán]
golfo (m)	залив (м)	[zalíf]
estrecho (m)	пролив (м)	[prɔlíf]
tierra (f) firme	земля (ж), суша (ж)	[zemlⁱá], [súʃa]
continente (m)	материк (м)	[materík]
isla (f)	остров (м)	[óstrɔf]
península (f)	полуостров (м)	[pɔlu·óstrɔf]
archipiélago (m)	архипелаг (м)	[arhipelág]
bahía (f)	бухта (ж)	[búhta]
puerto (m)	гавань (ж)	[gávanⁱ]
laguna (f)	лагуна (ж)	[lagúna]
cabo (m)	мыс (м)	[mīs]
atolón (m)	атолл (м)	[atól]
arrecife (m)	риф (м)	[ríf]
coral (m)	коралл (м)	[kɔrál]
arrecife (m) de coral	коралловый риф (м)	[kɔrálɔvij ríf]
profundo (adj)	глубокий	[glubókij]
profundidad (f)	глубина (ж)	[glubiná]
abismo (m)	бездна (ж)	[bézdna]
fosa (f) oceánica	впадина (ж)	[fpádina]
corriente (f)	течение (c)	[tetʃénie]
bañar (rodear)	омывать (нсв, пх)	[ɔmivátⁱ]
orilla (f)	побережье (c)	[pɔberéʒje]

costa (f)	берег (м)	[béreg]
flujo (m)	прилив (м)	[prilíf]
reflujo (m)	отлив (м)	[ɔtlíf]
banco (m) de arena	отмель (ж)	[ótmelʲ]
fondo (m)	дно (c)	[dnó]

ola (f)	волна (ж)	[vɔlná]
cresta (f) de la ola	гребень (м) волны	[grébenʲ vɔlnĩ]
espuma (f)	пена (ж)	[péna]

tempestad (f)	буря (ж)	[búrʲa]
huracán (m)	ураган (м)	[uragán]
tsunami (m)	цунами (c)	[tsunámi]
bonanza (f)	штиль (м)	[ʃtílʲ]
calmo, tranquilo	спокойный	[spɔkójnij]

polo (m)	полюс (м)	[pólʲus]
polar (adj)	полярный	[pɔlʲárnij]

latitud (f)	широта (ж)	[ʃirɔtá]
longitud (f)	долгота (ж)	[dɔlgɔtá]
paralelo (m)	параллель (ж)	[paralélʲ]
ecuador (m)	экватор (м)	[ɛkvátɔr]

cielo (m)	небо (c)	[nébɔ]
horizonte (m)	горизонт (м)	[gɔrizónt]
aire (m)	воздух (м)	[vózduh]

faro (m)	маяк (м)	[maják]
bucear (vi)	нырять (нсв, нпх)	[nirʲátʲ]
hundirse (vr)	затонуть (св, нпх)	[zatɔnútʲ]
tesoros (m pl)	сокровища (мн)	[sɔkróviʃʲa]

199. Los nombres de los mares y los océanos

océano (m) Atlántico	Атлантический океан (м)	[atlantítʃeskij ɔkeán]
océano (m) Índico	Индийский океан (м)	[indíjskij ɔkeán]
océano (m) Pacífico	Тихий океан (м)	[tíhij ɔkeán]
océano (m) Glacial Ártico	Северный Ледовитый океан (м)	[sévernij ledɔvítij ɔkeán]

mar (m) Negro	Чёрное море (c)	[tʃórnɔe mórе]
mar (m) Rojo	Красное море (c)	[krásnɔe móre]
mar (m) Amarillo	Жёлтое море (c)	[ʒóltɔe móre]
mar (m) Blanco	Белое море (c)	[bélɔe móre]

mar (m) Caspio	Каспийское море (c)	[kaspíjskɔe móre]
mar (m) Muerto	Мёртвое море (c)	[mɵrtvɔe móre]
mar (m) Mediterráneo	Средиземное море (c)	[sredizémnɔe móre]

mar (m) Egeo	Эгейское море (c)	[ɛgéjskɔe móre]
mar (m) Adriático	Адриатическое море (c)	[adriatítʃeskɔe móre]
mar (m) Arábigo	Аравийское море (c)	[aravíjskɔe móre]
mar (m) del Japón	японское море (c)	[jɪpónskɔe móre]

| mar (m) de Bering | Берингово море (c) | [béringɔvɔ móre] |
| mar (m) de la China Meridional | Южно-Китайское море (c) | [júʒnɔ-kitájskɔe móre] |

mar (m) del Coral	Коралловое море (c)	[kɔrálɔvɔe móre]
mar (m) de Tasmania	Тасманово море (c)	[tasmánɔvɔ móre]
mar (m) Caribe	Карибское море (c)	[karíbskɔe móre]

| mar (m) de Barents | Баренцево море (c) | [bárentsɛvɔ móre] |
| mar (m) de Kara | Карское море (c) | [kárskɔe móre] |

mar (m) del Norte	Северное море (c)	[sévernɔe móre]
mar (m) Báltico	Балтийское море (c)	[baltíjskɔe móre]
mar (m) de Noruega	Норвежское море (c)	[nɔrvéʒskɔe móre]

200. Las montañas

montaña (f)	гора (ж)	[gɔrá]
cadena (f) de montañas	горная цепь (ж)	[górnaja tsǽpʲ]
cresta (f) de montañas	горный хребет (м)	[górnij hrebét]

cima (f)	вершина (ж)	[verʃína]
pico (m)	пик (м)	[pík]
pie (m)	подножие (c)	[pɔdnóʒie]
cuesta (f)	склон (м)	[sklón]

volcán (m)	вулкан (м)	[vulkán]
volcán (m) activo	действующий вулкан (м)	[déjstvujuʃʲij vulkán]
volcán (m) apagado	потухший вулкан (м)	[pɔtúhʃij vulkán]

erupción (f)	извержение (c)	[izverʒǽnie]
cráter (m)	кратер (м)	[krátɛr]
magma (f)	магма (ж)	[mágma]
lava (f)	лава (ж)	[láva]
fundido (lava ~a)	раскалённый	[raskalǿnnij]

cañón (m)	каньон (м)	[kanjón]
desfiladero (m)	ущелье (c)	[uʃʲélje]
grieta (f)	расщелина (ж)	[raʃʲélina]

puerto (m) (paso)	перевал (м)	[perevál]
meseta (f)	плато (c)	[plató]
roca (f)	скала (ж)	[skalá]
colina (f)	холм (м)	[hólm]

glaciar (m)	ледник (м)	[ledník]
cascada (f)	водопад (м)	[vɔdɔpád]
geiser (m)	гейзер (м)	[géjzer]
lago (m)	озеро (c)	[ózerɔ]

llanura (f)	равнина (ж)	[ravnína]
paisaje (m)	пейзаж (м)	[pejzáʃ]
eco (m)	эхо (c)	[ǽhɔ]
alpinista (m)	альпинист (м)	[alʲpiníst]

escalador (m)	скалолаз (м)	[skalɔlás]
conquistar (vt)	покорять (нсв, пх)	[pɔkɔrʲátʲ]
ascensión (f)	восхождение (c)	[vɔsxɔʒdénie]

201. Los nombres de las montañas

Alpes (m pl)	Альпы (мн)	[álʲpi]
Montblanc (m)	Монблан (м)	[mɔnblán]
Pirineos (m pl)	Пиренеи (мн)	[pirenéi]

Cárpatos (m pl)	Карпаты (мн)	[karpáti]
Urales (m pl)	Уральские горы (мн)	[urálʲskie góri]
Cáucaso (m)	Кавказ (м)	[kafkás]
Elbrus (m)	Эльбрус (м)	[ɛlʲbrús]

Altai (m)	Алтай (м)	[altáj]
Tian-Shan (m)	Тянь-Шань (ж)	[tʲánʲ-ʃánʲ]
Pamir (m)	Памир (м)	[pamír]
Himalayos (m pl)	Гималаи (мн)	[gimalái]
Everest (m)	Эверест (м)	[ɛverést]

| Andes (m pl) | Анды (мн) | [ándi] |
| Kilimanjaro (m) | Килиманджаро (ж) | [kilimandʒárɔ] |

202. Los ríos

río (m)	река (ж)	[reká]
manantial (m)	источник (м)	[istótʃnik]
lecho (m) (curso de agua)	русло (c)	[rúslɔ]
cuenca (f) fluvial	бассейн (м)	[basǽjn]
desembocar en ...	впадать в ... (нсв)	[fpadátʲ f ...]

| afluente (m) | приток (м) | [pritók] |
| ribera (f) | берег (м) | [béreg] |

corriente (f)	течение (c)	[tetʃénie]
río abajo (adv)	вниз по течению	[vnís pɔ tetʃéniju]
río arriba (adv)	вверх по течению	[vvérh pɔ tetʃéniju]

inundación (f)	наводнение (c)	[navɔdnénie]
riada (f)	половодье (c)	[pɔlɔvódje]
desbordarse (vr)	разливаться (нсв, возв)	[razlivátsa]
inundar (vt)	затоплять (нсв, пх)	[zatɔplʲátʲ]

| bajo (m) arenoso | мель (ж) | [mélʲ] |
| rápido (m) | порог (м) | [pɔróg] |

presa (f)	плотина (ж)	[plɔtína]
canal (m)	канал (м)	[kanál]
lago (m) artificiale	водохранилище (c)	[vódɔ·hraníliʃe]
esclusa (f)	шлюз (м)	[ʃlʲús]
cuerpo (m) de agua	водоём (м)	[vɔdɔjóm]

pantano (m)	болото (с)	[bolótɔ]
ciénaga (m)	трясина (ж)	[trɪsína]
remolino (m)	водоворот (м)	[vɔdɔvɔrót]
arroyo (m)	ручей (м)	[ruʧéj]
potable (adj)	питьевой	[pitjevój]
dulce (agua ~)	пресный	[présnij]
hielo (m)	лёд (м)	[lʲód]
helarse (el lago, etc.)	замёрзнуть (св, нпх)	[zamʲórznutʲ]

203. Los nombres de los ríos

Sena (m)	Сена (ж)	[séna]
Loira (m)	Луара (ж)	[luára]
Támesis (m)	Темза (ж)	[tǽmza]
Rin (m)	Рейн (м)	[rǽjn]
Danubio (m)	Дунай (м)	[dunáj]
Volga (m)	Волга (ж)	[vólga]
Don (m)	Дон (м)	[dón]
Lena (m)	Лена (ж)	[léna]
Río (m) Amarillo	Хуанхэ (ж)	[huanhǽ]
Río (m) Azul	янцзы (ж)	[jɪntszî]
Mekong (m)	Меконг (м)	[mekóng]
Ganges (m)	Ганг (м)	[gáng]
Nilo (m)	Нил (м)	[níl]
Congo (m)	Конго (ж)	[kóngɔ]
Okavango (m)	Окаванго (ж)	[ɔkavángɔ]
Zambeze (m)	Замбези (ж)	[zambézi]
Limpopo (m)	Лимпопо (ж)	[limpɔpó]
Misisipí (m)	Миссисипи (ж)	[misisípi]

204. El bosque

bosque (m)	лес (м)	[lés]
de bosque (adj)	лесной	[lesnój]
espesura (f)	чаща (ж)	[ʧáʃʲa]
bosquecillo (m)	роща (ж)	[róʃʲa]
claro (m)	поляна (ж)	[pɔlʲána]
maleza (f)	заросли (мн)	[zárɔsli]
matorral (m)	кустарник (м)	[kustárnik]
senda (f)	тропинка (ж)	[trɔpínka]
barranco (m)	овраг (м)	[ɔvrág]
árbol (m)	дерево (с)	[dérevɔ]
hoja (f)	лист (м)	[líst]

follaje (m)	листва (ж)	[listvá]
caída (f) de hojas	листопад (м)	[listɔpád]
caer (las hojas)	опадать (нсв, нпх)	[ɔpadátʲ]
cima (f)	верхушка (ж)	[verhúʃka]

rama (f)	ветка (ж)	[vétka]
rama (f) (gruesa)	сук (м)	[súk]
brote (m)	почка (ж)	[pótʃka]
aguja (f)	игла (ж)	[iglá]
piña (f)	шишка (ж)	[ʃiʃka]

agujero (m)	дупло (с)	[dupló]
nido (m)	гнездо (с)	[gnezdó]
madriguera (f)	нора (ж)	[nɔrá]

tronco (m)	ствол (м)	[stvól]
raíz (f)	корень (м)	[kórenʲ]
corteza (f)	кора (ж)	[kɔrá]
musgo (m)	мох (м)	[móh]

extirpar (vt)	корчевать (нсв, пх)	[kɔrtʃevátʲ]
talar (vt)	рубить (нсв, пх)	[rubítʲ]
deforestar (vt)	вырубать лес	[virubátʲ lʲés]
tocón (m)	пень (м)	[pénʲ]

hoguera (f)	костёр (м)	[kɔstǿr]
incendio (m)	пожар (м)	[pɔʒár]
apagar (~ el incendio)	тушить (нсв, пх)	[tuʃítʲ]

guarda (m) forestal	лесник (м)	[lesník]
protección (f)	охрана (ж)	[ɔhrána]
proteger (vt)	охранять (нсв, пх)	[ɔhranʲátʲ]
cazador (m) furtivo	браконьер (м)	[brakɔnjér]
cepo (m)	капкан (м)	[kapkán]

| recoger (setas, bayas) | собирать (нсв, пх) | [sɔbirátʲ] |
| perderse (vr) | заблудиться (св, возв) | [zabludítsa] |

205. Los recursos naturales

recursos (m pl) naturales	природные ресурсы (м мн)	[priródnie resúrsi]
minerales (m pl)	полезные ископаемые (с мн)	[pɔléznie iskɔpáemie]
depósitos (m pl)	залежи (мн)	[záleʒi]
yacimiento (m)	месторождение (с)	[mestɔrɔʒdénie]

extraer (vt)	добывать (нсв, пх)	[dɔbivátʲ]
extracción (f)	добыча (ж)	[dɔbītʃa]
mineral (m)	руда (ж)	[rudá]
mina (f)	рудник (м)	[rudník]
pozo (m) de mina	шахта (ж)	[ʃáhta]
minero (m)	шахтёр (м)	[ʃahtǿr]
gas (m)	газ (м)	[gás]
gasoducto (m)	газопровод (м)	[gazɔ·prɔvód]

petróleo (m)	нефть (ж)	[néftⁱ]
oleoducto (m)	нефтепровод (м)	[nefte·prɔvód]
torre (f) petrolera	нефтяная вышка (ж)	[neftɪnája vĩ̈ka]
torre (f) de sondeo	буровая вышка (ж)	[burɔvája vĩ̈ka]
petrolero (m)	танкер (м)	[tánker]

arena (f)	песок (м)	[pesók]
caliza (f)	известняк (м)	[izvesnⁱák]
grava (f)	гравий (м)	[grávij]
turba (f)	торф (м)	[tórf]
arcilla (f)	глина (ж)	[glína]
carbón (m)	уголь (м)	[úgɔlⁱ]

hierro (m)	железо (с)	[ʒelézɔ]
oro (m)	золото (с)	[zólɔtɔ]
plata (f)	серебро (с)	[serebró]
níquel (m)	никель (м)	[níkelⁱ]
cobre (m)	медь (ж)	[métⁱ]

zinc (m)	цинк (м)	[tsĩ̈nk]
manganeso (m)	марганец (м)	[márganets]
mercurio (m)	ртуть (ж)	[rtútⁱ]
plomo (m)	свинец (м)	[svinéts]

mineral (m)	минерал (м)	[minerál]
cristal (m)	кристалл (м)	[kristál]
mármol (m)	мрамор (м)	[mrámɔr]
uranio (m)	уран (м)	[urán]

La tierra. Unidad 2

206. El tiempo

tiempo (m)	погода (ж)	[pɔgóda]
previsión (m) del tiempo	прогноз (м) погоды	[prɔgnós pɔgódi]
temperatura (f)	температура (ж)	[temperatúra]
termómetro (m)	термометр (м)	[termómetr]
barómetro (m)	барометр (м)	[barómetr]
húmedo (adj)	влажный	[vláʒnij]
humedad (f)	влажность (ж)	[vláʒnɔstʲ]
bochorno (m)	жара (ж)	[ʒará]
tórrido (adj)	жаркий	[ʒárkij]
hace mucho calor	жарко	[ʒárkɔ]
hace calor (templado)	тепло	[tepló]
templado (adj)	тёплый	[tǿplij]
hace frío	холодно	[hólɔdnɔ]
frío (adj)	холодный	[hɔlódnij]
sol (m)	солнце (с)	[sónʦe]
brillar (vi)	светить (нсв, нпх)	[svetítʲ]
soleado (un día ~)	солнечный	[sólneʧnij]
elevarse (el sol)	взойти (св, нпх)	[vzɔjtí]
ponerse (vr)	сесть (св, нпх)	[séstʲ]
nube (f)	облако (с)	[óblakɔ]
nuboso (adj)	облачный	[óblaʧnij]
nubarrón (m)	туча (ж)	[túʧa]
nublado (adj)	пасмурный	[pásmurnij]
lluvia (f)	дождь (м)	[dóʃtʲ], [dóʃʲ]
está lloviendo	идёт дождь	[idǿt dóʃtʲ]
lluvioso (adj)	дождливый	[dɔʒdlívij]
lloviznar (vi)	моросить (нсв, нпх)	[mɔrɔsítʲ]
aguacero (m)	проливной дождь (м)	[prɔlivnój dóʃtʲ]
chaparrón (m)	ливень (м)	[lívenʲ]
fuerte (la lluvia ~)	сильный	[sílʲnij]
charco (m)	лужа (ж)	[lúʒa]
mojarse (vr)	промокнуть (св, нпх)	[prɔmóknutʲ]
niebla (f)	туман (м)	[tumán]
nebuloso (adj)	туманный	[tumánnij]
nieve (f)	снег (м)	[snég]
está nevando	идёт снег	[idǿt snég]

207. Los eventos climáticos severos. Los desastres naturales

tormenta (f)	гроза (ж)	[grɔzá]
relámpago (m)	молния (ж)	[mólnija]
relampaguear (vi)	сверкать (нсв, нпх)	[sverkátʲ]
trueno (m)	гром (м)	[gróm]
tronar (vi)	греметь (нсв, нпх)	[gremétʲ]
está tronando	гремит гром	[gremít gróm]
granizo (m)	град (м)	[grád]
está granizando	идёт град	[idɵt grád]
inundar (vt)	затопить (св, пх)	[zatɔpítʲ]
inundación (f)	наводнение (с)	[navɔdnénie]
terremoto (m)	землетрясение (с)	[zemletrısénie]
sacudida (f)	толчок (м)	[tɔlʧók]
epicentro (m)	эпицентр (м)	[ɛpitsǽntr]
erupción (f)	извержение (с)	[izverʒǽnie]
lava (f)	лава (ж)	[láva]
torbellino (m)	смерч (м)	[smérʧ]
tornado (m)	торнадо (м)	[tɔrnádɔ]
tifón (m)	тайфун (м)	[tajfún]
huracán (m)	ураган (м)	[uragán]
tempestad (f)	буря (ж)	[búrʲa]
tsunami (m)	цунами (с)	[tsunámi]
ciclón (m)	циклон (м)	[tsiklón]
mal tiempo (m)	непогода (ж)	[nepɔgóda]
incendio (m)	пожар (м)	[pɔʒár]
catástrofe (f)	катастрофа (ж)	[katastrófa]
meteorito (m)	метеорит (м)	[meteɔrít]
avalancha (f)	лавина (ж)	[lavína]
alud (m) de nieve	обвал (м)	[ɔbvál]
ventisca (f)	метель (ж)	[metélʲ]
nevasca (f)	вьюга (ж)	[vjúga]

208. Los ruidos. Los sonidos

silencio (m)	тишина (ж)	[tiʃiná]
sonido (m)	звук (м)	[zvúk]
ruido (m)	шум (м)	[ʃúm]
hacer ruido	шуметь (нсв, нпх)	[ʃumétʲ]
ruidoso (adj)	шумный	[ʃúmnij]
alto (adv)	громко	[grómkɔ]
fuerte (~ voz)	громкий	[grómkij]
constante (ruido, etc.)	постоянный	[pɔstɔjánnij]

grito (m)	крик (м)	[krík]
gritar (vi)	кричать (нсв, нпх)	[kriʧátʲ]
susurro (m)	шёпот (м)	[ʃópɔt]
susurrar (vi, vt)	шептать (нсв, н/пх)	[ʃɛptátʲ]

| ladrido (m) | лай (м) | [láj] |
| ladrar (vi) | лаять (нсв, нпх) | [lájɪtʲ] |

gemido (m)	стон (м)	[stón]
gemir (vi)	стонать (нсв, нпх)	[stɔnátʲ]
tos (f)	кашель (м)	[káʃɛlʲ]
toser (vi)	кашлять (нсв, нпх)	[káʃlɪtʲ]

silbido (m)	свист (м)	[svíst]
silbar (vi)	свистеть (нсв, нпх)	[svistétʲ]
llamada (f) (golpes)	стук (м)	[stúk]
golpear (la puerta)	стучать (нсв, нпх)	[stuʧátʲ]

| crepitar (vi) | трещать (нсв, нпх) | [treʃátʲ] |
| crepitación (f) | треск (м) | [trésk] |

sirena (f)	сирена (ж)	[siréna]
pito (m) (de la fábrica)	гудок (м)	[gudók]
pitar (un tren, etc.)	гудеть (нсв, нпх)	[gudétʲ]
bocinazo (m)	сигнал (м)	[signál]
tocar la bocina	сигналить (нсв, нпх)	[signálitʲ]

209. El invierno

invierno (m)	зима (ж)	[zimá]
de invierno (adj)	зимний	[zímnij]
en invierno	зимой	[zimój]

nieve (f)	снег (м)	[snég]
está nevando	идёт снег	[idǿt snég]
nevada (f)	снегопад (м)	[snegɔpád]
montón (m) de nieve	сугроб (м)	[sugrób]

copo (m) de nieve	снежинка (ж)	[sneʒĩnka]
bola (f) de nieve	снежок (м)	[sneʒók]
monigote (m) de nieve	снеговик (м)	[snegɔvík]
carámbano (m)	сосулька (ж)	[sɔsúlʲka]

diciembre (m)	декабрь (м)	[dekábrʲ]
enero (m)	январь (м)	[jɪnvárʲ]
febrero (m)	февраль (м)	[fevrálʲ]

| helada (f) | мороз (м) | [mɔrós] |
| helado (~a noche) | морозный | [mɔróznij] |

bajo cero (adv)	ниже нуля	[níʒe nulʲá]
primeras heladas (f pl)	заморозки (мн)	[zámɔrɔski]
escarcha (f)	иней (м)	[ínej]
frío (m)	холод (м)	[hólɔd]

hace frío	холодно	[hólɔdnɔ]
abrigo (m) de piel	шуба (ж)	[ʃúba]
manoplas (f pl)	варежки (ж мн)	[váreʃki]
enfermarse (vr)	заболеть (св, нпх)	[zabɔlétʲ]
resfriado (m)	простуда (ж)	[prɔstúda]
resfriarse (vr)	простудиться (св, возв)	[prɔstudítsa]
hielo (m)	лёд (м)	[lǿd]
hielo (m) negro	гололёд (м)	[gɔlɔlǿd]
helarse (el lago, etc.)	замёрзнуть (св, нпх)	[zamǿrznutʲ]
bloque (m) de hielo	льдина (ж)	[lʲdína]
esquís (m pl)	лыжи (ж мн)	[líʒi]
esquiador (m)	лыжник (м)	[líʒnik]
esquiar (vi)	кататься на лыжах	[katátsa na líʒah]
patinar (vi)	кататься на коньках	[katátsa na kɔnʲkáh]

La fauna

210. Los mamíferos. Los predadores

carnívoro (m)	хищник (м)	[híʃnik]
tigre (m)	тигр (м)	[tígr]
león (m)	лев (м)	[léf]
lobo (m)	волк (м)	[vólk]
zorro (m)	лиса (ж)	[lisá]
jaguar (m)	ягуар (м)	[jɪguár]
leopardo (m)	леопард (м)	[leɔpárd]
guepardo (m)	гепард (м)	[gepárd]
pantera (f)	пантера (ж)	[pantǽra]
puma (f)	пума (ж)	[púma]
leopardo (m) de las nieves	снежный барс (м)	[snéʒnij bárs]
lince (m)	рысь (ж)	[rȋsʲ]
coyote (m)	койот (м)	[kɔjót]
chacal (m)	шакал (м)	[ʃakál]
hiena (f)	гиена (ж)	[giéna]

211. Los animales salvajes

animal (m)	животное (с)	[ʒivótnɔe]
bestia (f)	зверь (м)	[zvérʲ]
ardilla (f)	белка (ж)	[bélka]
erizo (m)	ёж (м)	[jóʃ]
liebre (f)	заяц (м)	[záɪts]
conejo (m)	кролик (м)	[królik]
tejón (m)	барсук (м)	[barsúk]
mapache (m)	енот (м)	[enót]
hámster (m)	хомяк (м)	[hɔmʲák]
marmota (f)	сурок (м)	[surók]
topo (m)	крот (м)	[krót]
ratón (m)	мышь (ж)	[mȋʃ]
rata (f)	крыса (ж)	[krȋsa]
murciélago (m)	летучая мышь (ж)	[letútʃaja mȋʃ]
armiño (m)	горностай (м)	[gɔrnɔstáj]
cebellina (f)	соболь (м)	[sóbɔlʲ]
marta (f)	куница (ж)	[kunítsa]
comadreja (f)	ласка (ж)	[láska]
visón (m)	норка (ж)	[nórka]

| castor (m) | бобр (м) | [bóbr] |
| nutria (f) | выдра (ж) | [vīdra] |

caballo (m)	лошадь (ж)	[lóʃatʲ]
alce (m)	лось (м)	[lósʲ]
ciervo (m)	олень (м)	[ɔlénʲ]
camello (m)	верблюд (м)	[verblʲúd]

bisonte (m)	бизон (м)	[bizón]
uro (m)	зубр (м)	[zúbr]
búfalo (m)	буйвол (м)	[bújvɔl]

cebra (f)	зебра (ж)	[zébra]
antílope (m)	антилопа (ж)	[antilópa]
corzo (m)	косуля (ж)	[kɔsúlʲa]
gamo (m)	лань (ж)	[lánʲ]
gamuza (f)	серна (ж)	[sérna]
jabalí (m)	кабан (м)	[kabán]

ballena (f)	кит (м)	[kít]
foca (f)	тюлень (м)	[tʲulénʲ]
morsa (f)	морж (м)	[mórʃ]
oso (m) marino	котик (м)	[kótik]
delfín (m)	дельфин (м)	[delʲfín]

oso (m)	медведь (м)	[medvétʲ]
oso (m) blanco	белый медведь (м)	[bélij medvétʲ]
panda (f)	панда (ж)	[pánda]

mono (m)	обезьяна (ж)	[ɔbezjána]
chimpancé (m)	шимпанзе (с)	[ʃimpanzǽ]
orangután (m)	орангутанг (м)	[ɔrangutáng]
gorila (m)	горилла (ж)	[gɔríla]
macaco (m)	макака (ж)	[makáka]
gibón (m)	гиббон (м)	[gibón]

elefante (m)	слон (м)	[slón]
rinoceronte (m)	носорог (м)	[nɔsɔróg]
jirafa (f)	жираф (м)	[ʒiráf]
hipopótamo (m)	бегемот (м)	[begemót]

| canguro (m) | кенгуру (м) | [kengurú] |
| koala (f) | коала (ж) | [kɔála] |

mangosta (f)	мангуст (м)	[mangúst]
chinchilla (f)	шиншилла (ж)	[ʃinʃíla]
mofeta (f)	скунс (м)	[skúns]
espín (m)	дикобраз (м)	[dikɔbrás]

212. Los animales domésticos

gata (f)	кошка (ж)	[kóʃka]
gato (m)	кот (м)	[kót]
caballo (m)	лошадь (ж)	[lóʃatʲ]

| garañón (m) | жеребец (м) | [ʒerebéts] |
| yegua (f) | кобыла (ж) | [kɔbïla] |

vaca (f)	корова (ж)	[kɔróva]
toro (m)	бык (м)	[bïk]
buey (m)	вол (м)	[vól]

oveja (f)	овца (ж)	[ɔftsá]
carnero (m)	баран (м)	[barán]
cabra (f)	коза (ж)	[kɔzá]
cabrón (m)	козёл (м)	[kɔzǿl]

| asno (m) | осёл (м) | [ɔsǿl] |
| mulo (m) | мул (м) | [múl] |

cerdo (m)	свинья (ж)	[svinjá]
cerdito (m)	поросёнок (м)	[pɔrɔsǿnɔk]
conejo (m)	кролик (м)	[królik]

| gallina (f) | курица (ж) | [kúritsa] |
| gallo (m) | петух (м) | [petúh] |

pato (m)	утка (ж)	[útka]
ánade (m)	селезень (м)	[sélezenʲ]
ganso (m)	гусь (м)	[gúsʲ]

| pavo (m) | индюк (м) | [indʲúk] |
| pava (f) | индюшка (ж) | [indʲúʃka] |

animales (m pl) domésticos	домашние животные (с мн)	[dɔmáʃnie ʒivótnie]
domesticado (adj)	ручной	[rutʃnój]
domesticar (vt)	приручать (нсв, пх)	[prirutʃátʲ]
criar (vt)	выращивать (нсв, пх)	[viráʃivatʲ]

granja (f)	ферма (ж)	[férma]
aves (f pl) de corral	домашняя птица (ж)	[dɔmáʃnʲaja ptítsa]
ganado (m)	скот (м)	[skót]
rebaño (m)	стадо (с)	[stádɔ]

caballeriza (f)	конюшня (ж)	[kɔnʲúʃnʲa]
porqueriza (f)	свинарник (м)	[svinárnik]
vaquería (f)	коровник (м)	[kɔróvnik]
conejal (m)	крольчатник (м)	[krɔlʲtʃátnik]
gallinero (m)	курятник (м)	[kurʲátnik]

213. Los perros. Las razas de perros

perro (m)	собака (ж)	[sɔbáka]
perro (m) pastor	овчарка (ж)	[ɔftʃárka]
pastor (m) alemán	немецкая овчарка (ж)	[nemétskaja ɔftʃárka]
caniche (m), poodle (m)	пудель (м)	[púdelʲ]
teckel (m)	такса (ж)	[táksa]
buldog (m)	бульдог (м)	[bulʲdóg]
bóxer (m)	боксёр (м)	[bɔksǿr]

mastín (m) inglés	мастиф (м)	[mastíf]
rottweiler (m)	ротвейлер (м)	[rotvéjler]
dóberman (m)	доберман (м)	[dobermán]

basset hound (m)	бассет (м)	[bássɛt]
Bobtail (m)	бобтейл (м)	[boptǽjl]
dálmata (m)	далматинец (м)	[dalmatínets]
cocker spaniel (m)	кокер-спаниель (м)	[kóker-spaniélʲ]

| Terranova (m) | ньюфаундленд (м) | [njufáundlend] |
| san bernardo (m) | сенбернар (м) | [senbernár] |

husky (m)	хаски (м)	[háski]
chow chow (m)	чау-чау (м)	[ʧáu-ʧáu]
pomerania (m)	шпиц (м)	[ʃpíts]
pug (m), carlino (m)	мопс (м)	[móps]

214. Los sonidos de los animales

ladrido (m)	лай (м)	[láj]
ladrar (vi)	лаять (нсв, нпх)	[lájɪtʲ]
maullar (vi)	мяукать (нсв, нпх)	[mɪúkatʲ]
ronronear (vi)	мурлыкать (нсв, нпх)	[murlĩkatʲ]

mugir (vi)	мычать (нсв, нпх)	[miʧátʲ]
bramar (toro)	реветь (нсв, нпх)	[revétʲ]
rugir (vi)	рычать (нсв, нпх)	[riʧátʲ]

aullido (m)	вой (м)	[vój]
aullar (vi)	выть (нсв, нпх)	[vĩtʲ]
gañir (vi)	скулить (нсв, нпх)	[skulítʲ]

balar (vi)	блеять (нсв, нпх)	[bléjatʲ]
gruñir (cerdo)	хрюкать (нсв, нпх)	[hrʲúkatʲ]
chillar (vi)	визжать (нсв, нпх)	[viʒʒátʲ]

croar (vi)	квакать (нсв, нпх)	[kvákatʲ]
zumbar (vi)	жужжать (нсв, нпх)	[ʒuʒʒátʲ]
chirriar (vi)	стрекотать (нсв, нпх)	[strekotátʲ]

215. Los animales jóvenes

cría (f)	детёныш (м)	[detǿniʃ]
gatito (m)	котёнок (м)	[kotǿnok]
ratoncillo (m)	мышонок (м)	[miʃónok]
cachorro (m)	щенок (м)	[ʃʲenók]

cría (f) de liebre	зайчонок (м)	[zajʧónok]
conejito (m)	крольчонок (м)	[krolʲʧónok]
lobato (m)	волчонок (м)	[volʧónok]
cría (f) de zorro	лисёнок (м)	[lisǿnok]
osito (m)	медвежонок (м)	[medveʒónok]

cachorro (m) de león	львёнок (м)	[lʲvǿnɔk]
cachorro (m) de tigre	тигрёнок (м)	[tigrǿnɔk]
elefantino (m)	слонёнок (м)	[slɔnǿnɔk]

cerdito (m)	поросёнок (м)	[pɔrɔsǿnɔk]
ternero (m)	телёнок (м)	[telǿnɔk]
cabrito (m)	козлёнок (м)	[kɔzlǿnɔk]
cordero (m)	ягнёнок (м)	[jignǿnɔk]
cervato (m)	оленёнок (м)	[ɔlenǿnɔk]
cría (f) de camello	верблюжонок (м)	[verblʲuʒónɔk]

| serpezuela (f) | змеёныш (м) | [zmejóniʃ] |
| ranita (f) | лягушонок (м) | [lⁱguʃónɔk] |

pajarillo (m)	птенец (м)	[ptenéts]
pollo (m)	цыплёнок (м)	[tsiplǿnɔk]
patito (m)	утёнок (м)	[utǿnɔk]

216. Los pájaros

pájaro (m)	птица (ж)	[ptítsa]
paloma (f)	голубь (м)	[gólupʲ]
gorrión (m)	воробей (м)	[vɔrɔbéj]
paro (m)	синица (ж)	[sinítsa]
cotorra (f)	сорока (ж)	[sɔróka]

cuervo (m)	ворон (м)	[vórɔn]
corneja (f)	ворона (ж)	[vɔróna]
chova (f)	галка (ж)	[gálka]
grajo (m)	грач (м)	[grátʃ]

pato (m)	утка (ж)	[útka]
ganso (m)	гусь (м)	[gúsʲ]
faisán (m)	фазан (м)	[fazán]

águila (f)	орёл (м)	[ɔrǿl]
azor (m)	ястреб (м)	[jástreb]
halcón (m)	сокол (м)	[sókɔl]
buitre (m)	гриф (м)	[gríf]
cóndor (m)	кондор (м)	[kóndɔr]

cisne (m)	лебедь (м)	[lébetʲ]
grulla (f)	журавль (м)	[ʒurávlʲ]
cigüeña (f)	аист (м)	[áist]

loro (m), papagayo (m)	попугай (м)	[pɔpugáj]
colibrí (m)	колибри (ж)	[kɔlíbri]
pavo (m) real	павлин (м)	[pavlín]

avestruz (m)	страус (м)	[stráus]
garza (f)	цапля (ж)	[tsáplʲa]
flamenco (m)	фламинго (с)	[flamíngɔ]
pelícano (m)	пеликан (м)	[pelikán]
ruiseñor (m)	соловей (м)	[sɔlɔvéj]

golondrina (f)	ласточка (ж)	[lástɔʧka]
tordo (m)	дрозд (м)	[drózd]
zorzal (m)	певчий дрозд (м)	[péfʧij drózd]
mirlo (m)	чёрный дрозд (м)	[ʧórnij drózd]

vencejo (m)	стриж (м)	[stríʃ]
alondra (f)	жаворонок (м)	[ʒávɔrɔnɔk]
codorniz (f)	перепел (м)	[pérepel]

pico (m)	дятел (м)	[dʲátel]
cuco (m)	кукушка (ж)	[kukúʃka]
lechuza (f)	сова (ж)	[sɔvá]
búho (m)	филин (м)	[fílin]
urogallo (m)	глухарь (м)	[gluhárʲ]
gallo lira (m)	тетерев (м)	[téteref]
perdiz (f)	куропатка (ж)	[kurɔpátka]

estornino (m)	скворец (м)	[skvɔréʦ]
canario (m)	канарейка (ж)	[kanaréjka]
ortega (f)	рябчик (м)	[rʲápʧik]
pinzón (m)	зяблик (м)	[zʲáblik]
camachuelo (m)	снегирь (м)	[snegírʲ]

gaviota (f)	чайка (ж)	[ʧájka]
albatros (m)	альбатрос (м)	[alʲbatrós]
pingüino (m)	пингвин (м)	[pingvín]

217. Los pájaros. El canto y los sonidos

cantar (vi)	петь (нсв, н/пх)	[pétʲ]
gritar, llamar (vi)	кричать (нсв, нпх)	[kriʧátʲ]
cantar (el gallo)	кукарекать (нсв, нпх)	[kukarékatʲ]
quiquiriquí (m)	кукареку (с)	[kukarekú]

cloquear (vi)	кудахтать (нсв, нпх)	[kudáhtatʲ]
graznar (vi)	каркать (нсв, нпх)	[kárkatʲ]
graznar, parpar (vi)	крякать (нсв, нпх)	[krʲákatʲ]
piar (vi)	пищать (нсв, нпх)	[piʃátʲ]
gorjear (vi)	чирикать (нсв, нпх)	[ʧiríkatʲ]

218. Los peces. Los animales marinos

brema (f)	лещ (м)	[léʃ]
carpa (f)	карп (м)	[kárp]
perca (f)	окунь (м)	[ókunʲ]
siluro (m)	сом (м)	[sóm]
lucio (m)	щука (ж)	[ʃúka]

salmón (m)	лосось (м)	[lɔsósʲ]
esturión (m)	осётр (м)	[ɔsǿtr]
arenque (m)	сельдь (ж)	[sélʲtʲ]
salmón (m) del Atlántico	сёмга (ж)	[sǿmga]

| caballa (f) | скумбрия (ж) | [skúmbrija] |
| lenguado (m) | камбала (ж) | [kámbala] |

lucioperca (m)	судак (м)	[sudák]
bacalao (m)	треска (ж)	[treská]
atún (m)	тунец (м)	[tunéts]
trucha (f)	форель (ж)	[fɔráelʲ]

anguila (f)	угорь (м)	[úgɔrʲ]
tembladera (f)	электрический скат (м)	[ɛlektrítʃeskij skát]
morena (f)	мурена (ж)	[muréna]
piraña (f)	пиранья (ж)	[piránja]

tiburón (m)	акула (ж)	[akúla]
delfín (m)	дельфин (м)	[delʲfín]
ballena (f)	кит (м)	[kít]

centolla (f)	краб (м)	[kráb]
medusa (f)	медуза (ж)	[medúza]
pulpo (m)	осьминог (м)	[ɔsʲminóg]

estrella (f) de mar	морская звезда (ж)	[mɔrskája zvezdá]
erizo (m) de mar	морской ёж (м)	[mɔrskój jóʃ]
caballito (m) de mar	морской конёк (м)	[mɔrskój kɔnǿk]

ostra (f)	устрица (ж)	[ústritsa]
camarón (m)	креветка (ж)	[krevétka]
bogavante (m)	омар (м)	[ɔmár]
langosta (f)	лангуст (м)	[langúst]

219. Los anfibios. Los reptiles

| serpiente (f) | змея (ж) | [zmejá] |
| venenoso (adj) | ядовитый | [jɪdɔvítij] |

víbora (f)	гадюка (ж)	[gadʲúka]
cobra (f)	кобра (ж)	[kóbra]
pitón (m)	питон (м)	[pitón]
boa (f)	удав (м)	[udáf]
culebra (f)	уж (м)	[úʃ]
serpiente (m) de cascabel	гремучая змея (ж)	[gremútʃaja zmejá]
anaconda (f)	анаконда (ж)	[anakónda]

lagarto (f)	ящерица (ж)	[jáʃʲeritsa]
iguana (f)	игуана (ж)	[iguána]
varano (m)	варан (м)	[varán]
salamandra (f)	саламандра (ж)	[salamándra]
camaleón (m)	хамелеон (м)	[hameleón]
escorpión (m)	скорпион (м)	[skɔrpión]

tortuga (f)	черепаха (ж)	[tʃerepáha]
rana (f)	лягушка (ж)	[lɪgúʃka]
sapo (m)	жаба (ж)	[ʒába]
cocodrilo (m)	крокодил (м)	[krɔkɔdíl]

220. Los insectos

insecto (m)	насекомое (c)	[nasekómɔe]
mariposa (f)	бабочка (ж)	[bábɔʧka]
hormiga (f)	муравей (м)	[muravéj]
mosca (f)	муха (ж)	[múha]
mosquito (m) (picadura de ~)	комар (м)	[kɔmár]
escarabajo (m)	жук (м)	[ʒúk]

avispa (f)	оса (ж)	[ɔsá]
abeja (f)	пчела (ж)	[pʧelá]
abejorro (m)	шмель (м)	[ʃmélʲ]
moscardón (m)	овод (м)	[óvɔd]

araña (f)	паук (м)	[paúk]
telaraña (f)	паутина (ж)	[pautína]

libélula (f)	стрекоза (ж)	[strekɔzá]
saltamontes (m)	кузнечик (м)	[kuznéʧik]
mariposa (f) nocturna	мотылёк (м)	[mɔtilǿk]

cucaracha (f)	таракан (м)	[tarakán]
garrapata (f)	клещ (м)	[kléʃ]
pulga (f)	блоха (ж)	[blɔhá]
mosca (f) negra	мошка (ж)	[móʃka]

langosta (f)	саранча (ж)	[saranʧá]
caracol (m)	улитка (ж)	[ulítka]
grillo (m)	сверчок (м)	[sverʧók]
luciérnaga (f)	светлячок (м)	[svetlɪʧók]
mariquita (f)	божья коровка (ж)	[bóʒja kɔrófka]
escarabajo (m) sanjuanero	майский жук (м)	[májskij ʒúk]

sanguijuela (f)	пиявка (ж)	[pijáfka]
oruga (f)	гусеница (ж)	[gúsenitsa]
gusano (m)	червь (м)	[ʧérfʲ]
larva (f)	личинка (ж)	[liʧínka]

221. Los animales. Las partes del cuerpo

pico (m)	клюв (м)	[klʲúf]
alas (f pl)	крылья (c мн)	[krīlja]
pata (f)	лапа (ж)	[lápa]
plumaje (m)	оперение (c)	[ɔperénie]
pluma (f)	перо (c)	[peró]
penacho (m)	хохолок (м)	[hɔhɔlók]

branquias (f pl)	жабры (мн)	[ʒábri]
huevas (f pl)	икра (ж)	[ikrá]
larva (f)	личинка (ж)	[liʧínka]
aleta (f)	плавник (м)	[plavník]
escamas (f pl)	чешуя (ж)	[ʧeʃujá]
colmillo (m)	клык (м)	[klīk]

199

garra (f), pata (f)	лапа (ж)	[lápa]
hocico (m)	морда (ж)	[mórda]
boca (f)	пасть (ж)	[pástʲ]
cola (f)	хвост (м)	[hvóst]
bigotes (m pl)	усы (м мн)	[usÿ]

| casco (m) (pezuña) | копыто (с) | [kɔpÿtɔ] |
| cuerno (m) | рог (м) | [róg] |

caparazón (m)	панцирь (м)	[pántsirʲ]
concha (f) (de moluscos)	ракушка (ж)	[rakúʃka]
cáscara (f) (de huevo)	скорлупа (ж)	[skɔrlupá]

| pelo (m) (de perro) | шерсть (ж) | [ʃǽrstʲ] |
| piel (f) (de vaca, etc.) | шкура (ж) | [ʃkúra] |

222. Las costumbres de los animales

volar (vi)	летать (нсв, нпх)	[letátʲ]
dar vueltas	кружить (нсв, нпх)	[kruʒÿtʲ]
echar a volar	улететь (св, нпх)	[uletétʲ]
batir las alas	махать (нсв, нпх)	[mahátʲ]

picotear (vt)	клевать (нсв, пх)	[klevátʲ]
empollar (vt)	высиживать яйца	[visíʒivatʲ jájtsa]
salir del cascarón	вылупляться (нсв, возв)	[viluplʲátsa]
hacer el nido	вить гнездо	[vítʲ gnezdó]

reptar (serpiente)	ползать (нсв, нпх)	[pólzatʲ]
picar (vt)	жалить (нсв, пх)	[ʒálitʲ]
morder (animal)	кусать (нсв, пх)	[kusátʲ]

olfatear (vt)	нюхать (нсв, пх)	[nʲúhatʲ]
ladrar (vi)	лаять (нсв, нпх)	[lájɪtʲ]
sisear (culebra)	шипеть (нсв, нпх)	[ʃipétʲ]
asustar (vt)	пугать (нсв, пх)	[pugátʲ]
atacar (vt)	нападать (нсв, нпх)	[napadátʲ]

roer (vt)	грызть (нсв, пх)	[grÿztʲ]
arañar (vt)	царапать (нсв, пх)	[tsarápatʲ]
esconderse (vr)	прятаться (нсв, возв)	[prʲátatsa]

jugar (gatitos, etc.)	играть (нсв, нпх)	[igrátʲ]
cazar (vi, vt)	охотиться (нсв, возв)	[ɔhótitsa]
hibernar (vi)	быть в спячке	[bÿtʲ f spʲátʃke]
extinguirse (vr)	вымереть (св, нпх)	[vÿmeretʲ]

223. Los animales. El hábitat

hábitat (m)	среда (ж) обитания	[sredá ɔbitánija]
migración (f)	миграция (ж)	[migrátsija]
montaña (f)	гора (ж)	[gɔrá]

| arrecife (m) | риф (м) | [ríf] |
| roca (f) | скала (ж) | [skalá] |

bosque (m)	лес (м)	[lés]
jungla (f)	джунгли (мн)	[dʒúngli]
sabana (f)	саванна (ж)	[savána]
tundra (f)	тундра (ж)	[túndra]

estepa (f)	степь (ж)	[stépʲ]
desierto (m)	пустыня (ж)	[pustĩnʲa]
oasis (m)	оазис (м)	[ɔázis]

mar (m)	море (c)	[móre]
lago (m)	озеро (c)	[ózerɔ]
océano (m)	океан (м)	[ɔkeán]

pantano (m)	болото (c)	[bɔlótɔ]
de agua dulce (adj)	пресноводный	[presnɔvódnij]
estanque (m)	пруд (м)	[prúd]
río (m)	река (ж)	[reká]

cubil (m)	берлога (ж)	[berlóga]
nido (m)	гнездо (c)	[gnezdó]
agujero (m)	дупло (c)	[dupló]
madriguera (f)	нора (ж)	[nɔrá]
hormiguero (m)	муравейник (м)	[muravéjnik]

224. El cuidado de los animales

| zoo (m) | зоопарк (м) | [zɔɔpárk] |
| reserva (f) natural | заповедник (м) | [zapɔvédnik] |

club (m) de criadores	питомник (м)	[pitómnik]
jaula (f) al aire libre	вольер (м)	[vɔljér]
jaula (f)	клетка (ж)	[klétka]
perrera (f)	конура (ж)	[kɔnurá]

palomar (m)	голубятня (ж)	[gɔlubʲátnʲa]
acuario (m)	аквариум (м)	[akvárium]
delfinario (m)	дельфинарий (м)	[delʲfinárij]

criar (~ animales)	разводить (нсв, пх)	[razvɔdítʲ]
crías (f pl)	потомство (c)	[pɔtómstvɔ]
domesticar (vt)	приручать (нсв, пх)	[priruʧátʲ]
adiestrar (~ animales)	дрессировать (нсв, пх)	[dresirɔvátʲ]

| pienso (m), comida (f) | корм (м) | [kórm] |
| dar de comer | кормить (нсв, пх) | [kɔrmítʲ] |

tienda (f) de animales	зоомагазин (м)	[zɔɔ·magazín]
bozal (m) de perro	намордник (м)	[namórdnik]
collar (m)	ошейник (м)	[ɔʃéjnik]
nombre (m) (de perro, etc.)	кличка (ж)	[klíʧka]
pedigrí (m)	родословная (ж)	[rɔdɔslóvnaja]

225. Los animales. Miscelánea

manada (f) (de lobos)	стая (ж)	[stája]
bandada (f) (de pájaros)	стая (ж)	[stája]
banco (m) de peces	стая (ж), косяк (м)	[stája], [kɔsʲák]
caballada (f)	табун (м)	[tabún]
macho (m)	самец (м)	[saméts]
hembra (f)	самка (ж)	[sámka]
hambriento (adj)	голодный	[gɔlódnij]
salvaje (adj)	дикий	[díkij]
peligroso (adj)	опасный	[ɔpásnij]

226. Los caballos

raza (f)	порода (ж)	[pɔróda]
potro (m)	жеребёнок (м)	[ʒerebǿnɔk]
yegua (f)	кобыла (ж)	[kɔbȉla]
caballo mustang (m)	мустанг (м)	[mustáng]
poni (m)	пони (м)	[póni]
caballo (m) de tiro	тяжеловоз (м)	[tɪʒelɔvós]
crin (f)	грива (ж)	[gríva]
cola (f)	хвост (м)	[hvóst]
casco (m) (pezuña)	копыто (с)	[kɔpȉtɔ]
herradura (f)	подкова (ж)	[pɔtkóva]
herrar (vt)	подковать (св, пх)	[pɔtkɔvátʲ]
herrero (m)	кузнец (м)	[kuznéts]
silla (f)	седло (с)	[sedló]
estribo (m)	стремя (ж)	[strémʲa]
bridón (m)	уздечка (ж)	[uzdétʃka]
riendas (f pl)	вожжи (мн)	[vóʒʒʲi]
fusta (f)	плётка (ж)	[plǿtka]
jinete (m)	наездник (м)	[naéznik]
ensillar (vt)	оседлать (св, пх)	[ɔsedlátʲ]
montar al caballo	сесть в седло	[séstʲ f sedló]
galope (m)	галоп (м)	[galóp]
ir al galope	скакать галопом	[skakátʲ galópɔm]
trote (m)	рысь (ж)	[rȉsʲ]
al trote (adv)	рысью	[rȉsju]
ir al trote, trotar (vi)	скакать рысью	[skakátʲ rȉsju]
caballo (m) de carreras	скаковая лошадь (ж)	[skakɔvája lóʃatʲ]
carreras (f pl)	скачки (мн)	[skátʃki]
caballeriza (f)	конюшня (ж)	[kɔnʲúʃnʲa]
dar de comer	кормить (нсв, пх)	[kɔrmítʲ]

heno (m)	сено (c)	[sénɔ]
dar de beber	поить (нсв, пх)	[pɔítʲ]
limpiar (el caballo)	чистить (нсв, пх)	[tʃístitʲ]

carro (m)	воз, повозка (ж)	[vós], [pɔvóska]
pastar (vi)	пастись (нсв, возв)	[pastísʲ]
relinchar (vi)	ржать (нсв, нпх)	[rʒátʲ]
cocear (vi)	лягнуть (св, пх)	[lɪgnútʲ]

La flora

227. Los árboles

árbol (m)	дерево (c)	[dérevɔ]
foliáceo (adj)	лиственное	[lístvenɔe]
conífero (adj)	хвойное	[hvójnɔe]
de hoja perenne	вечнозелёное	[vetʃnɔ·zelǿnɔe]
manzano (m)	яблоня (ж)	[jáblɔnʲa]
peral (m)	груша (ж)	[grúʃa]
cerezo (m)	черешня (ж)	[tʃeréʃnʲa]
guindo (m)	вишня (ж)	[víʃnʲa]
ciruelo (m)	слива (ж)	[slíva]
abedul (m)	берёза (ж)	[berǿza]
roble (m)	дуб (м)	[dúb]
tilo (m)	липа (ж)	[lípa]
pobo (m)	осина (ж)	[ɔsína]
arce (m)	клён (м)	[klǿn]
picea (m)	ель (ж)	[élʲ]
pino (m)	сосна (ж)	[sɔsná]
alerce (m)	лиственница (ж)	[lístvenitsa]
abeto (m)	пихта (ж)	[píhta]
cedro (m)	кедр (м)	[kédr]
álamo (m)	тополь (м)	[tópɔlʲ]
serbal (m)	рябина (ж)	[rɪbína]
sauce (m)	ива (ж)	[íva]
aliso (m)	ольха (ж)	[ɔlʲhá]
haya (f)	бук (м)	[búk]
olmo (m)	вяз (м)	[vʲás]
fresno (m)	ясень (м)	[jásenʲ]
castaño (m)	каштан (м)	[kaʃtán]
magnolia (f)	магнолия (ж)	[magnólija]
palmera (f)	пальма (ж)	[pálʲma]
ciprés (m)	кипарис (м)	[kiparís]
mangle (m)	мангровое дерево (c)	[mángrɔvɔe dérevɔ]
baobab (m)	баобаб (м)	[baɔbáb]
eucalipto (m)	эвкалипт (м)	[ɛfkalípt]
secoya (f)	секвойя (ж)	[sekvója]

228. Los arbustos

mata (f)	куст (м)	[kúst]
arbusto (m)	кустарник (м)	[kustárnik]

| vid (f) | виноград (м) | [vinɔgrád] |
| viñedo (m) | виноградник (м) | [vinɔgrádnik] |

frambueso (m)	малина (ж)	[malína]
grosella (f) negra	чёрная смородина (ж)	[ʧórnaja smɔródina]
grosellero (f) rojo	красная смородина (ж)	[krásnaja smɔródina]
grosellero (m) espinoso	крыжовник (м)	[kriʒóvnik]

acacia (f)	акация (ж)	[akátɕija]
berberís (m)	барбарис (м)	[barbarís]
jazmín (m)	жасмин (м)	[ʒasmín]

enebro (m)	можжевельник (м)	[mɔʒevélʲnik]
rosal (m)	розовый куст (м)	[rózɔvij kúst]
escaramujo (m)	шиповник (м)	[ʃipóvnik]

229. Los hongos

seta (f)	гриб (м)	[gríb]
seta (f) comestible	съедобный гриб (м)	[sjedóbnij gríb]
seta (f) venenosa	ядовитый гриб (м)	[jɪdɔvítij gríb]
sombrerete (m)	шляпка (ж)	[ʃlʲápka]
estipe (m)	ножка (ж)	[nóʃka]

seta calabaza (f)	белый гриб (м)	[bélij gríb]
boleto (m) castaño	подосиновик (м)	[pɔdɔsínɔvik]
boleto (m) áspero	подберёзовик (м)	[pɔdberøzɔvik]
rebozuelo (m)	лисичка (ж)	[lisíʧka]
rúsula (f)	сыроежка (ж)	[sirɔéʃka]

colmenilla (f)	сморчок (м)	[smɔrʧók]
matamoscas (m)	мухомор (м)	[muhɔmór]
oronja (f) verde	поганка (ж)	[pɔgánka]

230. Las frutas. Las bayas

manzana (f)	яблоко (с)	[jáblɔkɔ]
pera (f)	груша (ж)	[grúʃa]
ciruela (f)	слива (ж)	[slíva]

fresa (f)	клубника (ж)	[klubníka]
guinda (f)	вишня (ж)	[víʃnʲa]
cereza (f)	черешня (ж)	[ʧeréʃnʲa]
uva (f)	виноград (м)	[vinɔgrád]

frambuesa (f)	малина (ж)	[malína]
grosella (f) negra	чёрная смородина (ж)	[ʧórnaja smɔródina]
grosella (f) roja	красная смородина (ж)	[krásnaja smɔródina]
grosella (f) espinosa	крыжовник (м)	[kriʒóvnik]
arándano (m) agrio	клюква (ж)	[klʲúkva]
naranja (f)	апельсин (м)	[apelʲsín]
mandarina (f)	мандарин (м)	[mandarín]

ananás (m)	ананас (м)	[ananás]
banana (f)	банан (м)	[banán]
dátil (m)	финик (м)	[fínik]

limón (m)	лимон (м)	[limón]
albaricoque (m)	абрикос (м)	[abrikós]
melocotón (m)	персик (м)	[pérsik]
kiwi (m)	киви (м)	[kívi]
pomelo (m)	грейпфрут (м)	[gréjpfrut]

baya (f)	ягода (ж)	[jágɔda]
bayas (f pl)	ягоды (ж мн)	[jágɔdi]
arándano (m) rojo	брусника (ж)	[brusníka]
fresa (f) silvestre	земляника (ж)	[zemlɪníka]
arándano (m)	черника (ж)	[ʧerníka]

231. Las flores. Las plantas

| flor (f) | цветок (м) | [ʦvetók] |
| ramo (m) de flores | букет (м) | [bukét] |

rosa (f)	роза (ж)	[róza]
tulipán (m)	тюльпан (м)	[tʲulʲpán]
clavel (m)	гвоздика (ж)	[gvɔzdíka]
gladiolo (m)	гладиолус (м)	[gladiólus]

aciano (m)	василёк (м)	[vasilǿk]
campanilla (f)	колокольчик (м)	[kɔlɔkólʲʧik]
diente (m) de león	одуванчик (м)	[ɔduvánʧik]
manzanilla (f)	ромашка (ж)	[rɔmáʃka]

áloe (m)	алоэ (с)	[alóɛ]
cacto (m)	кактус (м)	[káktus]
ficus (m)	фикус (м)	[fíkus]

azucena (f)	лилия (ж)	[lílija]
geranio (m)	герань (ж)	[geránʲ]
jacinto (m)	гиацинт (м)	[giaʦ͡int]

mimosa (f)	мимоза (ж)	[mimóza]
narciso (m)	нарцисс (м)	[narʦ͡ís]
capuchina (f)	настурция (ж)	[nastúrʦija]

orquídea (f)	орхидея (ж)	[ɔrhidéja]
peonía (f)	пион (м)	[pión]
violeta (f)	фиалка (ж)	[fiálka]

trinitaria (f)	анютины глазки (мн)	[anʲútini gláski]
nomeolvides (f)	незабудка (ж)	[nezabútka]
margarita (f)	маргаритка (ж)	[margarítka]

amapola (f)	мак (м)	[mák]
cáñamo (m)	конопля (ж)	[kɔnɔplʲá]
menta (f)	мята (ж)	[mʲáta]

| muguete (m) | ландыш (м) | [lándiʃ] |
| campanilla (f) de las nieves | подснежник (м) | [potsnéʒnik] |

ortiga (f)	крапива (ж)	[krapíva]
acedera (f)	щавель (м)	[ʃavélʲ]
nenúfar (m)	кувшинка (ж)	[kufʃínka]
helecho (m)	папоротник (м)	[páportnik]
liquen (m)	лишайник (м)	[liʃájnik]

invernadero (m) tropical	оранжерея (ж)	[oranʒeréja]
césped (m)	газон (м)	[gazón]
macizo (m) de flores	клумба (ж)	[klúmba]

planta (f)	растение (с)	[rasténie]
hierba (f)	трава (ж)	[travá]
hoja (f) de hierba	травинка (ж)	[travínka]

hoja (f)	лист (м)	[líst]
pétalo (m)	лепесток (м)	[lepestók]
tallo (m)	стебель (м)	[stébelʲ]
tubérculo (m)	клубень (м)	[klúbenʲ]

| retoño (m) | росток (м) | [rostók] |
| espina (f) | шип (м) | [ʃip] |

florecer (vi)	цвести (нсв, нпх)	[tsvestí]
marchitarse (vr)	вянуть (нсв, нпх)	[vʲánutʲ]
olor (m)	запах (м)	[zápah]
cortar (vt)	срезать (св, пх)	[srézatʲ]
coger (una flor)	сорвать (св, пх)	[sorvátʲ]

232. Los cereales, los granos

grano (m)	зерно (с)	[zernó]
cereales (m pl) (plantas)	зерновые растения (с мн)	[zernovīe rasténija]
espiga (f)	колос (м)	[kólos]

trigo (m)	пшеница (ж)	[pʃɛnítsa]
centeno (m)	рожь (ж)	[róʃ]
avena (f)	овёс (м)	[ovǿs]

| mijo (m) | просо (с) | [prósɔ] |
| cebada (f) | ячмень (м) | [jɪtʃménʲ] |

maíz (m)	кукуруза (ж)	[kukurúza]
arroz (m)	рис (м)	[rís]
alforfón (m)	гречиха (ж)	[gretʃíha]

| guisante (m) | горох (м) | [goróh] |
| fréjol (m) | фасоль (ж) | [fasólʲ] |

soya (f)	соя (ж)	[sója]
lenteja (f)	чечевица (ж)	[tʃetʃevítsa]
habas (f pl)	бобы (мн)	[bobī]

233. Los vegetales. Las verduras

legumbres (f pl)	овощи (м мн)	[óvɔʃi]
verduras (f pl)	зелень (ж)	[zélenʲ]
tomate (m)	помидор (м)	[pɔmidór]
pepino (m)	огурец (м)	[ɔguréʦ]
zanahoria (f)	морковь (ж)	[mɔrkófʲ]
patata (f)	картофель (м)	[kartófelʲ]
cebolla (f)	лук (м)	[lúk]
ajo (m)	чеснок (м)	[ʧesnók]
col (f)	капуста (ж)	[kapústa]
coliflor (f)	цветная капуста (ж)	[ʦvetnája kapústa]
col (f) de Bruselas	брюссельская капуста (ж)	[brʲusélʲskaja kapústa]
brócoli (m)	капуста брокколи (ж)	[kapústa brókɔli]
remolacha (f)	свёкла (ж)	[svǿkla]
berenjena (f)	баклажан (м)	[baklaʒán]
calabacín (m)	кабачок (м)	[kabaʧók]
calabaza (f)	тыква (ж)	[tɨ́kva]
nabo (m)	репа (ж)	[répa]
perejil (m)	петрушка (ж)	[petrúʃka]
eneldo (m)	укроп (м)	[ukróp]
lechuga (f)	салат (м)	[salát]
apio (m)	сельдерей (м)	[selʲderéj]
espárrago (m)	спаржа (ж)	[spárʒa]
espinaca (f)	шпинат (м)	[ʃpinát]
guisante (m)	горох (м)	[gɔróh]
habas (f pl)	бобы (мн)	[bɔbɨ̄]
maíz (m)	кукуруза (ж)	[kukurúza]
fréjol (m)	фасоль (ж)	[fasólʲ]
pimentón (m)	перец (м)	[péreʦ]
rábano (m)	редис (м)	[redís]
alcachofa (f)	артишок (м)	[artiʃók]

GEOGRAFÍA REGIONAL

Los países. Las nacionalidades

234. Europa occidental

Europa (f)	Европа (ж)	[evrópa]
Unión (f) Europea	Европейский Союз (м)	[evrɔpéjskij sɔjús]
europeo (m)	европеец (м)	[evrɔpéets]
europeo (adj)	европейский	[evrɔpéjskij]
Austria (f)	Австрия (ж)	[áfstrija]
austriaco (m)	австриец (м)	[afstríets]
austriaca (f)	австрийка (ж)	[afstríjka]
austriaco (adj)	австрийский	[afstríjskij]
Gran Bretaña (f)	Великобритания (ж)	[velikɔbritánija]
Inglaterra (f)	Англия (ж)	[ánglija]
inglés (m)	англичанин (м)	[anglitʃánin]
inglesa (f)	англичанка (ж)	[anglitʃánka]
inglés (adj)	английский	[anglíjskij]
Bélgica (f)	Бельгия (ж)	[bélʲgija]
belga (m)	бельгиец (м)	[belʲgíets]
belga (f)	бельгийка (ж)	[belʲgíjka]
belga (adj)	бельгийский	[belʲgíjskij]
Alemania (f)	Германия (ж)	[germánija]
alemán (m)	немец (м)	[némets]
alemana (f)	немка (ж)	[némka]
alemán (adj)	немецкий	[németskij]
Países Bajos (m pl)	Нидерланды (мн)	[niderlándi]
Holanda (f)	Голландия (ж)	[gɔlándija]
holandés (m)	голландец (м)	[gɔlándets]
holandesa (f)	голландка (ж)	[gɔlántka]
holandés (adj)	голландский	[gɔlánskij]
Grecia (f)	Греция (ж)	[grétsija]
griego (m)	грек (м)	[grék]
griega (f)	гречанка (ж)	[gretʃánka]
griego (adj)	греческий	[grétʃeskij]
Dinamarca (f)	Дания (ж)	[dánija]
danés (m)	датчанин (м)	[dattʃánin]
danesa (f)	датчанка (ж)	[dattʃánka]
danés (adj)	датский	[dátskij]
Irlanda (f)	Ирландия (ж)	[irlándija]
irlandés (m)	ирландец (м)	[irlándets]

| irlandesa (f) | ирландка (ж) | [irlántka] |
| irlandés (adj) | ирландский | [irlánskij] |

Islandia (f)	Исландия (ж)	[islándija]
islandés (m)	исландец (м)	[islándets]
islandesa (f)	исландка (ж)	[islánka]
islandés (adj)	исландский	[islánskij]

España (f)	Испания (ж)	[ispánija]
español (m)	испанец (м)	[ispánets]
española (f)	испанка (ж)	[ispánka]
español (adj)	испанский	[ispánskij]

Italia (f)	Италия (ж)	[itálija]
italiano (m)	итальянец (м)	[italjánets]
italiana (f)	итальянка (ж)	[italjánka]
italiano (adj)	итальянский	[italjánskij]

Chipre (m)	Кипр (м)	[kípr]
chipriota (m)	киприот (м)	[kipriót]
chipriota (f)	киприотка (ж)	[kipriótka]
chipriota (adj)	кипрский	[kíprskij]

Malta (f)	Мальта (ж)	[málʲta]
maltés (m)	мальтиец (м)	[malʲtíets]
maltesa (f)	мальтийка (ж)	[malʲtíjka]
maltés (adj)	мальтийский	[malʲtíjskij]

Noruega (f)	Норвегия (ж)	[nɔrvégija]
noruego (m)	норвежец (м)	[nɔrvéʒets]
noruega (f)	норвежка (ж)	[nɔrvéʒka]
noruego (adj)	норвежский	[nɔrvéʒskij]

Portugal (f)	Португалия (ж)	[pɔrtugálija]
portugués (m)	португалец (м)	[pɔrtugálets]
portuguesa (f)	португалка (ж)	[pɔrtugálka]
portugués (adj)	португальский	[pɔrtugálʲskij]

Finlandia (f)	Финляндия (ж)	[finlʲándija]
finlandés (m)	финн (м)	[fínn]
finlandesa (f)	финка (ж)	[fínka]
finlandés (adj)	финский	[fínskij]

Francia (f)	Франция (ж)	[frántsija]
francés (m)	француз (м)	[frantsús]
francesa (f)	француженка (ж)	[frantsúʒenka]
francés (adj)	французский	[frantsúskij]

Suecia (f)	Швеция (ж)	[ʃvétsija]
sueco (m)	швед (м)	[ʃvéd]
sueca (f)	шведка (ж)	[ʃvétka]
sueco (adj)	шведский	[ʃvétskij]

Suiza (f)	Швейцария (ж)	[ʃvejtsárija]
suizo (m)	швейцарец (м)	[ʃvejtsárets]
suiza (f)	швейцарка (ж)	[ʃvejtsárka]

suizo (adj) швейцарский [ʃvejʦárskij]
Escocia (f) Шотландия (ж) [ʃɔtlándija]
escocés (m) шотландец (м) [ʃɔtlándeʦ]
escocesa (f) шотландка (ж) [ʃɔtlántka]
escocés (adj) шотландский [ʃɔtlánskij]

Vaticano (m) Ватикан (м) [vatikán]
Liechtenstein (m) Лихтенштейн (м) [lihtɛnʃtǽjn]
Luxemburgo (m) Люксембург (м) [lʲuksembúrg]
Mónaco (m) Монако (c) [mɔnákɔ]

235. Europa central y oriental

Albania (f) Албания (ж) [albánija]
albanés (m) албанец (м) [albáneʦ]
albanesa (f) албанка (ж) [albánka]
albanés (adj) албанский [albánskij]

Bulgaria (f) Болгария (ж) [bɔlgárija]
búlgaro (m) болгарин (м) [bɔlgárin]
búlgara (f) болгарка (ж) [bɔlgárka]
búlgaro (adj) болгарский [bɔlgárskij]

Hungría (f) Венгрия (ж) [véngrija]
húngaro (m) венгр (м) [véngr]
húngara (f) венгерка (ж) [vengérka]
húngaro (adj) венгерский [vengérskij]

Letonia (f) Латвия (ж) [látvija]
letón (m) латыш (м) [latíʃ]
letona (f) латышка (ж) [latíʃka]
letón (adj) латышский [latíʃskij]

Lituania (f) Литва (ж) [litvá]
lituano (m) литовец (м) [litóveʦ]
lituana (f) литовка (ж) [litófka]
lituano (adj) литовский [litófskij]

Polonia (f) Польша (ж) [pólʲʃa]
polaco (m) поляк (м) [pɔlʲák]
polaca (f) полька (ж) [pólʲka]
polaco (adj) польский [pólʲskij]

Rumania (f) Румыния (ж) [rumínija]
rumano (m) румын (м) [rumín]
rumana (f) румынка (ж) [rumínka]
rumano (adj) румынский [rumínskij]

Serbia (f) Сербия (ж) [sérbija]
serbio (m) серб (м) [sérb]
serbia (f) сербка (ж) [sérpka]
serbio (adj) сербский [sérpskij]
Eslovaquia (f) Словакия (ж) [slɔvákija]
eslovaco (m) словак (м) [slɔvák]

eslovaca (f)	словачка (ж)	[slovátʃka]
eslovaco (adj)	словацкий	[slovátskij]
Croacia (f)	Хорватия (ж)	[horvátija]
croata (m)	хорват (м)	[horvát]
croata (f)	хорватка (ж)	[horvátka]
croata (adj)	хорватский	[horvátskij]
Chequia (f)	Чехия (ж)	[tʃéhija]
checo (m)	чех (м)	[tʃéh]
checa (f)	чешка (ж)	[tʃéʃka]
checo (adj)	чешский	[tʃéʃskij]
Estonia (f)	Эстония (ж)	[εstónija]
estonio (m)	эстонец (м)	[εstónets]
estonia (f)	эстонка (ж)	[εstónka]
estonio (adj)	эстонский	[εstónskij]
Bosnia y Herzegovina	Босния и Герцеговина (ж)	[bósnija i gertsεgovína]
Macedonia	Македония (ж)	[makedónija]
Eslovenia	Словения (ж)	[slovénija]
Montenegro (m)	Черногория (ж)	[tʃernogórija]

236. Los países de la antes Unión Soviética

Azerbaidzhán (m)	Азербайджан (м)	[azerbajdʒán]
azerbaidzhano (m)	азербайджанец (м)	[azerbajdʒánets]
azerbaidzhana (f)	азербайджанка (ж)	[azerbajdʒánka]
azerbaidzhano (adj)	азербайджанский	[azerbajdʒánskij]
Armenia (f)	Армения (ж)	[arménija]
armenio (m)	армянин (м)	[armɪnín]
armenia (f)	армянка (ж)	[armiánka]
armenio (adj)	армянский	[armiánskij]
Bielorrusia (f)	Беларусь (ж)	[belarúsj]
bielorruso (m)	белорус (м)	[belorús]
bielorrusa (f)	белоруска (ж)	[belorúska]
bielorruso (adj)	белорусский	[belorúskij]
Georgia (f)	Грузия (ж)	[grúzija]
georgiano (m)	грузин (м)	[gruzín]
georgiana (f)	грузинка (ж)	[gruzínka]
georgiano (adj)	грузинский	[gruzínskij]
Kazajstán (m)	Казахстан (м)	[kazahstán]
kazajo (m)	казах (м)	[kazáh]
kazaja (f)	казашка (ж)	[kazáʃka]
kazajo (adj)	казахский	[kazáhskij]
Kirguizistán (m)	Кыргызстан (м)	[kirgizstán]
kirguís (m)	киргиз (м)	[kirgís]
kirguisa (f)	киргизка (ж)	[kirgíska]
kirguís (adj)	киргизский	[kirgískij]

Moldavia (f)	Молдова (ж)	[mɔldóva]
moldavo (m)	молдаванин (м)	[mɔldavánin]
moldava (f)	молдаванка (ж)	[mɔldavánka]
moldavo (adj)	молдавский	[mɔldáfskij]

Rusia (f)	Россия (ж)	[rɔsíja]
ruso (m)	русский (м)	[rúskij]
rusa (f)	русская (ж)	[rúskaja]
ruso (adj)	русский	[rúskij]

Tayikistán (m)	Таджикистан (м)	[tadʒikistán]
tayiko (m)	таджик (м)	[tadʒīk]
tayika (f)	таджичка (ж)	[tadʒītʃka]
tayiko (adj)	таджикский	[tadʒīkskij]

Turkmenia (f)	Туркмения (ж)	[turkménija]
turkmeno (m)	туркмен (м)	[turkmén]
turkmena (f)	туркменка (ж)	[turkménka]
turkmeno (adj)	туркменский	[turkménskij]

Uzbekistán (m)	Узбекистан (м)	[uzbekistán]
uzbeko (m)	узбек (м)	[uzbék]
uzbeka (f)	узбечка (ж)	[uzbétʃka]
uzbeko (adj)	узбекский	[uzbékskij]

Ucrania (f)	Украина (ж)	[ukraína]
ucraniano (m)	украинец (м)	[ukraínets]
ucraniana (f)	украинка (ж)	[ukraínka]
ucraniano (adj)	украинский	[ukraínskij]

237. Asia

| Asia (f) | Азия (ж) | [ázija] |
| asiático (adj) | азиатский | [aziátskij] |

Vietnam (m)	Вьетнам (м)	[vjetnám]
vietnamita (m)	вьетнамец (м)	[vjetnámets]
vietnamita (f)	вьетнамка (ж)	[vjetnámka]
vietnamita (adj)	вьетнамский	[vjetnámskij]

India (f)	Индия (ж)	[índija]
indio (m)	индус (м)	[indús]
india (f)	индуска (ж)	[indúska]
indio (adj)	индийский	[indíjskij]

Israel (m)	Израиль (м)	[izráilʲ]
israelí (m)	израильтянин (м)	[izrailʲtʲánin]
israelí (f)	израильтянка (ж)	[izrailʲtʲánka]
israelí (adj)	израильский	[izráilʲskij]

hebreo (m)	еврей (м)	[evréj]
hebrea (f)	еврейка (ж)	[evréjka]
hebreo (adj)	еврейский	[evréjskij]
China (f)	Китай (м)	[kitáj]

chino (m)	китаец (м)	[kitáets]
china (f)	китаянка (ж)	[kitajánka]
chino (adj)	китайский	[kitájskij]

coreano (m)	кореец (м)	[koréets]
coreana (f)	кореянка (ж)	[korejánka]
coreano (adj)	корейский	[koréjskij]

Líbano (m)	Ливан (м)	[liván]
libanés (m)	ливанец (м)	[livánets]
libanesa (f)	ливанка (ж)	[livánka]
libanés (adj)	ливанский	[livánskij]

Mongolia (f)	Монголия (ж)	[mongólija]
mongol (m)	монгол (м)	[mongól]
mongola (f)	монголка (ж)	[mongólka]
mongol (adj)	монгольский	[mongólʲskij]

Malasia (f)	Малайзия (ж)	[malájzija]
malayo (m)	малаец (м)	[maláets]
malaya (f)	малайка (ж)	[malájka]
malayo (adj)	малайский	[malájskij]

Pakistán (m)	Пакистан (м)	[pakistán]
pakistaní (m)	пакистанец (м)	[pakistánets]
pakistaní (f)	пакистанка (ж)	[pakistánka]
pakistaní (adj)	пакистанский	[pakistánskij]

Arabia (f) Saudita	Саудовская Аравия (ж)	[saúdofskaja arávija]
árabe (m)	араб (м)	[aráb]
árabe (f)	арабка (ж)	[arápka]
árabe (adj)	арабский	[arápskij]

Tailandia (f)	Таиланд (м)	[tailánd]
tailandés (m)	таец (м)	[táets]
tailandesa (f)	тайка (ж)	[tájka]
tailandés (adj)	тайский	[tájskij]

Taiwán (m)	Тайвань (м)	[tajvánʲ]
taiwanés (m)	тайванец (м)	[tajvánets]
taiwanesa (f)	тайванка (ж)	[tajvánka]
taiwanés (adj)	тайванский	[tajvánskij]

Turquía (f)	Турция (ж)	[túrtsija]
turco (m)	турок (м)	[túrok]
turca (f)	турчанка (ж)	[turtʃánka]
turco (adj)	турецкий	[turétskij]

Japón (m)	япония (ж)	[jıpónija]
japonés (m)	японец (м)	[jıpónets]
japonesa (f)	японка (ж)	[jıpónka]
japonés (adj)	японский	[jıpónskij]

Afganistán (m)	Афганистан (м)	[afganistán]
Bangladesh (m)	Бангладеш (м)	[bangladéʃ]
Indonesia (f)	Индонезия (ж)	[indonézija]

Jordania (f)	Иордания (ж)	[iɔrdánija]
Irak (m)	Ирак (м)	[irák]
Irán (m)	Иран (м)	[irán]
Camboya (f)	Камбоджа (ж)	[kambódʒa]
Kuwait (m)	Кувейт (м)	[kuvéjt]

Laos (m)	Лаос (м)	[laós]
Myanmar (m)	Мьянма (ж)	[mjánma]
Nepal (m)	Непал (м)	[nepál]
Emiratos (m pl) Árabes Unidos	Объединённые Арабские Эмираты (мн)	[ɔbjedinɵ́nnie arápskie ɛmiráti]

Siria (f)	Сирия (ж)	[sírija]
Palestina (f)	Палестина (ж)	[palestína]
Corea (f) del Sur	Южная Корея (ж)	[júʒnaja kɔréja]
Corea (f) del Norte	Северная Корея (ж)	[sévernaja kɔréja]

238. América del Norte

Estados Unidos de América (m pl)	Соединённые Штаты (мн) Америки	[sɔedinɵ́nnie ʃtáti amériki]
americano (m)	американец (м)	[amerikánets]
americana (f)	американка (ж)	[amerikánka]
americano (adj)	американский	[amerikánskij]

Canadá (f)	Канада (ж)	[kanáda]
canadiense (m)	канадец (м)	[kanádets]
canadiense (f)	канадка (ж)	[kanátka]
canadiense (adj)	канадский	[kanátskij]

Méjico (m)	Мексика (ж)	[méksika]
mejicano (m)	мексиканец (м)	[meksikánets]
mejicana (f)	мексиканка (ж)	[meksikánka]
mejicano (adj)	мексиканский	[meksikánskij]

239. Centroamérica y Sudamérica

Argentina (f)	Аргентина (ж)	[argentína]
argentino (m)	аргентинец (м)	[argentínets]
argentina (f)	аргентинка (ж)	[argentínka]
argentino (adj)	аргентинский	[argentínskij]

Brasil (f)	Бразилия (ж)	[brazílija]
brasileño (m)	бразилец (м)	[brazílets]
brasileña (f)	бразильянка (ж)	[braziljánka]
brasileño (adj)	бразильский	[brazíľskij]

Colombia (f)	Колумбия (ж)	[kɔlúmbija]
colombiano (m)	колумбиец (м)	[kɔlumbíets]
colombiana (f)	колумбийка (ж)	[kɔlumbíjka]
colombiano (adj)	колумбийский	[kɔlumbíjskij]
Cuba (f)	Куба (ж)	[kúba]

cubano (m)	кубинец (м)	[kubínets]
cubana (f)	кубинка (ж)	[kubínka]
cubano (adj)	кубинский	[kubínskij]

Chile (m)	Чили (ж)	[tʃíli]
chileno (m)	чилиец (м)	[tʃilíets]
chilena (f)	чилийка (ж)	[tʃilíjka]
chileno (adj)	чилийский	[tʃilíjskij]

Bolivia (f)	Боливия (ж)	[bolívija]
Venezuela (f)	Венесуэла (ж)	[venesuǽla]
Paraguay (m)	Парагвай (м)	[paragváj]
Perú (m)	Перу (с)	[perú]
Surinam (m)	Суринам (м)	[surinám]
Uruguay (m)	Уругвай (м)	[urugváj]
Ecuador (m)	Эквадор (м)	[ɛkvadór]

Islas (f pl) Bahamas	Багамские острова (ж)	[bagámskie ostrová]
Haití (m)	Гаити (м)	[gaíti]
República (f) Dominicana	Доминиканская республика (ж)	[dominikánskaja respúblika]
Panamá (f)	Панама (ж)	[panáma]
Jamaica (f)	ямайка (ж)	[jɪmájka]

240. África

Egipto (m)	Египет (м)	[egípet]
egipcio (m)	египтянин (м)	[egiptʲánin]
egipcia (f)	египтянка (ж)	[egiptʲánka]
egipcio (adj)	египетский	[egípetskij]

Marruecos (m)	Марокко (с)	[marókɔ]
marroquí (m)	марокканец (м)	[marɔkánets]
marroquí (f)	марокканка (ж)	[marɔkánka]
marroquí (adj)	марокканский	[marɔkánskij]

Túnez (m)	Тунис (м)	[tunís]
tunecino (m)	тунисец (м)	[tunísets]
tunecina (f)	туниска (ж)	[tuníska]
tunecino (adj)	тунисский	[tunískij]

Ghana (f)	Гана (ж)	[gána]
Zanzíbar (m)	Занзибар (м)	[zanzibár]
Kenia (f)	Кения (ж)	[kénija]
Libia (f)	Ливия (ж)	[lívija]
Madagascar (m)	Мадагаскар (м)	[madagaskár]

Namibia (f)	Намибия (ж)	[namíbija]
Senegal	Сенегал (м)	[senegál]
Tanzania (f)	Танзания (ж)	[tanzánija]
República (f) Sudafricana	ЮАР (ж)	[juár]
africano (m)	африканец (м)	[afrikánets]
africana (f)	африканка (ж)	[afrikánka]
africano (adj)	африканский	[afrikánskij]

241. Australia. Oceanía

Australia (f)	Австралия (ж)	[afstrálija]
australiano (m)	австралиец (м)	[afstraliets]
australiana (f)	австралийка (ж)	[afstralíjka]
australiano (adj)	австралийский	[afstralíjskij]
Nueva Zelanda (f)	Новая Зеландия (ж)	[nóvaja zelándija]
neocelandés (m)	новозеландец (м)	[nɔvɔzelándets]
neocelandesa (f)	новозеландка (ж)	[nɔvɔzelántka]
neocelandés (adj)	новозеландский	[nɔvɔzelánskij]
Tasmania (f)	Тасмания (ж)	[tasmánija]
Polinesia (f) Francesa	Французская	[frantsúskaja
	Полинезия (ж)	polinǽzija]

242. Las ciudades

Ámsterdam	Амстердам (м)	[amstɛrdám]
Ankara	Анкара (ж)	[ankará]
Atenas	Афины (мн)	[afíni]
Bagdad	Багдад (м)	[bagdád]
Bangkok	Бангкок (м)	[bankók]
Barcelona	Барселона (ж)	[barselóna]
Beirut	Бейрут (м)	[bejrút]
Berlín	Берлин (м)	[berlín]
Bombay	Бомбей (м)	[bɔmbéj]
Bonn	Бонн (м)	[bónn]
Bratislava	Братислава (ж)	[bratisláva]
Bruselas	Брюссель (м)	[briuséli]
Bucarest	Бухарест (м)	[buharést]
Budapest	Будапешт (м)	[budapéʃt]
Burdeos	Бордо (м)	[bɔrdó]
El Cairo	Каир (м)	[kaír]
Calcuta	Калькутта (ж)	[kalikútta]
Chicago	Чикаго (м)	[tʃikágɔ]
Copenhague	Копенгаген (м)	[kɔpengágen]
Dar-es-Salam	Дар-эс-Салам (м)	[dár-ɛs-sálam]
Delhi	Дели (м)	[dǽli]
Dubai	Дубай (м)	[dubáj]
Dublín	Дублин (м)	[dúblin]
Dusseldorf	Дюссельдорф (м)	[diúselidorf]
Estambul	Стамбул (м)	[stambúl]
Estocolmo	Стокгольм (м)	[stɔggólim]
Florencia	Флоренция (ж)	[flɔréntsija]
Fráncfort del Meno	Франкфурт (м)	[fránkfurt]
Ginebra	Женева (ж)	[ʒenéva]
La Habana	Гавана (ж)	[gavána]

Hamburgo	Гамбург (м)	[gámburg]
Hanói	Ханой (м)	[hanój]
La Haya	Гаага (ж)	[gaága]
Helsinki	Хельсинки (м)	[hélʲsinki]
Hiroshima	Хиросима (ж)	[hirɔsíma]
Hong Kong (m)	Гонконг (м)	[gɔnkóng]

Jerusalén	Иерусалим (м)	[ierusalím]
Kiev	Киев (м)	[kíef]
Kuala Lumpur	Куала-Лумпур (м)	[kuála-lúmpur]
Lisboa	Лиссабон (м)	[lisabón]
Londres	Лондон (м)	[lóndɔn]
Los Ángeles	Лос-Анджелес (м)	[lɔs-ánʒeles]
Lyon	Лион (м)	[lión]

Madrid	Мадрид (м)	[madríd]
Marsella	Марсель (м)	[marsǽlʲ]
Méjico	Мехико (м)	[méhikɔ]
Miami	Майями (м)	[majámi]
Montreal	Монреаль (м)	[mɔnreálʲ]
Moscú	Москва (ж)	[mɔskvá]
Munich	Мюнхен (м)	[mʲúnhen]

Nairobi	Найроби (м)	[najróbi]
Nápoles	Неаполь (м)	[neápɔlʲ]
Niza	Ницца (ж)	[nítsa]
Nueva York	Нью-Йорк (м)	[nju-jórk]

Oslo	Осло (м)	[óslɔ]
Ottawa	Оттава (ж)	[ɔttáva]
Paris	Париж (м)	[paríʃ]
Pekín	Пекин (м)	[pekín]
Praga	Прага (ж)	[prága]

Rio de Janeiro	Рио-де-Жанейро (м)	[ríɔ-dɛ-ʒanǽjrɔ]
Roma	Рим (м)	[rím]
San Petersburgo	Санкт-Петербург (м)	[sánkt-peterbúrg]
Seúl	Сеул (м)	[seúl]
Shanghái	Шанхай (м)	[ʃanháj]
Singapur	Сингапур (м)	[singapúr]
Sydney	Сидней (м)	[sídnej]

Taipei	Тайпей (м)	[tajpéj]
Tokio	Токио (м)	[tókia]
Toronto	Торонто (м)	[tɔróntɔ]
Varsovia	Варшава (ж)	[varʃáva]
Venecia	Венеция (ж)	[venétsija]
Viena	Вена (ж)	[véna]
Washington	Вашингтон (м)	[vaʃinktón]

243. La política. El gobierno. Unidad 1

política (f)	политика (ж)	[pɔlítika]
político (adj)	политический	[pɔlitítʃeskij]

político (m)	политик (м)	[polítik]
Estado (m)	государство (с)	[gosudárstvo]
ciudadano (m)	гражданин (м)	[graʒdanín]
ciudadanía (f)	гражданство (с)	[graʒdánstvo]

| escudo (m) nacional | национальный герб (м) | [natsionálʲnij gérb] |
| himno (m) nacional | государственный гимн (м) | [gosudárstvenij gímn] |

gobierno (m)	правительство (с)	[pravítelʲstvo]
jefe (m) de estado	руководитель (м) страны	[rukovodítelʲ stranī]
parlamento (m)	парламент (м)	[parláment]
partido (m)	партия (ж)	[pártija]

| capitalismo (m) | капитализм (м) | [kapitalízm] |
| capitalista (adj) | капиталистический | [kapitalistítʃeskij] |

| socialismo (m) | социализм (м) | [sotsialízm] |
| socialista (adj) | социалистический | [sotsialistítʃeskij] |

comunismo (m)	коммунизм (м)	[komunízm]
comunista (adj)	коммунистический	[komunistítʃeskij]
comunista (m)	коммунист (м)	[komuníst]

democracia (f)	демократия (ж)	[demokrátija]
demócrata (m)	демократ (м)	[demokrát]
democrático (adj)	демократический	[demokratítʃeskij]
partido (m) democrático	демократическая партия (ж)	[demokratítʃeskaja pártija]

| liberal (m) | либерал (м) | [liberál] |
| liberal (adj) | либеральный | [liberálʲnij] |

| conservador (m) | консерватор (м) | [konservátor] |
| conservador (adj) | консервативный | [konservatívnij] |

república (f)	республика (ж)	[respúblika]
republicano (m)	республиканец (м)	[respublikánets]
partido (m) republicano	республиканская партия (ж)	[respublikánskaja pártija]

elecciones (f pl)	выборы (мн)	[vībori]
elegir (vi)	выбирать (нсв, пх)	[vibirátʲ]
elector (m)	избиратель (м)	[izbirátelʲ]
campaña (f) electoral	избирательная кампания (ж)	[izbirátelʲnaja kampánija]

votación (f)	голосование (с)	[golosovánie]
votar (vi)	голосовать (нсв, нпх)	[golosovátʲ]
derecho (m) a voto	право (с) голоса	[právo gólosa]

candidato (m)	кандидат (м)	[kandidát]
presentar su candidatura	баллотироваться (нсв, возв)	[balotírovatsa]
campaña (f)	кампания (ж)	[kampánija]

| de oposición (adj) | оппозиционный | [opozitsiónnij] |
| oposición (f) | оппозиция (ж) | [opozítsija] |

visita (f)	визит (м)	[vizít]
visita (f) oficial	официальный визит (м)	[ɔfitsiálʲnij vizít]
internacional (adj)	международный	[meʒdunaródnij]

| negociaciones (f pl) | переговоры (мн) | [peregɔvóri] |
| negociar (vi) | вести переговоры | [vestí peregɔvóri] |

244. La política. El gobierno. Unidad 2

sociedad (f)	общество (с)	[ópʃestvɔ]
constitución (f)	конституция (ж)	[kɔnstitútsija]
poder (m)	власть (ж)	[vlástʲ]
corrupción (f)	коррупция (ж)	[kɔrúptsija]

| ley (f) | закон (м) | [zakón] |
| legal (adj) | законный | [zakónnij] |

| justicia (f) | справедливость (ж) | [spravedlívɔstʲ] |
| justo (adj) | справедливый | [spravedlívij] |

comité (m)	комитет (м)	[kɔmitét]
proyecto (m) de ley	законопроект (м)	[zakónɔ·prɔǽkt]
presupuesto (m)	бюджет (м)	[bʲudʒǽt]
política (f)	политика (ж)	[pɔlítika]
reforma (f)	реформа (ж)	[refórma]
radical (adj)	радикальный	[radikálʲnij]

potencia (f) (~ militar, etc.)	сила (ж)	[síla]
poderoso (adj)	сильный	[sílʲnij]
partidario (m)	сторонник (м)	[stɔrónnik]
influencia (f)	влияние (с)	[vlijánie]

régimen (m)	режим (м)	[reʒĩm]
conflicto (m)	конфликт (м)	[kɔnflíkt]
complot (m)	заговор (м)	[zágɔvɔr]
provocación (f)	провокация (ж)	[prɔvɔkátsija]

derrocar (al régimen)	свергнуть (св, пх)	[svérgnutʲ]
derrocamiento (m)	свержение (с)	[sverʒǽnie]
revolución (f)	революция (ж)	[revɔlʲútsija]

| golpe (m) de estado | переворот (м) | [perevɔrót] |
| golpe (m) militar | военный переворот (м) | [vɔénnij perevɔrót] |

crisis (m)	кризис (м)	[krízis]
recesión (f) económica	экономический спад (м)	[ɛkɔnɔmítʃeskij spád]
manifestante (m)	демонстрант (м)	[demɔnstránt]
manifestación (f)	демонстрация (ж)	[demɔnstrátsija]
ley (m) marcial	военное положение (с)	[vɔénnɔe pɔlɔʒǽnie]
base (f) militar	военная база (ж)	[vɔénnaja báza]

estabilidad (f)	стабильность (ж)	[stabílʲnɔstʲ]
estable (adj)	стабильный	[stabílʲnij]
explotación (f)	эксплуатация (ж)	[ɛkspluatátsija]

explotar (vt)	эксплуатировать (нсв, пх)	[εkspluatírɔvatʲ]
racismo (m)	расизм (м)	[rasízm]
racista (m)	расист (м)	[rasíst]
fascismo (m)	фашизм (м)	[faʃízm]
fascista (m)	фашист (м)	[faʃíst]

245. Los países. Miscelánea

extranjero (m)	иностранец (м)	[inɔstránets]
extranjero (adj)	иностранный	[inɔstránnij]
en el extranjero	за границей	[za graníʦεj]
emigrante (m)	эмигрант (м)	[εmigránt]
emigración (f)	эмиграция (ж)	[εmigráʦija]
emigrar (vi)	эмигрировать (н/св, нпх)	[εmigrírɔvatʲ]
Oeste (m)	Запад (м)	[západ]
Este (m)	Восток (м)	[vɔstók]
Extremo Oriente (m)	Дальний Восток (м)	[dálʲnij vɔstók]
civilización (f)	цивилизация (ж)	[ʦivilizáʦija]
humanidad (f)	человечество (с)	[ʧelɔvéʧestvɔ]
mundo (m)	мир (м)	[mír]
paz (f)	мир (м)	[mír]
mundial (adj)	мировой	[mirɔvój]
patria (f)	родина (ж)	[ródina]
pueblo (m)	народ (м)	[naród]
población (f)	население (с)	[naselénie]
gente (f)	люди (м мн)	[lʲúdi]
nación (f)	нация (ж)	[náʦija]
generación (f)	поколение (с)	[pɔkɔlénie]
territorio (m)	территория (ж)	[teritórija]
región (m)	регион (м)	[región]
estado (m) (parte de un país)	штат (м)	[ʃtát]
tradición (f)	традиция (ж)	[tradíʦija]
costumbre (f)	обычай (м)	[ɔbïʧaj]
ecología (f)	экология (ж)	[εkɔlógija]
indio (m)	индеец (м)	[indéets]
gitano (m)	цыган (м)	[ʦïgán]
gitana (f)	цыганка (ж)	[ʦïgánka]
gitano (adj)	цыганский	[ʦïgánskij]
imperio (m)	империя (ж)	[impérija]
colonia (f)	колония (ж)	[kɔlónija]
esclavitud (f)	рабство (с)	[rábstvɔ]
invasión (f)	нашествие (с)	[naʃǽstvie]
hambruna (f)	голод (м)	[gólɔd]

246. Grupos religiosos principales. Las confesiones

religión (f)	религия (ж)	[relígija]
religioso (adj)	религиозный	[religióznij]
creencia (f)	верование (c)	[vérɔvanie]
creer (en Dios)	верить (нсв, пх)	[vérit']
creyente (m)	верующий (м)	[vérujuʃij]
ateísmo (m)	атеизм (м)	[atɛízm]
ateo (m)	атеист (м)	[atɛíst]
cristianismo (m)	христианство (c)	[hristiánstvɔ]
cristiano (m)	христианин (м)	[hristianín]
cristiano (adj)	христианский	[hristiánskij]
catolicismo (m)	Католицизм (м)	[katɔlitsīzm]
católico (m)	католик (м)	[katólik]
católico (adj)	католический	[katɔlítʃeskij]
protestantismo (m)	Протестантство (c)	[prɔtestántstvɔ]
Iglesia (f) Protestante	Протестантская церковь (ж)	[prɔtestánskaja tsǽrkɔf']
protestante (m)	протестант (м)	[prɔtestánt]
Ortodoxia (f)	Православие (c)	[pravɔslávie]
Iglesia (f) Ortodoxa	Православная церковь (ж)	[pravɔslávnaja tsǽrkɔf']
ortodoxo (m)	православный (м)	[pravɔslávnij]
Presbiterianismo (m)	Пресвитерианство (c)	[presviteriánstvɔ]
Iglesia (f) Presbiteriana	Пресвитерианская церковь (ж)	[presviteriánskaja tsǽrkɔf']
presbiteriano (m)	пресвитерианин (м)	[presviteriánin]
Iglesia (f) Luterana	Лютеранская церковь (ж)	[lʲuteránskaja tsǽrkɔf']
luterano (m)	лютеранин (м)	[lʲuteránin]
Iglesia (f) Bautista	Баптизм (м)	[baptízm]
bautista (m)	баптист (м)	[baptíst]
Iglesia (f) Anglicana	Англиканская церковь (ж)	[anglikánskaja tsǽrkɔf']
anglicano (m)	англиканин (м)	[anglikánin]
mormonismo (m)	Мормонство (c)	[mɔrmónstvɔ]
mormón (m)	мормон (м)	[mɔrmón]
judaísmo (m)	Иудаизм (м)	[iudaízm]
judío (m)	иудей (м)	[iudéj]
Budismo (m)	Буддизм (м)	[budízm]
budista (m)	буддист (м)	[budíst]
Hinduismo (m)	Индуизм (м)	[induízm]
hinduista (m)	индуист (м)	[induíst]
Islam (m)	Ислам (м)	[islám]

| musulmán (m) | мусульманин (м) | [musulʲmánin] |
| musulmán (adj) | мусульманский | [musulʲmánskij] |

| chiísmo (m) | Шиизм (м) | [ʃiízm] |
| chiita (m) | шиит (м) | [ʃiít] |

| sunismo (m) | Суннизм (м) | [sunízm] |
| suní (m, f) | суннит (м) | [sunít] |

247. Las religiones. Los sacerdotes

| sacerdote (m) | священник (м) | [svɪʃʲénik] |
| Papa (m) | Папа Римский (м) | [pápa rímskij] |

monje (m)	монах (м)	[monáh]
monja (f)	монахиня (ж)	[monáhinʲa]
pastor (m)	пастор (м)	[pástor]

abad (m)	аббат (м)	[abát]
vicario (m)	викарий (м)	[vikárij]
obispo (m)	епископ (м)	[epískop]
cardenal (m)	кардинал (м)	[kardinál]

predicador (m)	проповедник (м)	[propovédnik]
prédica (f)	проповедь (ж)	[própovetʲ]
parroquianos (m pl)	прихожане (мн)	[prihoʒáne]

| creyente (m) | верующий (м) | [vérujuʃʲij] |
| ateo (m) | атеист (м) | [atɛíst] |

248. La fé. El cristianismo. El islamismo

| Adán | Адам (м) | [adám] |
| Eva | Ева (ж) | [éva] |

Dios (m)	Бог (м)	[bóh]
Señor (m)	Господь (м)	[gospótʲ]
el Todopoderoso	Всемогущий (м)	[fsemogúʃʲij]

pecado (m)	грех (м)	[gréh]
pecar (vi)	грешить (нсв, нпх)	[greʃítʲ]
pecador (m)	грешник (м)	[gréʃnik]
pecadora (f)	грешница (ж)	[gréʃnitsa]

| infierno (m) | ад (м) | [ád] |
| paraíso (m) | рай (м) | [ráj] |

| Jesús | Иисус (м) | [iisús] |
| Jesucristo (m) | Иисус Христос (м) | [iisús hristós] |

| Espíritu (m) Santo | Святой Дух (м) | [svɪtój dúh] |
| el Salvador | Спаситель (м) | [spasítelʲ] |

la Virgen María	Богородица (ж)	[bɔgɔróditsa]
diablo (m)	Дьявол (м)	[djávɔl]
diabólico (adj)	дьявольский	[djávɔlʲskij]
Satán (m)	Сатана (ж)	[sataná]
satánico (adj)	сатанинский	[satanínskij]
ángel (m)	ангел (м)	[ángel]
ángel (m) custodio	ангел-хранитель (м)	[ángel-hranítelʲ]
angelical (adj)	ангельский	[ángelʲskij]
apóstol (m)	апостол (м)	[apóstɔl]
arcángel (m)	архангел (м)	[arhángel]
anticristo (m)	антихрист (м)	[antíhrist]
Iglesia (f)	Церковь (ж)	[tsǽrkɔfʲ]
Biblia (f)	библия (ж)	[bíblija]
bíblico (adj)	библейский	[bibléjskij]
Antiguo Testamento (m)	Ветхий Завет (м)	[vétxij zavét]
Nuevo Testamento (m)	Новый Завет (м)	[nóvij zavét]
Evangelio (m)	Евангелие (с)	[evángelie]
Sagrada Escritura (f)	Священное Писание (с)	[sviʃénɔe pisánie]
cielo (m)	Царство (с) Небесное	[tsárstvɔ nebésnɔe]
mandamiento (m)	заповедь (ж)	[zápɔvetʲ]
profeta (m)	пророк (м)	[prɔrók]
profecía (f)	пророчество (с)	[prɔrótʃestvɔ]
Alá	Аллах (м)	[aláh]
Mahoma	Мухаммед (м)	[muhámmed]
Corán (m)	Коран (м)	[kɔrán]
mezquita (f)	мечеть (ж)	[metʃétʲ]
mulá (m), mullah (m)	мулла (ж)	[mulá]
oración (f)	молитва (ж)	[mɔlítva]
orar (vi)	молиться (нсв, возв)	[mɔlítsa]
peregrinación (f)	паломничество (с)	[palómnitʃestvɔ]
peregrino (m)	паломник (м)	[palómnik]
La Meca	Мекка (ж)	[mékka]
iglesia (f)	церковь (ж)	[tsǽrkɔfʲ]
templo (m)	храм (м)	[hrám]
catedral (f)	собор (м)	[sɔbór]
gótico (adj)	готический	[gɔtítʃeskij]
sinagoga (f)	синагога (ж)	[sinagóga]
mezquita (f)	мечеть (ж)	[metʃétʲ]
capilla (f)	часовня (ж)	[tʃasóvnʲa]
abadía (f)	аббатство (с)	[abátstvɔ]
convento (m)	монастырь (м)	[mɔnastī́rʲ]
monasterio (m)	монастырь (м)	[mɔnastī́rʲ]
campana (f)	колокол (м)	[kólɔkɔl]
campanario (m)	колокольня (ж)	[kɔlɔkólʲnʲa]
sonar (vi)	звонить (нсв, нпх)	[zvɔnítʲ]

cruz (f)	крест (м)	[krést]
cúpula (f)	купол (м)	[kúpɔl]
icono (m)	икона (ж)	[ikóna]
alma (f)	душа (ж)	[duʃá]
destino (m)	судьба (ж)	[sutʲbá]
maldad (f)	зло (c)	[zló]
bien (m)	добро (c)	[dɔbró]
vampiro (m)	вампир (м)	[vampír]
bruja (f)	ведьма (ж)	[védʲma]
demonio (m)	демон (м)	[démɔn]
espíritu (m)	дух (м)	[dúh]
redención (f)	искупление (c)	[iskuplénie]
redimir (vt)	искупить (св, пх)	[iskupítʲ]
culto (m), misa (f)	служба (ж)	[slúʒba]
decir misa	служить (нсв, нпх)	[sluʒítʲ]
confesión (f)	исповедь (ж)	[íspɔvetʲ]
confesarse (vr)	исповедоваться (н/св, возв)	[ispɔvédɔvatsa]
santo (m)	святой (м)	[svɪtój]
sagrado (adj)	священный	[svɪʃénij]
agua (f) santa	святая вода (ж)	[svɪtája vɔdá]
rito (m)	ритуал (м)	[rituál]
ritual (adj)	ритуальный	[rituálʲnij]
sacrificio (m)	жертвоприношение (c)	[ʒértvɔ·prinɔʃǽnie]
superstición (f)	суеверие (c)	[suevérie]
supersticioso (adj)	суеверный	[suevérnij]
vida (f) de ultratumba	загробная жизнь (ж)	[zagróbnaja ʒĩznʲ]
vida (f) eterna	вечная жизнь (ж)	[vétʃnaja ʒĩznʲ]

MISCELÁNEA

249. Varias palabras útiles

alto (m) (descanso)	остановка (ж)	[ɔstanófka]
ayuda (f)	помощь (ж)	[pómɔʃ]
balance (m)	баланс (м)	[baláns]
barrera (f)	преграда (ж)	[pregráda]
base (f) (~ científica)	база (ж)	[báza]
categoría (f)	категория (ж)	[kategórija]
causa (f)	причина (ж)	[pritʃína]
coincidencia (f)	совпадение (c)	[sɔfpadénie]
comienzo (m) (principio)	начало (c)	[natʃálɔ]
comparación (f)	сравнение (c)	[sravnénie]
compensación (f)	компенсация (ж)	[kɔmpensátsija]
confortable (adj)	удобный	[udóbnij]
cosa (f) (objeto)	вещь (ж)	[véʃ]
crecimiento (m)	рост (м)	[róst]
desarrollo (m)	развитие (c)	[razvítie]
diferencia (f)	различие (c)	[razlítʃie]
efecto (m)	эффект (м)	[ɛfékt]
ejemplo (m)	пример (м)	[primér]
elección (f)	выбор (м)	[vībɔr]
elemento (m)	элемент (м)	[ɛlemént]
error (m)	ошибка (ж)	[ɔʃīpka]
esfuerzo (m)	усилие (c)	[usílie]
estándar (adj)	стандартный	[standártnij]
estándar (m)	стандарт (м)	[standárt]
estilo (m)	стиль (м)	[stílʲ]
fin (m)	окончание (c)	[ɔkɔntʃánie]
fondo (m) (color de ~)	фон (м)	[fón]
forma (f) (contorno)	форма (ж)	[fórma]
frecuente (adj)	частый	[tʃástij]
grado (m) (en mayor ~)	степень (ж)	[stépenʲ]
hecho (m)	факт (м)	[fákt]
ideal (m)	идеал (м)	[ideál]
laberinto (m)	лабиринт (м)	[labirínt]
modo (m) (de otro ~)	способ (м)	[spósɔb]
momento (m)	момент (м)	[mɔmént]
objeto (m)	объект (м)	[ɔbjékt]
obstáculo (m)	препятствие (c)	[prepʲátstvie]
original (m)	оригинал (м)	[originál]
parte (f)	часть (ж)	[tʃástʲ]

226

partícula (f)	частица (ж)	[tʃastítsa]
pausa (f)	пауза (ж)	[páuza]
posición (f)	позиция (ж)	[pozítsija]
principio (m) (tener por ~)	принцип (м)	[príntsip]
problema (m)	проблема (ж)	[probléma]

proceso (m)	процесс (м)	[protsǽs]
progreso (m)	прогресс (м)	[progrǽs]
propiedad (f) (cualidad)	свойство (c)	[svójstvo]
reacción (f)	реакция (ж)	[reáktsija]

riesgo (m)	риск (м)	[rísk]
secreto (m)	тайна (ж)	[tájna]
serie (f)	серия (ж)	[sérija]
sistema (m)	система (ж)	[sistéma]
situación (f)	ситуация (ж)	[situátsija]

solución (f)	решение (c)	[reʃǽnie]
tabla (f) (~ de multiplicar)	таблица (ж)	[tablítsa]
tempo (m) (ritmo)	темп (м)	[tǽmp]
término (m)	термин (м)	[términ]

tipo (m) (~ de deportes)	вид (м)	[víd]
tipo (m) (no es mi ~)	тип (м)	[típ]
turno (m) (esperar su ~)	очередь (ж)	[ótʃeretʲ]
urgente (adj)	срочный	[srótʃnij]

urgentemente	срочно	[srótʃno]
utilidad (f)	польза (ж)	[pólʲza]
variante (f)	вариант (м)	[variánt]
verdad (f)	истина (ж)	[ístina]
zona (f)	зона (ж)	[zóna]

250. Los modificadores. Los adjetivos. Unidad 1

abierto (adj)	открытый	[otkrītij]
adicional (adj)	дополнительный	[dopolnítelʲnij]
agradable (~ voz)	приятный	[prijátnij]
agradecido (adj)	благодарный	[blagodárnij]

agrio (sabor ~)	кислый	[kíslij]
agudo (adj)	острый	[óstrij]
alegre (adj)	весёлый	[vesǿlij]
amargo (adj)	горький	[górʲkij]

amplio (~a habitación)	просторный	[prostórnij]
ancho (camino ~)	широкий	[ʃirókij]
antiguo (adj)	древний	[drévnij]
apretado (falda ~a)	тесный	[tésnij]

arriesgado (adj)	рискованный	[riskóvanij]
artificial (adj)	искусственный	[iskústvenij]
azucarado (adj)	сладкий	[slátkij]
bajo (voz ~a)	тихий	[tíhij]

227

barato (adj)	дешёвый	[deʃóvij]
bello (hermoso)	красивый	[krasívij]
blando (adj)	мягкий	[mʲáhkij]
bronceado (adj)	загорелый	[zagɔrélij]
bueno (de buen corazón)	добрый	[dóbrij]

bueno (un libro, etc.)	хороший	[hɔróʃij]
caliente (adj)	горячий	[gɔrʲátʃij]
calmo, tranquilo	спокойный	[spɔkójnij]
cansado (adj)	усталый	[ustálij]

cariñoso (un padre ~)	заботливый	[zabótlivij]
caro (adj)	дорогой	[dɔrɔgój]
central (adj)	центральный	[tsɛntrálʲnij]
cerrado (adj)	закрытый	[zakrĩtij]
ciego (adj)	слепой	[slepój]

civil (derecho ~)	гражданский	[graʒdánskij]
clandestino (adj)	подпольный	[pɔtpólʲnij]
claro (color)	светлый	[svétlij]
claro (explicación, etc.)	понятный	[pɔnʲátnij]
compatible (adj)	совместимый	[sɔvmestímij]

congelado (pescado ~)	замороженный	[zamɔróʒenij]
conjunto (decisión ~a)	совместный	[sɔvmésnij]
considerable (adj)	значительный	[znatʃítelʲnij]
contento (adj)	довольный	[dɔvólʲnij]
continuo (adj)	продолжительный	[prɔdɔlʒĩtelʲnij]

continuo (incesante)	непрерывный	[neprerĩvnij]
conveniente (apto)	пригодный	[prigódnij]
correcto (adj)	правильный	[právilʲnij]
cortés (adj)	вежливый	[véʒlivij]
corto (adj)	короткий	[kɔrótkij]

crudo (huevos ~s)	сырой	[sirój]
de atrás (adj)	задний	[zádnij]
de corta duración (adj)	кратковременный	[kratkɔvrémenij]
de segunda mano	бывший в употреблении	[bĩʃij v upɔtreblénii]
delgado (adj)	худой	[hudój]

demasiado magro	тощий	[tóʃij]
denso (~a niebla)	плотный	[plótnij]
derecho (adj)	правый	[právij]
diferente (adj)	разный	[ráznij]
difícil (decisión)	трудный	[trúdnij]

difícil (problema ~)	сложный	[slóʒnij]
distante (adj)	дальний	[dálʲnij]
dulce (agua ~)	пресный	[présnij]
duro (material, etc.)	твёрдый	[tvǿrdij]

el más alto	высший	[vĩʃij]
el más importante	самый важный	[sámij váʒnij]
el más próximo	ближайший	[bliʒájʃij]
enfermo (adj)	больной	[bɔlʲnój]

enorme (adj)	огромный	[ɔgrómnij]
entero (adj)	целый	[tsǽlij]
especial (adj)	специальный	[spetsiálʲnij]
espeso (niebla ~a)	густой	[gustój]
estrecho (calle, etc.)	узкий	[úskij]
exacto (adj)	точный	[tótʃnij]
excelente (adj)	отличный	[ɔtlítʃnij]
excesivo (adj)	чрезмерный	[tʃrezmérnij]
exterior (adj)	внешний	[vnéʃnij]
extranjero (adj)	иностранный	[inɔstránnij]
fácil (adj)	лёгкий	[lǿhkij]
fatigoso (adj)	утомительный	[utɔmítelʲnij]
feliz (adj)	счастливый	[ʃislívij]
fértil (la tierra ~)	плодородный	[plɔdɔródnij]
frágil (florero, etc.)	хрупкий	[hrúpkij]
fresco (está ~ hoy)	прохладный	[prɔhládnij]
fresco (pan, etc.)	свежий	[svéʒij]
frío (bebida ~a, etc.)	холодный	[hɔlódnij]
fuerte (~ voz)	громкий	[grómkij]
fuerte (adj)	сильный	[sílʲnij]
grande (en dimensiones)	большой	[bɔlʲʃój]
graso (alimento ~)	жирный	[ʒĩrnij]
gratis (adj)	бесплатный	[besplátnij]
grueso (muro, etc.)	толстый	[tólstij]
hambriento (adj)	голодный	[gɔlódnij]
hermoso (~ palacio)	прекрасный	[prekrásnij]
hostil (adj)	враждебный	[vraʒdébnij]
húmedo (adj)	влажный	[vláʒnij]
igual, idéntico (adj)	одинаковый	[ɔdinákɔvij]
importante (adj)	важный	[váʒnij]
imposible (adj)	невозможный	[nevɔzmóʒnij]
imprescindible (adj)	необходимый	[neɔphɔdímij]
indescifrable (adj)	непонятный	[nepɔnʲátnij]
infantil (adj)	детский	[détskij]
inmóvil (adj)	неподвижный	[nepɔdvíʒnij]
insignificante (adj)	незначительный	[neznatʃítelʲnij]
inteligente (adj)	умный	[úmnij]
interior (adj)	внутренний	[vnútrenij]
izquierdo (adj)	левый	[lévij]
joven (adj)	молодой	[mɔlɔdój]

251. Los modificadores. Los adjetivos. Unidad 2

largo (camino)	длинный	[dlínnij]
legal (adj)	законный	[zakónnij]
lejano (adj)	далёкий	[dalǿkij]

| libre (acceso ~) | свободный | [svɔbódnij] |
| ligero (un metal ~) | лёгкий | [lǿhkij] |

limitado (adj)	ограниченный	[ɔgranítʃennij]
limpio (camisa ~)	чистый	[tʃístij]
líquido (adj)	жидкий	[ʒītkij]
liso (piel, pelo, etc.)	гладкий	[glátkij]
lleno (adj)	полный	[pólnij]

maduro (fruto, etc.)	зрелый	[zrélij]
malo (adj)	плохой	[plɔhój]
mas próximo	ближний	[blíʒnij]
mate (sin brillo)	матовый	[mátɔvij]
meticuloso (adj)	аккуратный	[akurátnij]

miope (adj)	близорукий	[blizɔrúkij]
misterioso (adj)	загадочный	[zagádɔtʃnij]
mojado (adj)	мокрый	[mókrij]
moreno (adj)	смуглый	[smúglij]
muerto (adj)	мёртвый	[mǿrtvij]

natal (país ~)	родной	[rɔdnój]
necesario (adj)	нужный	[núʒnij]
negativo (adj)	отрицательный	[ɔtritsátel'nij]
negligente (adj)	небрежный	[nebréʒnij]
nervioso (adj)	нервный	[nérvnij]

no difícil (adj)	нетрудный	[netrúdnij]
no muy grande (adj)	небольшой	[nebɔl'ʃój]
normal (adj)	нормальный	[nɔrmál'nij]
nuevo (adj)	новый	[nóvij]
obligatorio (adj)	обязательный	[ɔbızátel'nij]

opuesto (adj)	противоположный	[prɔtivɔpɔlóʒnij]
ordinario (adj)	обыкновенный	[ɔbiknɔvénnij]
original (inusual)	оригинальный	[ɔriginál'nij]
oscuro (cuarto ~)	тёмный	[tǿmnij]
pasado (tiempo ~)	прошедший	[prɔʃǽdʃij]

peligroso (adj)	опасный	[ɔpásnij]
perfecto (adj)	превосходный	[prevɔsxódnij]
permanente (adj)	постоянный	[pɔstɔjánnij]
personal (adj)	персональный	[persɔnál'nij]

pesado (adj)	тяжёлый	[tıʒólij]
plano (pantalla ~a)	плоский	[plóskij]
plano (superficie ~a)	ровный	[róvnij]
pobre (adj)	бедный	[bédnij]
indigente (adj)	нищий	[níʃij]

poco claro (adj)	неясный	[nejásnij]
poco profundo (adj)	мелкий	[mélkij]
posible (adj)	возможный	[vɔzmóʒnij]
presente (momento ~)	настоящий	[nastɔjáʃij]
principal (~ idea)	основной	[ɔsnɔvnój]
principal (la entrada ~)	главный	[glávnij]

privado (avión ~)	частный	[tʃásnij]
probable (adj)	вероятный	[verɔjátnij]
próximo (cercano)	близкий	[blískij]
público (adj)	общественный	[ɔpʃéstvenij]
puntual (adj)	пунктуальный	[punktuálʲnij]
rápido (adj)	быстрый	[bɨ̄strij]
raro (adj)	редкий	[rétkij]
recto (línea ~a)	прямой	[prɪmój]
sabroso (adj)	вкусный	[fkúsnij]
salado (adj)	солёный	[sɔlǿnij]
satisfecho (cliente)	удовлетворённый	[udɔvletvɔrǿnij]
seco (adj)	сухой	[suhój]
seguro (no peligroso)	безопасный	[bezɔpásnij]
siguiente (avión, etc.)	следующий	[sléduʃij]
similar (adj)	похожий	[pɔhóʒij]
simpático, amable (adj)	милый	[mílij]
simple (adj)	простой	[prɔstój]
sin experiencia (adj)	неопытный	[neópitnij]
sin nubes (adj)	безоблачный	[bezóblatʃnij]
soleado (un día ~)	солнечный	[sólnetʃnij]
sólido (~a pared)	прочный	[prótʃnij]
sombrío (adj)	мрачный	[mrátʃnij]
sucio (no limpio)	грязный	[grʲáznij]
templado (adj)	тёплый	[tǿplij]
tenue (una ~ luz)	тусклый	[túsklij]
tierno (afectuoso)	нежный	[néʒnij]
tonto (adj)	глупый	[glúpij]
tranquilo (adj)	тихий	[tíhij]
transparente (adj)	прозрачный	[prɔzrátʃnij]
triste (adj)	грустный	[grúsnij]
triste (mirada ~)	печальный	[petʃálʲnij]
último (~a oportunidad)	последний	[pɔslédnij]
último (~a vez)	прошлый	[próʃlij]
único (excepcional)	уникальный	[unikálʲnij]
vacío (vaso medio ~)	пустой	[pustój]
vario (adj)	различный	[razlítʃnij]
vecino (casa ~a)	соседний	[sɔsédnij]
viejo (casa ~a)	старый	[stárij]

231

LOS 500 VERBOS PRINCIPALES

252. Los verbos A-C

abandonar (vt)	бросать (нсв, пх)	[brɔsátʲ]
abrazar (vt)	обнимать (нсв, пх)	[ɔbnimátʲ]
abrir (vt)	открывать (нсв, пх)	[ɔtkrivátʲ]
aburrirse (vr)	скучать (нсв, нпх)	[skutʃátʲ]
acariciar (~ el cabello)	гладить (нсв, пх)	[gláditʲ]
acercarse (vr)	подходить (нсв, нпх)	[pɔtxɔdítʲ]
acompañar (vt)	сопровождать (нсв, пх)	[sɔprɔvɔʒdátʲ]
aconsejar (vt)	советовать (нсв, пх)	[sɔvétɔvatʲ]
actuar (vi)	действовать (нсв, нпх)	[déjstvɔvatʲ]
acusar (vt)	обвинять (нсв, пх)	[ɔbvinʲátʲ]
adiestrar (~ animales)	дрессировать (нсв, пх)	[dresirɔvátʲ]
adivinar (vt)	отгадать (св, пх)	[ɔdgadátʲ]
admirar (vt)	восхищаться (нсв, возв)	[vɔsxiʃátsa]
adular (vt)	льстить (нсв, пх)	[lʲstítʲ]
advertir (avisar)	предупреждать (нсв, пх)	[predupreʒdátʲ]
afeitarse (vr)	бриться (нсв, возв)	[brítsa]
afirmar (vt)	утверждать (нсв, пх)	[utverʒdátʲ]
agitar (la mano)	махать (нсв, н/пх)	[mahátʲ]
agradecer (vt)	благодарить (нсв, пх)	[blagɔdarítʲ]
ahogarse (vr)	тонуть (нсв, нпх)	[tɔnútʲ]
aislar (al enfermo, etc.)	изолировать (н/св, пх)	[izɔlírɔvatʲ]
alabarse (vr)	хвастаться (нсв, возв)	[hvástatsa]
alimentar (vt)	кормить (нсв, пх)	[kɔrmítʲ]
almorzar (vi)	обедать (нсв, нпх)	[ɔbédatʲ]
alquilar (~ una casa)	снимать (нсв, пх)	[snimátʲ]
alquilar (barco, etc.)	нанимать (нсв, пх)	[nanimátʲ]
aludir (vi)	намекать (нсв, н/пх)	[namekátʲ]
alumbrar (vt)	освещать (нсв, пх)	[ɔsveʃátʲ]
amarrar (vt)	причаливать (нсв, нпх)	[pritʃálivatʲ]
amenazar (vt)	угрожать (нсв, пх)	[ugrɔʒátʲ]
amputar (vt)	ампутировать (н/св, пх)	[amputírɔvatʲ]
añadir (vt)	добавлять (нсв, пх)	[dɔbavlʲátʲ]
anotar (vt)	пометить (св, пх)	[pɔmétitʲ]
anular (vt)	отменить (св, пх)	[ɔtmenítʲ]
apagar (~ la luz)	тушить (нсв, пх)	[tuʃítʲ]
aparecer (vi)	появляться (нсв, возв)	[pɔivlʲátsa]
aplastar (insecto, etc.)	раздавить (св, пх)	[razdavítʲ]
aplaudir (vi, vt)	аплодировать (нсв, нпх)	[aplɔdírɔvatʲ]

apoyar (la decisión)	поддержать (св, пх)	[pɔdderʒátʲ]
apresurar (vt)	торопить (нсв, пх)	[tɔrɔpítʲ]
apuntar a …	целиться (нсв, возв)	[ʦǽlitsa]
arañar (vt)	царапать (нсв, пх)	[ʦarápatʲ]
arrancar (vt)	оторвать (св, пх)	[ɔtɔrvátʲ]

arrepentirse (vr)	сожалеть (нсв, нпх)	[sɔʒilétʲ]
arriesgar (vt)	рисковать (нсв, нпх)	[riskɔvátʲ]
asistir (vt)	ассистировать (н/св, пх)	[asistírɔvatʲ]
aspirar (~ a algo)	стремиться (нсв, возв)	[stremítsa]

atacar (mil.)	атаковать (н/св, пх)	[atakɔvátʲ]
atar (cautivo)	связывать (нсв, пх)	[svʲázivatʲ]
atar a …	привязывать (нсв, пх)	[privʲázivatʲ]
aumentar (vt)	увеличивать (нсв, пх)	[uvelítʃivatʲ]
aumentarse (vr)	увеличиваться (нсв, возв)	[uvelítʃivatsa]

autorizar (vt)	разрешать (нсв, пх)	[razreʃátʲ]
avanzarse (vr)	продвигаться (нсв, возв)	[prɔdvigátsa]
avistar (vt)	увидеть (св, пх)	[uvídetʲ]
ayudar (vt)	помогать (нсв, пх)	[pɔmɔgátʲ]

bajar (vt)	опускать (нсв, пх)	[ɔpuskátʲ]
bañar (~ al bebé)	купать (нсв, пх)	[kupátʲ]
bañarse (vr)	купаться (нсв, возв)	[kupátsa]
beber (vi, vt)	пить (нсв, н/пх)	[pítʲ]
borrar (vt)	стереть (св, пх)	[sterétʲ]

brillar (vi)	светиться (нсв, возв)	[svetítsa]
bromear (vi)	шутить (нсв, нпх)	[ʃutítʲ]
bucear (vi)	нырять (нсв, нпх)	[nirʲátʲ]
burlarse (vr)	насмехаться (нсв, возв)	[nasmehátsa]
buscar (vt)	искать … (нсв, пх)	[iskátʲ …]
calentar (vt)	нагревать (нсв, пх)	[nagrevátʲ]
callarse (no decir nada)	молчать (нсв, нпх)	[mɔltʃátʲ]
calmar (vt)	успокаивать (нсв, пх)	[uspɔkáivatʲ]
cambiar (de opinión)	изменить (св, пх)	[izmenítʲ]

cambiar (vt)	менять (нсв, пх)	[menʲátʲ]
cansar (vt)	утомлять (нсв, пх)	[utɔmlʲátʲ]
cargar (camión, etc.)	грузить (нсв, пх)	[gruzítʲ]
cargar (pistola)	заряжать (нсв, пх)	[zarɪʒátʲ]
casarse (con una mujer)	жениться (н/св, возв)	[ʒenítsa]

castigar (vt)	наказывать (нсв, пх)	[nakázivatʲ]
cavar (fosa, etc.)	рыть, копать (нсв, пх)	[rȋtʲ], [kɔpátʲ]
cazar (vi, vt)	охотиться (нсв, возв)	[ɔhótitsa]
ceder (vi, vt)	уступать (нсв, пх)	[ustupátʲ]

cegar (deslumbrar)	ослеплять (нсв, пх)	[ɔsleplʲátʲ]
cenar (vi)	ужинать (нсв, нпх)	[úʒinatʲ]
cerrar (vt)	закрывать (нсв, пх)	[zakrivátʲ]
cesar (vt)	прекращать (нсв, пх)	[prekraʃátʲ]
citar (vt)	цитировать (нсв, пх)	[ʦitírɔvatʲ]
coger (flores, etc.)	рвать (нсв, пх)	[rvátʲ]
coger (pelota, etc.)	ловить (нсв, пх)	[lɔvítʲ]

| colaborar (vi) | сотрудничать (нсв, нпх) | [sɔtrúdnitʃatʲ] |
| colgar (vt) | вешать (нсв, пх) | [véʃatʲ] |

colocar (poner)	располагать (нсв, пх)	[raspɔlagátʲ]
combatir (vi)	сражаться (нсв, возв)	[sraʒátsa]
comenzar (vt)	начинать (нсв, пх)	[natʃinátʲ]
comer (vi, vt)	кушать, есть (нсв, н/пх)	[kúʃatʲ], [éstʲ]
comparar (vt)	сравнивать (нсв, пх)	[srávnivatʲ]

compensar (vt)	компенсировать (н/св, пх)	[kɔmpensírɔvatʲ]
competir (vi)	конкурировать (нсв, нпх)	[kɔnkurírɔvatʲ]
compilar (~ una lista)	составлять (нсв, пх)	[sɔstavlʲátʲ]
complicar (vt)	осложнить (св, пх)	[ɔslɔʒnítʲ]

componer (música)	сочинить (св, пх)	[sɔtʃinítʲ]
comportarse (vr)	вести себя	[vestí sebʲá]
comprar (vt)	покупать (нсв, пх)	[pɔkupátʲ]
comprender (vt)	понимать (нсв, пх)	[pɔnimátʲ]

comprometer (vt)	компрометировать (нсв, пх)	[kɔmprɔmetírɔvatʲ]
comunicar (algo a algn)	сообщать (нсв, пх)	[sɔɔpʃátʲ]
concentrarse (vr)	концентрироваться (нсв, возв)	[kɔntsɛntrírɔvatsa]
condecorar (vt)	наградить (св, пх)	[nagradítʲ]

conducir el coche	вести машину	[vestí maʃinu]
confesar (un crimen)	признаваться (нсв, возв)	[priznavátsa]
confiar (vt)	доверять (нсв, пх)	[dɔverʲátʲ]
confundir (vt)	путать (нсв, пх)	[pútatʲ]

| conocer (~ a alguien) | знать (нсв, пх) | [znátʲ] |
| consultar (a un médico) | консультироваться с ... (нсв) | [kɔnsulʲtírɔvatsa s ...] |

| contagiar (vt) | заразить (св, пх) | [zarazítʲ] |
| contagiarse (de ...) | заразиться (св, возв) | [zarazítsa] |

contar (dinero, etc.)	считать (нсв, пх)	[ʃʲitátʲ]
contar (una historia)	рассказывать (нсв, пх)	[raskázivatʲ]
contar con ...	рассчитывать на ... (нсв)	[raʃʲítivatʲ na ...]
continuar (vt)	продолжать (нсв, пх)	[prɔdɔlʒátʲ]

contratar (~ a un abogado)	нанимать (нсв, пх)	[nanimátʲ]
controlar (vt)	контролировать (нсв, пх)	[kɔntrɔlírɔvatʲ]
convencer (vt)	убеждать (нсв, пх)	[ubeʒdátʲ]
convencerse (vr)	убеждаться (нсв, возв)	[ubeʒdátsa]

coordinar (vt)	координировать (нсв, пх)	[kɔɔrdinírɔvatʲ]
corregir (un error)	исправлять (нсв, пх)	[ispravlʲátʲ]
correr (vi)	бежать (н/св, нпх)	[beʒátʲ]
cortar (un dedo, etc.)	отрезать (св, пх)	[ɔtrézatʲ]

costar (vt)	стоить (нсв, пх)	[stóitʲ]
crear (vt)	создать (св, пх)	[sɔzdátʲ]
creer (vt)	верить (нсв, пх)	[véritʲ]
cultivar (plantas)	растить (нсв, пх)	[rastítʲ]
curar (vt)	лечить (нсв, пх)	[letʃítʲ]

253. Los verbos D-E

darse prisa	торопиться (нсв, возв)	[tɔrɔpítsa]
darse un baño	мыться (нсв, возв)	[mǐtsa]
datar de ...	датироваться (нсв, возв)	[datírɔvatsa]
deber (v aux)	быть должным	[bǐtʲ dólʒnim]
decidir (vt)	решать (нсв, пх)	[reʃátʲ]
decir (vt)	сказать (св, пх)	[skazátʲ]
decorar (para la fiesta)	украшать (нсв, пх)	[ukraʃátʲ]
dedicar (vt)	посвящать (нсв, пх)	[pɔsviʃátʲ]
defender (vt)	защищать (нсв, пх)	[zaʃiʃátʲ]
defenderse (vr)	защищаться (нсв, возв)	[zaʃiʃátsa]
dejar caer	ронять (нсв, пх)	[rɔnʲátʲ]
dejar de hablar	замолчать (св, нпх)	[zamɔltʃátʲ]
denunciar (vt)	доносить (нсв, нпх)	[dɔnɔsítʲ]
depender de ...	зависеть (нсв, нпх)	[zavísetʲ]
derramar (líquido)	пролить (св, пх)	[prɔlítʲ]
desamarrar (vt)	отчаливать (нсв, нпх)	[ɔtʃálivatʲ]
desaparecer (vi)	исчезнуть (св, нпх)	[isʃéznutʲ]
desatar (vt)	отвязывать (нсв, пх)	[ɔtvʲázivatʲ]
desayunar (vi)	завтракать (нсв, нпх)	[záftrakatʲ]
descansar (vi)	отдыхать (нсв, нпх)	[ɔtdihátʲ]
descender (vi)	спускаться (нсв, возв)	[spuskátsa]
descubrir (tierras nuevas)	открывать (нсв, пх)	[ɔtkrivátʲ]
desear (vt)	желать (нсв, пх)	[ʒelátʲ]
desparramarse (azúcar)	просыпаться (св, возв)	[prɔsǐpatsa]
despedir (olor)	распространять (нсв, пх)	[rasprɔstranʲátʲ]
despegar (el avión)	взлетать (нсв, нпх)	[vzletátʲ]
despertar (vt)	будить (нсв, пх)	[budítʲ]
despreciar (vt)	презирать (нсв, пх)	[prezirátʲ]
destruir (~ las pruebas)	уничтожать (нсв, пх)	[unitʃtɔʒátʲ]
devolver (paquete, etc.)	отправить обратно (св, пх)	[ɔtprávitʲ ɔbrátnɔ]
diferenciarse (vr)	отличаться (нсв, возв)	[ɔtlitʃátsa]
difundir (panfletos)	распространять (нсв, пх)	[rasprɔstranʲátʲ]
dirigir (administrar)	руководить (нсв, пх)	[rukɔvɔdítʲ]
dirigirse (~ al jurado)	обращаться (нсв, возв)	[ɔbraʃátsa]
disculpar (vt)	извинять (нсв, пх)	[izvinʲátʲ]
disculparse (vr)	извиняться (нсв, возв)	[izvinʲátsa]
discutir (vt)	обсуждать (нсв, пх)	[ɔpsuʒdátʲ]
disminuir (vt)	уменьшать (нсв, пх)	[umenʲʃátʲ]
distribuir (comida, agua)	раздать (св, пх)	[razdátʲ]
divertirse (vr)	веселиться (нсв, возв)	[veselítsa]
dividir (~ 7 entre 5)	делить (нсв, пх)	[delítʲ]
doblar (p.ej. capital)	удваивать (нсв, пх)	[udváivatʲ]
dudar (vt)	сомневаться (нсв, возв)	[sɔmnevátsa]

elevarse (alzarse)	возвышаться (нсв, возв)	[vɔzviʃátsa]
eliminar (obstáculo)	устранять (нсв, пх)	[ustranʲátʲ]
emerger (submarino)	всплывать (нсв, нпх)	[fsplivátʲ]
empaquetar (vt)	заворачивать (нсв, пх)	[zavɔrátʃivatʲ]
emplear (utilizar)	употребить (св, пх)	[upɔtrebítʲ]

emprender (~ acciones)	предпринимать (нсв, пх)	[pretprinimátʲ]
empujar (vt)	толкать (нсв, пх)	[tɔlkátʲ]
enamorarse (de ...)	влюбиться (св, возв)	[vlʲubítsa]
encabezar (vt)	возглавлять (нсв, пх)	[vɔzglavlʲátʲ]

encaminar (vt)	направлять (нсв, пх)	[napravlʲátʲ]
encender (hoguera)	зажечь (св, пх)	[zaʒǽtʃʲ]
encender (radio, etc.)	включать (нсв, пх)	[fklʲutʃátʲ]
encontrar (hallar)	находить (нсв, пх)	[nahɔdítʲ]

enfadar (vt)	сердить (нсв, пх)	[serdítʲ]
enfadarse (con ...)	сердиться (нсв, возв)	[serdítsa]
engañar (vi, vt)	обманывать (нсв, пх)	[ɔbmánivatʲ]
enrojecer (vi)	краснеть (нсв, нпх)	[krasnétʲ]

enseñar (vi, vt)	обучать (нсв, пх)	[ɔbutʃátʲ]
ensuciarse (vr)	испачкаться (св, возв)	[ispátʃkatsa]
entrar (vi)	войти (св, нпх)	[vɔjtí]
entrenar (vt)	тренировать (нсв, пх)	[trenirɔvátʲ]

entrenarse (vr)	тренироваться (нсв, возв)	[trenirɔvátsa]
entretener (vt)	развлекать (нсв, пх)	[razvlekátʲ]
enviar (carta, etc.)	отправлять (нсв, пх)	[ɔtpravlʲátʲ]
envidiar (vt)	завидовать (нсв, пх)	[zavídɔvatʲ]

equipar (vt)	оборудовать (нсв, пх)	[ɔbɔrúdɔvatʲ]
equivocarse (vr)	ошибаться (нсв, возв)	[ɔʃibátsa]
escoger (vt)	выбирать (нсв, пх)	[vibirátʲ]
esconder (vt)	прятать (нсв, пх)	[prʲátatʲ]
escribir (vt)	писать (нсв, пх)	[pisátʲ]

escuchar (vt)	слушать (нсв, пх)	[slúʃatʲ]
escuchar a hurtadillas	подслушивать (нсв, нпх)	[pɔtslúʃivatʲ]
escupir (vi)	плевать (нсв, нпх)	[plevátʲ]
esperar (aguardar)	ждать (нсв, пх)	[ʒdátʲ]

esperar (anticipar)	ожидать (нсв, пх)	[ɔʒidátʲ]
esperar (tener esperanza)	надеяться (нсв, возв)	[nadéɪtsa]
estar (~ sobre la mesa)	лежать (нсв, нпх)	[leʒátʲ]

estar acostado	лежать (нсв, нпх)	[leʒátʲ]
estar basado (en ...)	базироваться (нсв, возв)	[bazírɔvatsa]
estar cansado	уставать (нсв, нпх)	[ustavátʲ]
estar conservado	сохраниться (св, возв)	[sɔhranítsa]
estar de acuerdo	соглашаться (нсв, возв)	[sɔglaʃátsa]

estar en guerra	воевать (нсв, нпх)	[vɔevátʲ]
estar perplejo	недоумевать (нсв, нпх)	[nedɔumevátʲ]
estar sentado	сидеть (нсв, нпх)	[sidétʲ]
estremecerse (vr)	вздрагивать (нсв, нпх)	[vzdrágivatʲ]

estudiar (vt)	изучать (нсв, пх)	[izuʧátʲ]
evitar (peligro, etc.)	избегать (нсв, пх)	[izbegátʲ]
examinar (propuesta)	рассмотреть (св, пх)	[rasmɔtrétʲ]
excluir (vt)	исключать (нсв, пх)	[isklʲuʧátʲ]
exigir (vt)	требовать (нсв, пх)	[trébɔvatʲ]

existir (vi)	существовать (нсв, нпх)	[suʃʲestvɔvátʲ]
explicar (vt)	объяснять (нсв, пх)	[ɔbjɪsnʲátʲ]
expresar (vt)	выразить (нсв, пх)	[vīrazitʲ]
expulsar (ahuyentar)	прогнать (св, пх)	[prɔgnátʲ]

254. Los verbos F-M

facilitar (vt)	облегчить (св, пх)	[ɔblehʧítʲ]
faltar (a las clases)	пропускать (нсв, пх)	[prɔpuskátʲ]
fascinar (vt)	очаровывать (нсв, пх)	[ɔʧaróvivatʲ]
felicitar (vt)	поздравлять (нсв, пх)	[pɔzdravlʲátʲ]

firmar (~ el contrato)	подписывать (нсв, пх)	[pɔtpísivatʲ]
formar (vt)	образовывать (нсв, пх)	[ɔbrazóvivatʲ]
fortalecer (vt)	укреплять (нсв, пх)	[ukreplʲátʲ]
forzar (obligar)	принуждать (нсв, пх)	[prinuʒdátʲ]

fotografiar (vt)	фотографировать (нсв, пх)	[fɔtɔgrafírɔvatʲ]
garantizar (vt)	гарантировать (н/св, пх)	[garantírɔvatʲ]
girar (~ a la izquierda)	поворачивать (нсв, нпх)	[pɔvɔráʧivatʲ]
golpear (la puerta)	стучать (нсв, нпх)	[stuʧátʲ]

gritar (vi)	кричать (нсв, нпх)	[kriʧátʲ]
guardar (cartas, etc.)	хранить (нсв, пх)	[hranítʲ]
gustar (el tenis, etc.)	любить (нсв, пх)	[lʲubítʲ]
gustar (vi)	нравиться (нсв, возв)	[nrávitsa]
habitar (vi, vt)	жить (нсв, нпх)	[ʒītʲ]

hablar con ...	говорить с ... (нсв)	[gɔvɔrítʲ s ...]
hacer (vt)	делать (нсв, пх)	[délatʲ]
hacer conocimiento	знакомиться (нсв, возв)	[znakómitsa]
hacer copias	размножить (св, пх)	[razmnóʒitʲ]

hacer la limpieza	убирать (нсв, пх)	[ubirátʲ]
hacer una conclusión	делать заключение	[délatʲ zaklʲuʧénie]
hacerse (vr)	становиться (нсв, возв)	[stanɔvítsa]
hachear (vt)	отрубить (св, пх)	[ɔtrubítʲ]
heredar (vt)	наследовать (н/св, пх)	[naslédɔvatʲ]

imaginarse (vr)	представлять себе	[pretstavlʲátʲ sebé]
imitar (vt)	имитировать (нсв, пх)	[imitírɔvatʲ]
importar (vt)	импортировать (нсв, пх)	[impɔrtírɔvatʲ]
indignarse (vr)	возмущаться (нсв, возв)	[vɔzmuʃʲátsa]

influir (vt)	влиять (нсв, нпх)	[vlijátʲ]
informar (vt)	информировать (н/св, пх)	[infɔrmírɔvatʲ]
informarse (vr)	узнавать (нсв, пх)	[uznavátʲ]
inquietar (vt)	беспокоить (нсв, пх)	[bespɔkóitʲ]

inquietarse (vr)	беспокоиться (нсв, возв)	[bespokóitsa]
inscribir (en la lista)	вписывать (нсв, пх)	[fpísivatʲ]
insertar (~ la llave)	вставлять (нсв, пх)	[fstavlʲátʲ]
insistir (vi)	настаивать (нсв, нпх)	[nastáivatʲ]

inspirar (vt)	воодушевлять (нсв, пх)	[voːoduʃɛvlʲátʲ]
instruir (enseñar)	инструктировать (нсв, пх)	[instruktírovatʲ]
insultar (vt)	оскорблять (нсв, пх)	[oskorblʲátʲ]
intentar (vt)	попытаться (нсв, возв)	[popitátsa]
intercambiar (vt)	обмениваться (нсв, возв)	[obménivatsa]

interesar (vt)	интересовать (нсв, пх)	[interesovátʲ]
interesarse (vr)	интересоваться ... (нсв)	[interesovátsa ...]
interpretar (actuar)	играть (нсв, н/пх)	[igrátʲ]
intervenir (vi)	вмешиваться (нсв, возв)	[vméʃivatsa]
inventar (máquina, etc.)	изобретать (нсв, пх)	[izobretátʲ]

invitar (vt)	приглашать (нсв, пх)	[priglaʃátʲ]
ir (~ en taxi)	ехать (нсв, нпх)	[éhatʲ]
ir (a pie)	идти (нсв, нпх)	[itʲtí]
irritar (vt)	раздражать (нсв, пх)	[razdraʒátʲ]

irritarse (vr)	раздражаться (нсв, возв)	[razdraʒátsa]
irse a la cama	ложиться спать	[loʒītsa spátʲ]
jugar (divertirse)	играть (нсв, нпх)	[igrátʲ]
lanzar (comenzar)	запускать (нсв, пх)	[zapuskátʲ]
lavar (vt)	мыть (нсв, пх)	[mītʲ]

lavar la ropa	стирать (нсв, пх)	[stirátʲ]
leer (vi, vt)	читать (нсв, н/пх)	[tʃitátʲ]
levantarse (de la cama)	вставать (нсв, нпх)	[fstavátʲ]
liberar (ciudad, etc.)	освобождать (нсв, пх)	[osvoboʒdátʲ]
librarse de ...	избавиться от ... (св)	[izbávitsa ot ...]

limitar (vt)	ограничивать (нсв, пх)	[ogranítʃivatʲ]
limpiar (~ el horno)	чистить (нсв, пх)	[tʃístitʲ]
limpiar (zapatos, etc.)	очищать (нсв, пх)	[otʃiʃátʲ]
llamar (le llamamos ...)	называть (нсв, пх)	[nazivátʲ]
llamar (por ayuda)	звать (нсв, пх)	[zvátʲ]

llamar (vt)	позвать (св, пх)	[pozvátʲ]
llegar (~ al Polo Norte)	достигать (нсв, пх)	[dostigátʲ]
llegar (tren)	прибывать (нсв, нпх)	[pribivátʲ]
llenar (p.ej. botella)	наполнять (нсв, пх)	[napolnʲátʲ]

llevarse (~ consigo)	уносить (нсв, пх)	[unosítʲ]
llorar (vi)	плакать (нсв, нпх)	[plákatʲ]
lograr (un objetivo)	достигать (нсв, пх)	[dostigátʲ]
luchar (combatir)	бороться (нсв, возв)	[borótsa]

luchar (sport)	бороться (нсв, возв)	[borótsa]
mantener (la paz)	сохранять (нсв, пх)	[sohranʲátʲ]
marcar (en el mapa, etc.)	отметить (св, пх)	[otmétitʲ]
matar (vt)	убивать (нсв, пх)	[ubivátʲ]
memorizar (vt)	запомнить (св, пх)	[zapómnitʲ]
mencionar (vt)	упоминать (нсв, пх)	[upominátʲ]

| mentir (vi) | врать (нсв, нпх) | [vrátʲ] |
| merecer (vt) | заслуживать (нсв, пх) | [zaslúʒivatʲ] |

mezclar (vt)	смешивать (нсв, пх)	[sméʃivatʲ]
mirar (vi, vt)	смотреть (нсв, нпх)	[smotrétʲ]
mirar a hurtadillas	подсматривать (нсв, нпх)	[potsmátrivatʲ]
molestar (vt)	беспокоить (нсв, пх)	[bespokóitʲ]

mostrar (~ el camino)	указать (св, пх)	[ukazátʲ]
mostrar (demostrar)	показывать (нсв, пх)	[pokázivatʲ]
mover (el sofá, etc.)	передвигать (нсв, пх)	[peredvígatʲ]
multiplicar (mat)	умножать (нсв, пх)	[umnoʒátʲ]

255. Los verbos N-R

nadar (vi)	плавать (нсв, нпх)	[plávatʲ]
negar (rechazar)	отказывать (нсв, пх)	[otkázivatʲ]
negar (vt)	отрицать (нсв, пх)	[otritsátʲ]
negociar (vi)	вести переговоры	[vestí peregovóri]

nombrar (designar)	назначать (нсв, пх)	[naznatʃátʲ]
notar (divisar)	замечать (нсв, пх)	[zametʃátʲ]
obedecer (vi, vt)	подчиняться (св, возв)	[pottʃinʲátsa]
objetar (vt)	возражать (нсв, н/пх)	[vozraʒátʲ]

observar (vt)	наблюдать (нсв, н/пх)	[nablʲudátʲ]
ofender (vt)	обижать (нсв, пх)	[obiʒátʲ]
oír (vt)	слышать (нсв, пх)	[slíʃatʲ]
oler (despedir olores)	пахнуть (нсв, нпх)	[páhnutʲ]
oler (percibir olores)	нюхать (нсв, пх)	[nʲúhatʲ]

olvidar (dejar)	оставлять (нсв, пх)	[ostavlʲátʲ]
olvidar (vt)	забыть (св, пх)	[zabĩtʲ]
omitir (vt)	опускать (нсв, пх)	[opuskátʲ]
orar (vi)	молиться (нсв, возв)	[molítsa]

ordenar (mil.)	приказывать (нсв, пх)	[prikázivatʲ]
organizar (concierto, etc.)	устраивать (нсв, пх)	[ustráivatʲ]
osar (vi)	осмеливаться (нсв, возв)	[osmélivatsa]
pagar (vi, vt)	платить (нсв, н/пх)	[platítʲ]

pararse (vr)	останавливаться (нсв, возв)	[ostanávlivatsa]
parecerse (vr)	быть похожим	[bĩtʲ pohóʒim]
participar (vi)	участвовать (нсв, нпх)	[utʃástvovatʲ]
partir (~ a Londres)	уезжать (нсв, нпх)	[ueʒʒátʲ]
pasar (~ el pueblo)	проезжать (нсв, пх)	[proeʒʒátʲ]

pecar (vi)	грешить (нсв, нпх)	[greʃítʲ]
pedir (ayuda, etc.)	просить (нсв, пх)	[prosítʲ]
pedir (en restaurante)	заказывать (нсв, пх)	[zakázivatʲ]
pegar (golpear)	бить (нсв, пх)	[bítʲ]
peinarse (vr)	причёсываться (нсв, возв)	[pritʃósivatsa]
pelear (vi)	драться (нсв, возв)	[drátsa]
penetrar (vt)	проникать (нсв, нпх)	[pronikátʲ]

pensar (creer)	считать (нсв, нпх)	[ʃitátʲ]
pensar (vi, vt)	думать (нсв, н/пх)	[dúmatʲ]
perder (paraguas, etc.)	терять (нсв, пх)	[terʲátʲ]

perdonar (vt)	прощать (нсв, пх)	[proʃátʲ]
permitir (vt)	позволять (нсв, н/пх)	[pozvolʲátʲ]
pertenecer a ...	принадлежать ... (нсв, нпх)	[prinadleʒátʲ ...]
pesar (tener peso)	весить (нсв, пх)	[vésitʲ]

pescar (vi)	ловить рыбу	[lovítʲ rɨ̃bu]
planchar (vi, vt)	гладить (нсв, пх)	[gláditʲ]
planear (vt)	планировать (нсв, пх)	[planírovatʲ]
poder (v aux)	мочь	[mótʃʲ]
poner (colocar)	класть (нсв), положить (св)	[klástʲ], [poloʒítʲ]

poner en orden	приводить в порядок	[privodítʲ f porʲádok]
poseer (vt)	владеть (нсв, пх)	[vladétʲ]
predominar (vi)	преобладать (нсв, нпх)	[preobladátʲ]
preferir (vt)	предпочитать (нсв, пх)	[pretpotʃitátʲ]

preocuparse (vr)	волноваться (нсв, возв)	[volnovátsa]
preparar (la cena)	готовить (нсв, пх)	[gotóvitʲ]
preparar (vt)	подготовить (св, пх)	[podgotóvitʲ]
presentar (~ a sus padres)	знакомить (нсв, пх)	[znakómitʲ]
presentar (vt) (persona)	представлять (нсв, пх)	[pretstavlʲátʲ]

presentar un informe	докладывать (нсв, пх)	[dokládivatʲ]
prestar (vt)	занимать (нсв, пх)	[zanimátʲ]
prever (vt)	предвидеть (нсв, пх)	[predvídetʲ]
privar (vt)	лишать (нсв, пх)	[liʃátʲ]

probar (una teoría, etc.)	доказывать (нсв, пх)	[dokázivatʲ]
prohibir (vt)	запрещать (нсв, пх)	[zapreʃátʲ]
prometer (vt)	обещать (н/св, пх)	[obeʃátʲ]
pronunciar (vt)	произносить (нсв, пх)	[proiznosítʲ]

proponer (vt)	предлагать (нсв, пх)	[predlagátʲ]
proteger (la naturaleza)	охранять (нсв, пх)	[ohranʲátʲ]
protestar (vi, vt)	протестовать (нсв, нпх)	[protestovátʲ]
provocar (vt)	провоцировать (нсв, пх)	[provotsīrovatʲ]

proyectar (~ un edificio)	проектировать (нсв, пх)	[proɛktírovatʲ]
publicitar (vt)	рекламировать (нсв, пх)	[reklamírovatʲ]
quedar (una ropa, etc.)	подходить (нсв, нпх)	[potxodítʲ]
quejarse (vr)	жаловаться (нсв, возв)	[ʒálovatsa]

quemar (vt)	жечь (нсв, пх)	[ʒǽtʃʲ]
querer (amar)	любить (нсв, пх)	[lʲubítʲ]
querer (desear)	хотеть (нсв, пх)	[hotétʲ]
quitar (~ una mancha)	удалять (нсв, пх)	[udalʲátʲ]

quitar (cuadro de la pared)	снимать (нсв, пх)	[snimátʲ]
quitar (retirar)	убирать (нсв, пх)	[ubirátʲ]
rajarse (vr)	трескаться (нсв, возв)	[tréskatsa]
realizar (vt)	осуществлять (нсв, пх)	[osuʃestvlʲátʲ]
recomendar (vt)	рекомендовать (нсв, пх)	[rekomendovátʲ]

reconocer (admitir)	признавать (нсв, пх)	[priznavátʲ]
reconocer (una voz, etc.)	узнавать (нсв, пх)	[uznavátʲ]
recordar (tener en mente)	помнить (нсв, пх)	[pómnitʲ]

recordar algo a algn	напоминать (нсв, пх)	[napɔminátʲ]
recordarse (vr)	вспоминать (нсв, пх)	[fspɔminátʲ]
recuperarse (vr)	выздоравливать (нсв, нпх)	[vizdɔrávlivatʲ]
reflexionar (vi)	задуматься (св, возв)	[zadúmatsa]
regañar (vt)	ругать (нсв, пх)	[rugátʲ]

regar (plantas)	поливать (нсв, пх)	[pɔlivátʲ]
regresar (~ a la ciudad)	возвращаться (нсв, возв)	[vɔzvraʃátsa]
rehacer (vt)	переделывать (нсв, пх)	[peredélivatʲ]
reírse (vr)	смеяться (нсв, возв)	[smejátsa]

reparar (arreglar)	починить (св, пх)	[pɔtʃinítʲ]
repetir (vt)	повторять (нсв, пх)	[pɔftɔrʲátʲ]
reprochar (vt)	упрекать (нсв, пх)	[uprekátʲ]
reservar (~ una mesa)	бронировать (н/св, пх)	[brɔnírɔvatʲ]

resolver (~ el problema)	решить (св, пх)	[reʃítʲ]
resolver (~ la discusión)	улаживать (нсв, пх)	[uláʒivatʲ]
respirar (vi)	дышать (нсв, нпх)	[diʃátʲ]
responder (vi, vt)	отвечать (нсв, пх)	[ɔtvetʃátʲ]

retener (impedir)	удерживать (нсв, пх)	[udérʒivatʲ]
robar (vt)	красть (нсв, н/пх)	[krástʲ]
romper (mueble, etc.)	ломать (нсв, пх)	[lɔmátʲ]
romperse (la cuerda)	разорваться (св, возв)	[razɔrvátsa]

256. Los verbos S-V

saber (~ algo mas)	знать (нсв, пх)	[znátʲ]
sacudir (agitar)	трясти (нсв, пх)	[trɪstí]
salir (libro)	выйти (св, нпх)	[vɨ̄jti]
salir (vi)	выйти (св, нпх)	[vɨ̄jti]

saludar (vt)	приветствовать (нсв, пх)	[privétstvɔvatʲ]
salvar (vt)	спасать (нсв, пх)	[spasátʲ]
satisfacer (vt)	удовлетворять (нсв, пх)	[udɔvletvɔrʲátʲ]
secar (ropa, pelo)	сушить (нсв, пх)	[suʃítʲ]

seguir ...	следовать (нсв, нпх)	[slédɔvatʲ]
seleccionar (vt)	отобрать (св, пх)	[ɔtɔbrátʲ]
sembrar (semillas)	сеять (нсв, пх)	[séjatʲ]
sentarse (vr)	сесть (св, нпх)	[séstʲ]

sentenciar (vt)	приговаривать (нсв, пх)	[prigɔvárivatʲ]
sentir (peligro, etc.)	чувствовать (нсв, пх)	[tʃústvɔvatʲ]
ser causa de ...	быть причиной ...	[bɨ̄tʲ pritʃínɔj ...]

ser indispensable	требоваться (нсв, возв)	[trébɔvatsa]
ser necesario	требоваться (нсв, возв)	[trébɔvatsa]
ser suficiente	хватать (нсв, нпх)	[hvatátʲ]

ser, estar (vi)	быть (нсв, нпх)	[bītʲ]
servir (~ a los clientes)	обслуживать (нсв, пх)	[ɔpslúʒivatʲ]
significar (querer decir)	означать (нсв, пх)	[ɔznatʃátʲ]
significar (vt)	значить (нсв, пх)	[znátʃitʲ]
simplificar (vt)	упрощать (нсв, пх)	[uprɔʃátʲ]

sobreestimar (vt)	переоценивать (нсв, пх)	[pereɔtsǽnivatʲ]
sofocar (un incendio)	тушить (нсв, пх)	[tuʃítʲ]
soñar (durmiendo)	видеть сны	[vídetʲ snī]
soñar (fantasear)	мечтать (нсв, нпх)	[metʃtátʲ]

sonreír (vi)	улыбаться (нсв, возв)	[ulibátsa]
soplar (viento)	дуть (нсв, нпх)	[dútʲ]
soportar (~ el dolor)	терпеть (нсв, пх)	[terpétʲ]
sorprender (vt)	удивлять (нсв, пх)	[udivlʲátʲ]

sorprenderse (vr)	удивляться (нсв, возв)	[udivlʲátsa]
sospechar (vt)	подозревать (нсв, пх)	[pɔdɔzrevátʲ]
subestimar (vt)	недооценивать (нсв, пх)	[nedɔɔtsǽnivatʲ]
subrayar (vt)	подчеркнуть (св, пх)	[pɔttʃerknútʲ]

sufrir (dolores, etc.)	страдать (нсв, нпх)	[stradátʲ]
suplicar (vt)	умолять (нсв, пх)	[umɔlʲátʲ]
suponer (vt)	предполагать (нсв, пх)	[pretpɔlagátʲ]
suspirar (vi)	вздохнуть (св, нпх)	[vzdɔhnútʲ]

temblar (de frío)	дрожать (нсв, нпх)	[drɔʒátʲ]
tener (vt)	иметь (нсв, пх)	[imétʲ]
tener miedo	бояться (нсв, возв)	[bɔjátsa]
terminar (vt)	заканчивать (нсв, пх)	[zakántʃivatʲ]

tirar (cuerda)	тянуть (нсв, пх)	[tɪnútʲ]
tirar (disparar)	стрелять (нсв, нпх)	[strelʲátʲ]
tirar (piedras, etc.)	бросать (нсв, пх)	[brɔsátʲ]

tocar (con la mano)	касаться (нсв, возв)	[kasátsa]
tomar (vt)	брать, взять (нсв, пх)	[brátʲ]
tomar nota	записывать (нсв, пх)	[zapísivatʲ]
trabajar (vi)	работать (нсв, нпх)	[rabótatʲ]

traducir (vt)	переводить (нсв, пх)	[perevɔdítʲ]
traer (un recuerdo, etc.)	привозить (нсв, пх)	[privɔzítʲ]
transformar (vt)	трансформировать (н/св, пх)	[transfɔrmírɔvatʲ]
tratar (de hacer algo)	пытаться (нсв, возв)	[pitátsa]

unir (vt)	объединять (нсв, пх)	[ɔbjedinʲátʲ]
unirse (~ al grupo)	присоединяться (нсв, возв)	[prisɔedinʲátsa]
usar (la cuchara, etc.)	пользоваться (нсв, возв)	[pólʲzɔvatsa]
vacunar (vt)	делать прививки	[délatʲ privífki]

vender (vt)	продавать (нсв, пх)	[prɔdavátʲ]
vengar (vt)	мстить (нсв, пх)	[mstítʲ]
verter (agua, vino)	наливать (нсв, пх)	[nalivátʲ]
vivir (vi)	жить (нсв, нпх)	[ʒītʲ]
volar (pájaro, avión)	летать (нсв, нпх)	[letátʲ]
volver (~ fondo arriba)	перевернуть (св, пх)	[perevernútʲ]

| volverse de espaldas | отворачиваться (нсв, возв) | [ɔtvɔrátʃivatsa] |
| votar (vi) | голосовать (нсв, нпх) | [gɔlɔsɔvátʲ] |

Made in the USA
Las Vegas, NV
19 March 2022